电子商务概论

张定方　张耀坤　宋孟丘　主　编
吴剑东　廖智华　戴园丽　副主编

電子工業出版社
Publishing House of Electronics Industry
北京·BEIJING

内 容 简 介

本书较为全面地阐述了电子商务理论的基本概念、电子商务活动的基本步骤和电子商务交易的基本方法。全书共四篇，第一篇为导论篇，包括第1章电子商务概述、第2章电子商务发展概述、第3章电子商务的基本框架与交易模式；第二篇为技术篇，包括第4章电子商务技术基础、第5章电子商务安全；第三篇为商务篇，包括第6章网上支付、第7章网络营销、第8章电子商务物流与供应链；第四篇为应用篇，包括第9章电子商务系统的应用、第10章电子商务职业规范与法律法规、第11章电子商务发展趋势及应用。

本书注重理论联系实际，兼顾学术性与实用性，内容丰富，语言通俗易懂，具有较强的理论意义和使用价值。本书可作为应用型本科、职业院校学生的教材或参考书，并适合经济专业从业人员和经营管理人员等阅读使用。

图书在版编目（CIP）数据

电子商务概论 / 张定方等主编. — 北京：电子工业出版社，2021.8
ISBN 978-7-121-41526-5

Ⅰ. ①电… Ⅱ. ①张… Ⅲ. ①电子商务－高等学校－教材 Ⅳ. ①F713.36

中国版本图书馆 CIP 数据核字（2021）第 132373 号

责任编辑：秦淑灵　　文字编辑：刘真平
印　　刷：三河市龙林印务有限公司
装　　订：三河市龙林印务有限公司
出版发行：电子工业出版社
　　　　　北京市海淀区万寿路 173 信箱　　邮编：100036
开　　本：787×1092　1/16　　印张：16.5　　字数：422.4 千字
版　　次：2021 年 8 月第 1 版
印　　次：2023 年 8 月第 3 次印刷
定　　价：59.80 元

凡所购买电子工业出版社图书有缺损问题，请向购买书店调换。若书店售缺，请与本社发行部联系，联系及邮购电话：（010）88254888，88258888。

质量投诉请发邮件至 zlts@phei.com.cn，盗版侵权举报请发邮件至 dbqq@phei.com.cn。

本书咨询联系方式：qinshl@phei.com.cn。

前　言

电子商务专业作为一门实践性极强、应用面较广的专业，是综合性、边缘性、多学科、宽口径的新兴专业，也是一门涉及经济学、管理学、计算机科学等学科的综合性、复合型应用技术专业。针对电子商务学科的特点，我们确定了以市场需求为导向，培养应用型人才的指导思想，从市场对电子商务人才的需求及其关联应用和综合应用能力的需求出发，细化能力结构，在把握理论知识点的基础上，追求所学内容的适用性、应用性和可操作性，强调对学生理论知识和应用能力的培养。

随着电子商务的迅猛发展，电子商务学科的内容发生了许多新的变化。为了适应电子商务发展的新需求，迫切需要对现有的《电子商务概论》教材进行修订。“电子商务概论”课程的主要功能是培养学生熟练掌握电子商务模式的策划与运营管理的基本技能和相应专业知识，其目的是让学生准确理解和把握电子商务交易过程中所涉及的电子商务调研与策划、网站建设与运营、电子支付和电子商务物流等各项基本内容和操作技能。

本书编写的目的是培养学生解读电子商务行业发展的能力，分析电子商务发展中出现的问题和解决实际问题的能力，并能把这些方法应用于实际工作中。本书的主要内容涉及电子商务的基本概念，电子商务发展模式，电子商务与物流、信息流、资金流的关系，电子商务的技术基础，电子商务在企业中的各种应用，以及网络经济学的运行规律及竞争原则；同时将物联网、移动电子商务最新实践联系起来，为进一步学习电子商务其他课程打下基础。

本书的主要特色如下。

1．应用性

强调理论联系实际，每章内容均以引例开始，提出问题，启发学生思考，并且均以案例分析结束，以提高学生分析问题和解决问题的能力。

2．可操作性

电子商务的复杂性、多变性和不确定性是电子商务实验的难点。本书采用“线上实验”与“线下讨论”相结合的方式，逐步提高学生的实际应用能力。

3．适用性

在处理“电子”和“商务”关系方面，本书更注重“商务”，形成具有经济、管理专业背景的电子商务专业特色。同时，根据时代的需求，加入新经济时代下跨境电子商务、移动商务、物联网等方面的内容。

“电子商务概论”课程属于经济管理类专业必修课程，是学习各专业课程的基础，有十分重要的地位和作用。本书较为全面地阐述了电子商务理论的基本概念、电子商务活动的基本步骤和电子商务交易的基本方法，具体内容包括电子商务概述、电子商务发展概述、电子商务的基本框架与交易模式、电子商务技术基础、电子商务安全、网上支付、网络营销、电子商务物流与供应链、电子商务系统的应用、电子商务职业规范与法律规范、电子商务发展趋势及应用等。本书注重理论联系实际，兼顾学术性与实用性，内容丰富，语言通俗易懂，具有较大的理论意义和实用价值。该书可作为本科高年级学生的教材或参考书，并可供经济专业从业人员和经营管理人员等阅读。

电子商务是一门新兴的学科，它的理论、技术和应用都是在不断的发展和变化中得以逐渐成熟与完善的，因此，本书在教学使用过程中可能会出现一些没有预料的问题和不足，在此竭诚希望广大读者不吝赐教，以期改进。

目 录

第一篇 导 论 篇

第二篇　技　术　篇

第三篇　商　务　篇

第四篇 应 用 篇

第一篇　导　论　篇

第 1 章　电子商务概述

学习目标

1. 掌握电子商务的概念和概念模型。
2. 熟悉电子商务与传统商务的区别和联系。
3. 了解电子商务的分类方法。

引例

在 2015 年政府工作报告中，李克强总理首次提出“制定‘互联网+’行动计划，推动移动互联网、云计算、大数据、物联网等与现代制造业结合，促进电子商务、工业互联网和互联网金融健康发展，引导互联网企业拓展国际市场”。“互联网+”这个概念于 2012 年在业界被首次提出，与 2007 年出现的“互联网化”概念一脉相承，强调互联网与各传统产业进行跨界深度融合。“互联网+”是我国工业和信息化深度融合的成果与标志，也是进一步促进信息消费的重要抓手。笔者认为，我国“互联网+”有工业互联网、电子商务和互联网金融三个重要发展方向。

1. 互联网+工业

“互联网+工业”即传统制造业企业采用移动互联网、云计算、大数据、物联网等信息通信技术，改造原有产品及研发生产方式，与“工业互联网”“工业 4.0”的内涵一致。2014 年，中国互联网协会工业应用委员会等国家级产业组织宣告成立，一些互联网企业联手工业企业开始了中国版“工业互联网”实践，“互联网+工业”的大幕拉开。

(1) 移动互联网+工业

借助移动互联网技术，传统制造厂商可以在汽车、家电、配饰等工业产品上增加网络软硬件模块，实现用户远程操控、数据自动采集分析等功能，极大地改善了工业产品的使用体验。这类产品已大量面世，2014 年中国智能可穿戴设备市场规模达到了 22 亿元人民币。儿童防走丢智能鞋、儿童卫士智能手表等设备可以随时定位儿童位置，并可通过手机 App 查询。智能血压计、智能体重仪、智能手环等健康设备对用户的健康指标可以实现实时监测、自动分析并给出建议。

(2) 云计算+工业

基于云计算技术，一些互联网企业打造了统一的智能产品软件服务平台，为不同厂商生产的智能硬件设备提供统一的软件服务和技术支持，优化用户的使用体验，并实现各产品的互联互通，产生协同价值。百度开放了创新智能硬件合作计划 Baidu Inside，针对纳入合作的创新硬件提供云存储、图片识别、LBS 等互联网技术能力支持。京东也推出了“JD+”计划和京东智能云，开放了云服务和其他数据处理技术；同时推出一款超级App，用户使用一个账号就能控制家中多款智能硬件产品。

(3) 物联网+工业

运用物联网技术，工业企业可以将机器等生产设施接入互联网，构建网络化物理设备系统（CPS），进而使各生产设备能够自动交换信息、触发动作和实施控制。物联网技术有助于加快生产制造实时数据信息的感知、传送和分析，加快生产资源的优化配置。华为为中亚天然气管道提供的“数字化油气管道”集成通信解决方案，有效地将管道与压缩机站、计量站、主控中心实时链接，管理人员在北京就能实时了解千里之外的管道现场情况，有助于合理制定检修计划，大幅节约运维资金。

(4) 网络众包+工业

在互联网的帮助下，企业通过自建或借助现有的“众包”平台，可以发布研发创意需求，广泛收集客户和外部人员的想法与智慧，大大扩展了创意来源。工业和信息化部信息中心搭建了“创客中国”创新创业服务平台，链接创客的创新能力与工业企业的创新需求，为企业开展网络众包提供了可靠的第三方平台。小米、美的、海尔等企业也各自构建了不同类型的互联网众包平台，对接用户需求与全球研发资源，征集产品创意和技术解决方案。

(5) 互联网商业模式+工业

互联网给传统产业带来的变革，不仅体现在新技术的应用上，而且已经引发商业模式的大变革。随着工业产品接入互联网，生产企业可以依托产品提供服务，企业的收入来源也将从销售产品转向“销售产品+提供服务”，获取持续收入。三一重工已经在设备上增加了通信功能，目前已经有超过10万台设备通过网络与三一企业控制中心及快速反应团队连接。企业控制中心可以运用3G网络、视频远程故障诊断等信息服务系统，远程监控设备的运转情况，并基于工业大数据实现故障预警，有针对性地提供维修等服务，实现了“服务型制造”。

2. 互联网+商贸

商贸领域与互联网融合的历史相对较长，多年来，电子商务业务伴随着我国互联网行业一同发展壮大，目前仍处于快速发展、转型升级的阶段，发展前景广阔。

(1) B2B电子商务

近年来我国B2B电子商务保持了平稳较快增长，2014年B2B电子商务业务收入规模达192.2亿元，同比增长28.34%；交易规模达9.4万亿元，同比增长15.37%。同时，B2B电商业务也正在逐步转型升级，目前主要的平台仍以提供广告、品牌推广、询盘等信息服务为主。阿里巴巴、慧聪网、华强电子网等多家B2B平台开展了针对企业的“团购”“促销”等活动，培育企业的在线交易和支付习惯。

(2) 企业自营电商

传统产业拥抱互联网的一种方式就是主动将销售渠道互联网化，并实现“从工厂直达顾客（F2C）”。通过自己建立电子商务平台，企业不仅可以减少渠道环节、降低销售费用，更可以和顾客建立直接联系，了解顾客具体特征，进而为细分客户群体精准开发差异化、个性化产品。海尔公司的“海尔商城”为消费者提供新品首发、产品定制等差异化服务，并在家电渠道服务行业中率先支持送装同步服务。通过运用移动互联网、大数据等技术，海尔的日日顺物流已经实现全国直接配送到乡镇级客户，并在1500多个区县实现24小时内限时达。

(3)跨境电商

跨境电商是互联网企业拓展国际市场的重要落脚点。近年来，跨境电商发展较快，互联网对于出口企业的助力作用越来越明显。截至2014年，我国跨境电商试点进出口额已突破30亿元，一大批跨境电商平台走向成熟。外贸B2C网站兰亭集势2014年前三季度服装品类的净营收达到3700万美元，同比增速达到103.9%；订单数及客户数同比增速均超过50%。

3．互联网+金融

“融资难、融资贵”是长期制约我国实体经济，尤其是中小微企业发展的瓶颈。“互联网+金融”可以整合企业经营的数据信息，使金融机构能够低成本、快速地了解借款企业的生产经营状况，有效降低借贷双方信息不对称程度，进而提升贷款效率。

(1)互联网供应链金融

该业务与电子商务紧密结合，阿里巴巴、苏宁、京东等大型电子商务企业纷纷自行或与银行合作开展此项业务。互联网企业基于大数据技术，在放贷前可以通过分析借款人历史交易记录，迅速识别风险，确定信贷额度，借贷效率极高；在放贷后，可以对借款人的资金流、商品流、信息流实现持续闭环监控，有力降低了贷款风险，进而降低利息费用，让利于借款企业，很受小微企业的欢迎。

(2)互联网银行

2014年，互联网银行落地，标志着“互联网+金融”融合进入了新阶段。腾讯任大股东的深圳前海微众银行已于2014年12月开业；阿里巴巴任大股东的浙江网商银行也已获批。这两家银行主要依托互联网经营，主要客户定位为小微企业和个人。互联网银行将依靠独特的商业模式与传统银行展开差异化竞争，进而有望带动整个银行业的变革。

此外，“互联网+医疗”“互联网+交通”“互联网+公共服务”“互联网+教育”等新兴领域也呈现方兴未艾之势，随着“互联网+”战略的深入实施，互联网必将与更多传统行业进一步融合，助力打造“中国经济升级版”，合奏经济新常态下的最强音！

（资料来源：于佳宁.“互联网+”的三个重要发展方向[J].物联网技术，2015，4.）

1.1　电子商务的定义与概念模型

1.1.1　电子商务的概念

人们对电子商务的了解、认识和应用，是与计算机技术及网络的应用和普及密不可分的。随着互联网的应用和普及，网络为人类社会创造了一个全新的信息空间。在这一空间里，人们以数字信号为媒介进行各种日常工作和娱乐，如在网上收发邮件、讨论问题、在线阅读或写作、玩网络游戏等。而商业活动会以一种最普通的方式，渗透到这个空间中。于是人们想到了用数字信号在网上开展商务活动。

日常生活中的电子商务例子主要有家庭银行、预订旅游、在家“逛”商场、农产品销售等。通过这几个例子可以看出它们的共同点，即都是借助于电子方式进行的交易活动，它打破了时空界限，给交易双方带来了方便和好处。不同点在于，前三个例子是从消费者的角度来考虑的，足不出户就能通过查询获取详细的信息，并轻松完成消费活动；而最后一个例子是从企业的角度来考虑的，可以更为迅捷地完成各种商业贸易、销售及采购等商务活动，降低经营成本，增加商业价值，并创造新的商机。

在新一轮的全球性竞争中，对我国企业来说，既要面对加入世界贸易组织后激烈的国际竞争，又要加速企业内部的信息技术应用，大力改造传统工业，发挥技术后发优势，推动经济发展，实现生产力的跨越式发展。企业开展电子商务是必然趋势，那么究竟什么是“电子商务”呢？

1.1.2 电子商务的定义

所谓电子商务，通俗地讲，就是在网上开展的商务活动。它是在计算机技术与网络通信技术的互动发展中产生和不断完善的。当企业将它的主要业务通过企业内部网(Intranet)、外部网(Extranet)及因特网(Internet)与企业的职工、客户、供销商及合作伙伴直接相连时，其中发生的各种活动就是电子商务。

事实上，电子商务的定义有多种说法。关于电子商务的定义，国际组织、专家学者、IT 行业界和普通消费者都有不同的理解和表述。下面将一些较有代表性的定义做一汇集，以期帮助大家对电子商务有较为全面的认知。

1. 国际组织的定义

(1) 世界电子商务会议(The World Business Agenda for Electronic Commerce)的定义

1997 年 11 月 6—7 日，国际商会在法国首都巴黎举行了世界电子商务会议，从商业角度提出了电子商务的概念：电子商务是指实现整个贸易活动的电子化。从涵盖范围方面可以定义为：交易各方以电子交易方式而不是通过当面交换或直接面谈方式进行的任何形式的商业交易。从技术方面可以定义为：电子商务是一种多技术的集合体，包括交换数据(如电子数据交换、电子邮件)、获得数据(如共享数据库、电子公告牌)及自动捕获数据(如条形码、IC 卡应用等)。

(2) 全球信息基础设施委员会(GIIC)电子商务工作委员会的定义

电子商务是运用电子通信作为手段的经济活动，通过这种方式人们可以对带有经济价值的产品和服务进行宣传、购买和结算。这种交易的方式不受地理位置、资金多少或零售渠道的所有权影响，公有和私有企业、公司、政府组织、各种社会团体、一般公民、企业家都能自由地参加广泛的经济活动，其中包括农业、林业、渔业、工业、私营和政府的服务业。电子商务能使产品在世界范围内交易并向消费者提供多种多样的选择。

(3) 世界贸易组织(WTO)的定义

电子商务就是通过电信网络进行的生产、营销、销售和流通活动，它不仅指基于因特网的交易活动，也包括所有利用电子信息技术(IT)来解决问题、降低成本、增加价值及创造商业和贸易机会的商业活动，包括通过网络实现从原材料查询、采购、产品展示、订购到出品、储运、电子支付等一系列的贸易活动。

2. 著名专家的定义

(1)美国学者瑞维·卡拉科塔和安德鲁·B.惠思顿的定义

美国学者瑞维·卡拉科塔和安德鲁·B.惠思顿在他们的名著《电子商务的前沿》中指出："广义地说，电子商务是一种现代商业方法。这种方法通过改进产品和服务质量，提高服务传递速度，满足政府组织、厂商和消费者降低成本的需求。"

(2)美国学者埃弗雷姆·特班的定义

美国学者埃弗雷姆·特班在其著作《电子商务：管理视角》中指出，电子商务是通过计算机网络来实现商品、服务或信息的购买、销售与交换的过程。电子业务是广义的电子商务，除买卖商品和服务外，还包括客户服务、与商务伙伴之间的合作、网上学习、企业内部的电子交易等。

(3)中国专家王可研究员的定义

中国专家王可研究员从过程角度定义电子商务为"在计算机与通信网络基础上，利用电子工具实现商业交换和行政作业的全过程"。

(4)中国企业家王新华的定义

中国企业家王新华从应用角度认为"电子商务从本质上讲是一组电子工具在商务过程中的应用，这些工具包括电子数据交换(EDI)、电子邮件(E-mail)、电子公告系统(BBS)、条形码(Barcode)、图像处理、智能卡等。而应用的前提和基础是完善的现代通信网络和人们思想意识的提高及管理体制的转变。"

3. 国际著名 IT 公司的定义

(1)IBM 公司的定义

电子商务(E-Business) = Web+企业业务。IBM 公司的电子商务概念包括三部分：企业内部网(Intranet)、企业外部网(Extranet)、电子商务(E-commerce)，它所强调的是在网络计算环境下的商业化应用，而不仅仅是硬件和软件的结合，也不仅仅是我们通常意义下的强调交易的狭义的电子商务(E-commerce)，而是把买方、卖方、厂商及其合作伙伴在因特网、企业内部网和企业外部网结合起来的应用。它同时强调这三部分是有层次的：只有先建立良好的 Intranet、比较完善的标准和各种信息基础设施，才能顺利扩展到 Extranet，最后扩展到 E-commerce。

(2)HP 公司的定义

HP 公司提出电子商务(EC)、电子业务(EB)、电子消费(EC)和电子化世界(EW)的概念，提出电子商务以现代扩展企业为信息技术基础结构，电子商务是跨时空、跨地域的电子化世界：EW(Electronic World)=EC(Electronic Commerce)+EB(Electronic Business)+ EC(Electronic Consumer)。电子商务是通过电子化手段来完成商业贸易活动的一种方式，它使我们能够以电子交易为手段完成物品和服务等的交换，是商家和客户之间的联系纽带。它包括两种基本形式：商家之间的电子商务及商界与最终消费者之间的电子商务。对电子业务的定义：一种新型的业务开展手段，通过基于Internet的信息结构，使得公司、供应商、合作伙伴和客户之间，利用电子业务共享信息，电子业务不仅能够有效地增强现有业务进程的实施，而且能够对市场等动态因素做出快速响应并及时调整当前业务进程。更重要的是，电子业务本身也为企业创造出了更多、更新的业务动作模式。对电子消费的定义：人们使用信息技术进行娱乐、学习、工作、购物等一系列活动，使家庭的娱乐方式越来越多地从传统电视向Internet转变。

(3) 通用电气公司(GE)的定义

电子商务是通过电子方式进行的商业交易，分为企业与企业间的电子商务和企业与消费者之间的电子商务。

① 企业与企业间的电子商务：以EDI为核心技术，以增值网(VAN)和互联网(Internet)为主要手段，实现企业间业务流程的电子化，配合企业内部的电子化生产管理系统，提高企业从生产、库存、到流通(包括物资和资金)各个环节的效率。

② 企业与消费者之间的电子商务：以Internet为主要服务提供手段，实现公众消费和服务提供方式及相关的付款方式的电子化。

纵览上述定义，由于出发点和角度不同，因此并没有谁对谁错之分。人们只是从不同角度，从广义上和狭义上各抒己见而已。

其中，全球信息基础设施委员会和HP公司给出的概念最广，它们强调，电子商务包括一切使用电子手段进行的商业活动。从这个意义上来讲，现在已经流行的电话购物、电视购物及超级市场中使用的POS(Point of Sale)机都可以归入电子商务的范畴。这说明电子商务中的"电子"一词非常宽泛。但大多数定义还是将电子商务限制在使用计算机网络进行的商业活动。这是有道理的，因为只有在计算机网络，特别是Internet普及的今天，才使得电子商务得到如此广泛的应用，也使得商业模式发生了根本性的转变。因此，电子商务的定义有狭义和广义之分，如图1-1所示。

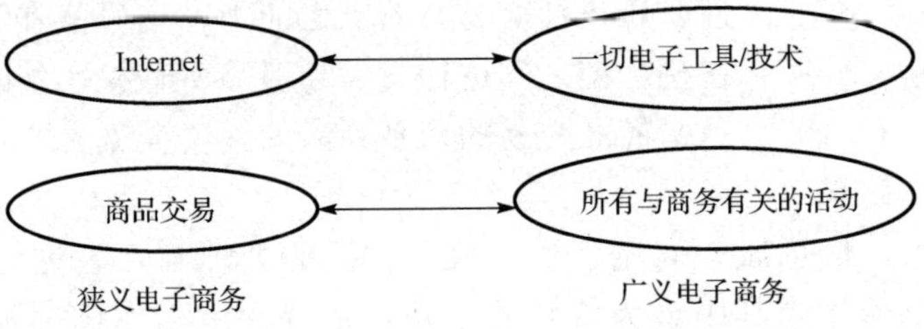

图1-1　狭义和广义的电子商务

狭义的电子商务又称电子交易(E-commerce)，主要包括利用网络进行的商品交易活动。从发展的角度看，在考虑电子商务概念时，仅仅局限于利用因特网进行商务活动是不够的。将利用各类电子信息网络进行的广告、设计、开发、推销、采购和结算等全部贸易活动都纳入电子商务的范畴比较符合发展实际。

广义的电子商务又称电子商业(E-business)，是主要包括运用一切电子工具和技术进行的所有与商务有关的活动，如商务信息、商务管理和商品交易等。这些活动可以发生在公司内部、公司之间及公司与客户之间。

从电子商务应用的需要出发，将电子商务中的“商务”仅仅局限在“交易”而不考虑“信息”和“管理”是不实际的；而将电子商务中的“电子”无限扩大到所有电子工具和电子技术，范围又太广，难以突出“商务”本身的特征。所以，本教材电子商务的定义，将“电子”的含义限定为以 Internet 为主的计算机网络，将“商务”的含义规定为包括商务信息、商务管理和商品交易在内的全部商务活动。

从电子商务的定义中，可以归结出电子商务的内涵，即信息技术特别是互联网技术的产生和发展是电子商务开展的前提条件；掌握现代信息技术和商务理论与实务的人是电子商务活动的核心；系列化、系统化电子工具是电子商务活动的基础；以商品贸易为中心的各种经济事务活动是电子商务的对象。

1.1.3 电子商务概念模型

电子商务概念模型(见图 1-2)是对现实世界中电子商务活动的一般抽象描述，它由交易主体、交易事务、电子市场、信息流、商流、资金流、物流等基本要素构成。

在电子商务概念模型中，交易主体是指能够从事电子商务的客观对象，也称电子商务实体，它可以是企业、银行、商店、政府机构和个人等。电子市场是指电子商务实体从事商品和服务交换的场所，它由各种各样的商务活动参与者，利用各种通信装置，通过网络连接成一个统一的整体。交易事务是指电子商务实体之间所从事的具体的商务活动内容，如询价、报价、转账支付、广告宣传、商品运输等。

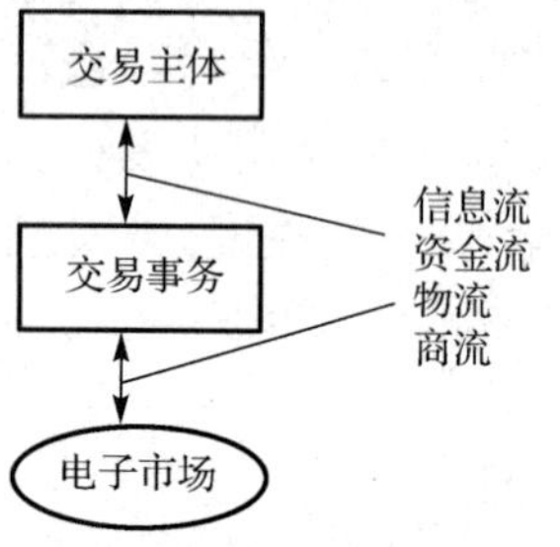

图 1-2　电子商务概念模型

电子商务中的任何一笔交易，都包含着几种基本的“流”，即信息流、商流、资金流、物流。其中信息流既包括商品信息的提供、促销行销、技术支持、售后服务等内容，也包括诸如询价单、报价单、付款通知单、转账通知等商业贸易单证，还包括交易方的支付能力、支付信誉等。商流是指商品在购、销之间进行交易和商品所有权转移的运动过程，具体是指商品交易的一系列活动。资金流主要是指资金的转移过程，包括付款、转账等。

在电子商务中，信息流、商流、资金流、物流的处理都可以通过计算机和网络通信设备实现。而物流作为其中最为特殊的一种，是指物质实体(商品或服务)的流动过程，具体指运输、储存、配送、装卸、保管、物流信息管理等各种活动。对于少数商品和服务来说，可以直接通过网络传输的方式进行配送，如各种电子出版物、信息咨询服务、有价信息软件等；而对于大多数商品和服务来说，物流仍要经由物理方式传输，但由于一系列机械化、自动化工具的应用，以及通过准确、及时的物流信息对物流过程进行监控，将使物流的流动速度加快、准确率提高，能有效地减少库存，缩短生产周期。

在电子商务概念模型的建立过程中，强调信息流、商流、资金流和物流的整合。其中，信息流最为重要，它在一个更高的位置上实现对流通过程的监控。

1.2 电子商务与传统商务的比较

1.2.1 传统商务与电子商务的运作过程

虽然在商贸交易中，传统商务和电子商务的运作过程都是由交易前的准备、贸易的磋商、合同的签订与执行及资金的支付四个环节构成的，但是具体的运作方法是完全不同的。商务实务运作过程如表 1-1 所示。

表 1-1 商务实务运作过程

分类	交易前的准备	贸易的磋商	合同的签订与执行	资金的支付
传统商务	商品信息的发布、查询和匹配，是通过传统方式来完成的(如报纸、电视、广播、杂志和户外媒体等各种广告形式)	即贸易双方进行口头磋商或纸面贸易单证的传递。纸面贸易单证包括询价单、价格磋商、订购合同、发货单、运输单、发票和收货单等。使用的工具有电话、传真或邮寄等	在商务活动中，贸易磋商过程经常通过口头协议来完成。在磋商过程完成后，交易双方必须以书面形式签订具有法律效应的商贸合同，来确定磋商的结果和监督执行(纸面合同)	支付方式有两种：①支票多用于企业的商贸过程，涉及双方单位及其开户银行；②现金常用于企业对个体消费者的商品零售过程
电子商务	交易的供需信息都是通过交易双方的网址和网络主页完成的。双方信息沟通的特点是快速、高效	将纸面单证在网络和系统的支持下变成电子化的记录、文件和报文，在网络中传递。专门的数据交换协议保证了网络信息传递的正确、安全的特性和快速的特点	电子合同在第三方授权的情况下同样具有法律效应，可以作为在执行过程中产生纠纷的仲裁依据	支付方式为网上支付(可采用信用卡、电子支票、电子现金和电子钱包等形式)

1.2.2 传统商务和电子商务的区别

在传统商务活动中，交易的主体是商家和消费者，而将他们联系起来的是市场，在市场环境条件下商家是交易的主体。如果从整个社会的角度考虑，供货者却是厂家或企业(有些将生产与销售融为一体)，而商家是厂家与消费者联系的中间环节。要实现这种联系就要产生市场，在市场中才能实现销售和购买功能的转换。商家是实现产品向商品转换的中间商，没有市场就没有商家，也没有产品向商品转换的快捷通道。因此，发达和健全的市场就必须使社会方便和快捷地实现供需双方之间的需求转换，这就是社会商品经济发达的体现。产生市场的原因从经济上分析就是降低了供需双方实现需求转换的交易成本，产生了交易活动的经济效益。

电子商务活动以电子作为其传递的载体，这是一种高技术的信息载体形式，而网络又是联系交易各方的便捷交易平台，在网上交易虚拟平台进行商务活动，将会给参与交易的各方提供广阔的活动场所。目前，小公司甚至是个人在网上进行电子商务活动，规模都可以做到全球的范围，这不需要雄厚的资金支持就可以办到。这就给参与者和个人提供了商务活动的广阔发展空间，而这也正是电子商务发展的无穷魅力所在。

由于电子商务交易过程是在网上电子媒介的作用下完成的，因此，它具有瞬时和不受地域限制的新特点，这就决定了交易过程比任何一种传统交易的机会成本小，而且在同一时间段内比传统交易完成的有效次数成几何倍数增长，也导致了交易主体的购物行为在相同时间段内成几何倍数增长。如果经营者再辅之以个性化服务的跟踪，则更可以不断刺激消费者网上购物的欲望和需求，而这只有利用计算机和通信手段的有效结合才可能在消费信息爆炸的状况下实现。

传统商务和电子商务的区别如表 1-2 所示。

表 1-2　传统商务和电子商务的区别

项　目	传统商务	电子商务
交易对象	部分地区	世界各地
交易时间	在规定的营业时间内	实施一周 7 天×24 小时服务
营销推动	销售商单方努力	交易双方一对一沟通，是双向的
顾客购物方便度	受限于时间、地点及店主态度	按自己的方式，无拘无束地购物
顾客需求把握	商家需花费很长时间掌握顾客的需求	能快速捕捉顾客的需求并及时应对
销售地点	需要销售空间(店铺、货架和仓库)	虚拟空间(提供商品列表和图片)
销售方式	通过各种关系买卖，方式多样	完全自由购买
流通渠道	流通环节复杂，流通成本高	简化了流通环节，降低了流通成本

1.3　电子商务的分类

电子商务可以按照参与交易的对象、交易所涉及的商品内容和电子商务所使用的网络类型等进行分类。

1.3.1　按照参与交易的对象分类

按照参与交易的对象可将电子商务分成六类。

1. 企业与消费者之间的电子商务 B2C(Business to Customer)

B2C 又称网上购物。B2C 是在企业与消费者之间进行的商务模式，是通过网上商店(电子商店)实现网上在线商品零售和为消费者提供所需服务的商务活动，即用户为完成购物或与之有关的任务而在网上虚拟环境中浏览、搜索相关商品信息，从而为购买决策提供所需的必要信息，并实践决策和购买的过程。

从长远来看，B2C 将取得长足的发展，并将最终在电子商务领域占据重要地位。目前，在 Internet 上遍布各种类型的商业中心，提供从鲜花、书籍到计算机、汽车等各种消费商品和服务。B2C 成功应用的例子很多，如全球最大的虚拟书店亚马逊(http://www.amazon.com)、顾客可以自己管理和跟踪货物的快递公司 Federal Express (http://www.fedex.com)、网上预订外卖食品的 Pizza Hut(http://www.pizzahut.com)等。随着 Internet 的普遍应用，B2C 有着强劲的发展势头。

2. 企业与企业之间的电子商务 B2B(Business to Business)

B2B 是指在 Internet 上采购商与供应商谈判、订货、签约、接受发票和付款，以及进行索赔处理、商品发送管理和运输跟踪等所有活动。

B2B 包括非特定企业间的电子商务和特定企业间的电子商务。非特定企业间的电子商务，是指在开放的网络中对每笔交易寻找最佳伙伴，并与伙伴进行从订购到结算的全面交易行为。特定企业间的电子商务，是指过去一直有交易关系而且今后要继续进行交易的企业间围绕交易进行的各种商务活动。特定的企业间买卖双方既可以利用大众公用网络进行从订购到结算的全面交易行为，也可以利用企业间专门建立的网络完成买卖双方的交易。

B2B 以企业为主体，在企业之间通过 Internet 或专用网方式进行电子交易活动。在可以预见的将来，B2B 将是电子商务交易的主流。就目前来看，电子商务最热心的推动者也是商家，因为相对来说，企业和企业之间的交易才是大宗的，B2B 电子商务既可以通过引入电子商务带来很大的效益，又可以在企业面临激烈竞争的情况下，帮助其改善竞争条件，建立竞争优势。典型的 B2B 网站，如阿里巴巴（中国）电子商务网站（http://china.alibaba.com）。

3．消费者与消费者之间的电子商务 C2C（Customer-to-Customer）

C2C 是消费者与消费者之间的交易。它通过 Internet 在消费者之间提供进行交易的环境，如网上拍卖和在线竞价交易等。典型的拍卖网站如雅宝拍卖网（http://www.yabuy.com）。

4．企业与政府之间的电子商务 B2G（Business to Government）

B2G 覆盖了政府与企业组织间的各项事务，包括政府采购、税收、商检、管理条例发布和法规政策颁布等。B2G 是政府机构应用现代信息和通信技术，将管理和服务通过网络技术进行集成，在 Internet 上实现政府组织机构和工作流程的优化重组，超越时间、空间及部门之间的分隔限制，向社会提供优质和全方位的、规范而透明的、符合国际标准的管理和服务。

在 B2G 中，政府担当双重角色，既是电子商务的使用者，进行购买活动，属商业行为，又是电子商务的宏观管理者，对电子商务起着扶持和规范的作用。

5．消费者与政府之间的电子商务 C2G（Customer to Government）

消费者与政府之间的电子商务指的是消费者个人对政府的电子商务和业务活动。这类电子商务活动目前还不多，但应用前景广阔。居民的登记、统计和户籍管理，以及征收个人所得税和其他契税，发放养老金、失业救济和其他社会福利是政府部门与社会公众个人日常关系的主要内容，随着我国社会保障体制的逐步完善和税制改革，政府和个人之间的直接经济往来会越来越多。

6．线上与线下电子商务 O2O（Online To Offline）

O2O 是指将线下的商务机会与互联网结合，让互联网成为线下交易的前台，这个概念最早来源于美国。O2O 的概念非常广泛，只要产业链既可涉及线上，又可涉及线下，就可通称为 O2O。其实 O2O 模式早在团购网站兴起时就已经出现，只不过消费者更熟知团购的概念，团购商品都是临时性的促销，而在 O2O 网站上，只要网站与商家持续合作，那商家的商品就会一直“促销”下去。O2O 的商家都是有线下实体店的，而团购模式中的商家则不一定。也有人认为，O2O 是 B2C 的一种特殊形式。O2O 商务模式的关键是：在网上寻找消费者，然后将他们带到现实的商店中，或者反过来，在线下寻找消费者，使其到线上成为会员并且随时可以通过互联网和移动互联网进行交易，而客户不需要再回到店铺里。

1.3.2 按照交易所涉及的商品内容分类

按照交易所涉及的商品内容可将电子商务分成两类。

1. 有形商品电子商务（间接电子商务）

有形商品是指实体类商品，它在交易过程中所涉及的信息流和资金流完全可以在网上传输，买卖双方在网上签订购货合同后又可以在网上完成货款支付。但交易的有形商品必须由卖方通过某种运输方式送达买方指定地点，所以有形商品电子商务还必须解决好货物配送的问题。有形商品交易电子商务由于三流（信息流、资金流、物流）不能完全在网上传输，又称非完全电子商务。

2. 无形商品电子商务（直接电子商务）

无形商品是指包括软件、电影、音乐、电子读物和信息服务等可以数字化的商品，这类无形商品交易可以直接在网上联机订购、付款和交付或免费下载。无形商品网上交易与有形商品网上交易的区别在于，前者可以通过网络将商品直接送到购买者手中。这种无形商品电子商务模式完全可以在网上实现，又称完全电子商务。

1.3.3 按照电子商务所使用的网络类型分类

按照电子商务所使用的网络类型可以将电子商务分为三类。

1. EDI 商务

EDI 商务是按照一个公认的标准和协议，将商务活动中涉及的文件标准化和格式化，通过计算机网络，在贸易伙伴的计算机网络系统之间进行数据交换和自动处理的电子商务活动。

2. Internet 商务

Internet 商务是利用连通全球的网络开展的电子商务活动。它以计算机、通信、多媒体和数据库技术为基础，在网上实现营销、购物服务，真正实现了网上商务投入少、成本低、零库存、高效率的优势，避免了商品的无效搬运，从而实现了社会资源的高效运转和最大节余。消费者不再受时间、空间和厂商的限制，在网上以最低的价格获得了最为满意的商品和服务。

在 Internet 上可以开展各种形式的电子商务业务，这种方式涉及的领域广泛，全世界各个企业和个人都可以参与，是目前电子商务的主要形式。

3. Intranet 商务

Intranet 是在 Internet 基础上发展起来的企业内部网，它在原有的局域网上附加一些特定的软件，将局域网与 Internet 连接起来，从而形成企业内部的虚拟网络。Intranet 与 Internet 最主要的区别在于，Intranet 内敏感或享有产权的信息受到企业防火墙安全网点的保护，只允许被授权者访问内部网点，外部人员只有在许可条件下才可进入企业的 Intranet。

Intranet 将大、中型企业分布在各地的分支机构及企业内部有关部门和各种信息，通过网络予以连接，使企业各级管理人员能够通过网络获取信息，利用在线业务的申请和注册代替纸张贸易和内部流通的形式，形成一个商务活动链，从而大大提高工作效率和降低业务的成本。

本章小结

本章是全书的先导，在学习过程中，要正确理解和把握电子商务相应的概念和知识点；重点掌握电子商务的定义和概念模型、电子商务与传统商务的区别和联系，同时要了解电子商务的分类。

思考题

1. 如何理解电子商务概念中的“电子”和“商务”？
2. 试述电子商务的特点。
3. 比较传统商务与电子商务的区别和联系。
4. 电子商务有哪些主要的分类方法？
5. 谈谈你对电子商务概念模型的认识和看法。

上机实验

1. 利用搜索引擎(如百度等)搜索电子商务的含义和发展历史及现状，结合自身的理解，说说什么是电子商务。
2. 以时间段的形式，列出近年的电子商务发展现状及交易额的数据。
3. 通过网络了解目前社会对电子商务人才的需求状况，了解你适合做哪些岗位的工作或者你将来想从事哪个岗位，确定你学习的个人偏好，并制定自己将来从事电子商务职业的生涯规划。

案例分析

亚马逊网上书店

1994 年，一个名叫杰夫·贝佐斯的年轻人迷上了迅速发展的因特网，当时他还只是个财务分析师兼基金管理员。他列出了 20 种可能在因特网上畅销的产品，寻找可能给顾客带来最高价值的商品。他通过认真分析，选择了图书。5 年后，他创办的亚马逊网上书店(Amazon.com)年销售额超过了6亿美元。贝佐斯以前并没有图书销售的经验，但他知道图书属于低价商品，易于运输，而且很多顾客在买书时并不要求当面检查一下。所以，如果促销有力，就能够激发顾客购买图书的欲望。在全球范围内，每时每刻都有400多万种图书正在印刷。然而，即使是最大的书店，其库存量也不可能超过20万种图书。从这里，贝佐斯发现了图书在线销售的战略机会。

除上述销售机会外，另一个使亚马逊网上书店获得成功的因素是同样重要的，这就是图书销售这个行业的供应商结构。贝佐斯发现，图书市场上有很多出版商，但没有一个能够垄断市场。因此，就没有出版商能够制约亚马逊网上书店的图书供应。

亚马逊网上书店在成长过程中，总是不断地寻找新的战略机会。1998年，它开始销售CD唱片和录像带，其WWW网站软件可以追踪顾客的购货记录并向顾客推荐有关书籍。此外，顾客还可以要求亚马逊网上书店在某一作者出版新书时通知自己。由于不断关注并改进图书的进货、促销、销售和运输业务等环节，亚马逊网上书店成为电子商务领域中最耀眼的一颗明星。

享誉全球的美国亚马逊网上书店没有一间门市部，但经营的图书达到250多万种，年营业额超过10亿美元，有“地球最大书店”之称。当时，Internet大潮正在涌向美国和全世界，它所显现出来的无限商机，吸引了许多精明的经商人士，贝佐斯也是其中之一。他带领4名助手，仔细深入地进行了市场调查研究，先后设想过20多种主营商品，最后选定的品种是图书。事实证明，贝佐斯的决策是正确的，亚马逊书店1995年7月在网上正式开张后，立即受到消费者的欢迎，销售额以30%的幅度逐月增长，1996年达到1100多万美元，截至1997年突破1亿美元，两年时间就发展成为一家特大型书店。亚马逊书店的购书者，迄今已达数百万人。

亚马逊经销的图书确实比市价低不少，其网页上就有让顾客“节省30%”的承诺，有些图书可比街面书店低4～5成，亚马逊书籍挑选范围广并且网页操作简便，网上书店的图书品目有250万种之多，而街面书店是绝对不可能陈列如此大量的书籍的，美国最大的实际书店充其量也只经营17万种书籍；图书邮购公司的经营范围更大一些，但也不过20万种。亚马逊在书目提供上下功夫，网页设计得吸引人且操作简单，图书检索工具方便，比如，即使输入时拼写有少许错误，照样能找到希望购买的书目。

选书完成后，读者可到网站的出纳台电子结账。付款时可用加密型伺服器输入姓名、住址和信用卡号码，并在加密后用联机方式传送。有些消费者对网络交易的安全不放心，也可以只输入姓名和住址，信用卡号码用电话另行告知。亚马逊网上书店刚开张时，通过网页输入信用卡号码的消费者不到一半，现在已经提高到90%以上。从开业至今，从未发生过信用卡号码被盗用的事件。

读者选购好图书后，如果住址在美国，则两日内图书即可送到；海外读者也能在一周内收到所订购的图书。亚马逊的顾客中，有近一半(44%)是回头客。亚马逊原来与两家图书批发公司合作，当顾客网上订购时，这一信息也实时传送给批发商，后者即可备货和发货。由于生意越做越火，亚马逊网上书店也从过去完全没有库存，改为对500种最畅销的图书保持一些库存，以便及时送货上门。同时，也越过图书批发商直接向各个图书出版企业订货，这是亚马逊网上书店业务电子化能力提高后，降低企业成本的必然选择。亚马逊与雅虎达成广告协议，当雅虎的用户在雅虎上浏览时，每次用户进入不同的目录区或使用搜索功能检索，亚马逊的广告横幅也会在用户检索结果集的网页上显示出内容相关的图书信息。如果用户对这个图书信息有兴趣，就可以单击该网页上亚马逊的广告横幅，链接到亚马逊网站对应的那个图书的详细信息网页上。

亚马逊的竞争优势还在于拥有众多出版商的支持，其旗下的出版商多达 5 万家。现在它已大大扩充了自己经营的产品范围，包括音乐、影视产品、礼品等，建立了规模庞大的配送中心系统；并打算提供网上专卖店的目录管理服务，凭借自己的品牌优势，输出自己完善的网上专卖业务管理模式，为其他的网上专卖店提供广告和指引服务。

思考题：

1. 根据资料，试拟亚马逊书店的页面。
2. 总结亚马逊书店的经营策略。

第2章　电子商务发展概述

学习目标

1. 了解电子商务的发展过程和存在的问题。
2. 掌握EDI的概念、特点和构成要素。
3. 熟悉电子商务的作用和影响。

引例

电子商务行业现状分析及市场前景

1. 行业现状

电子商务作为现代服务业中的重要产业，有“朝阳产业、绿色产业”之称，具有“三高”“三新”的特点。“三高”即高人力资本含量、高技术含量和高附加值；“三新”是指新技术、新业态、新方式。人流、物流、资金流、信息流“四流合一”是对电子商务核心价值链的概括。电子商务产业具有市场全球化、交易连续化、成本低廉化、资源集约化等优势。电子商务在我国工业、农业、商贸流通、交通运输、金融、旅游和城乡消费等各个领域的应用不断得到拓展，应用水平不断提高，正在形成与实体经济深入融合的发展态势。随着互联网的快速发展及其在人群中的普及化，以及中小企业应用电子商务进程的推进和国家对电子商务发展的重视，网络已经开始影响人们的生活观念，改变国人的消费模式，越来越多的消费者将会进行网上购物。“十一五”末，电子商务平台服务、信用服务、电子支付、现代物流和电子认证等支撑体系加快完善。围绕电子商务信息、交易和技术等的服务企业不断涌现，已达到2.5万家。电子商务信息和交易平台正在向专业化和集成化的方向发展。社会信用环境不断改善，为电子商务的诚信交易创造了有利条件。

2. 市场容量

截至2013年6月，全国电子商务交易额达4.35万亿元，同比增长24.3%。其中，B2B交易额达3.4万亿元，同比增长15.25%，增速同比上升。网络零售市场交易规模达7542亿元，同比增长47.3%。我国B2B电子商务服务企业达11400家，同比增长4%，增速同比趋缓。2013年上半年，中国B2B电子商务服务商的营收规模为93.8亿元，同比增长25.9%，受企业电子商务规模拓展的影响，B2B服务商因此受益。国内使用第三方电子商务平台的中小企业用户规模(包括同一企业在不同平台上注册但不包括在同一平台上重复注册)已经突破1800万。

截至2012年年底，中国移动电子商务市场交易规模达到965亿元，同比增135%，依然保持快速增长的趋势。我国移动电子商务发展如此之快的原因有四：一是手机用户数量和用手机上网用户数量攀升；二是廉价智能手机及平板电脑的大量普及；三是上网速度、无线宽带、资费下调；四是传统电商沉淀，为移动电子商务的发展奠定了基础。移动电子商务凭借其对传统电子商务的有效补充，开拓出了一片广阔的新蓝海。移动电子商务市场需要更多创新性产品加入，进而不断完善移动电子商务市场，为移动电子商务的增长提供源源不断的发展动力。

3．机遇与前景

电子商务作为一种新的营销手段，从发展趋势来看，其外延在不断扩展，以金融产品、旅游产品、精品消费为代表的物流电子商务将成为整个市场的重要补充力量。2012 年，商务部、工业和信息化部等部门已经将电子商务的发展规划纳入“十二五”规划的范畴之内，未来电子商务企业的发展将得到更多政策资源的支持。目前，我国正着手推动电子商务示范工程，国家信息化推进办公室先后批准了 17 个电子商务试点，覆盖了多个行业、地区、企业。在发展经济的过程中，各个行业，尤其是一些中小企业和一些个体户，应该牢牢把握这个契机，实现产品利益的最大化。中国电子商务经过十几年的发展，在平台与服务上获得的成绩有目共睹。

4．投融资趋势

2013 年上半年已披露且监测到的中国电子商务投融资事件共有 48 起，其中风险投资 44 起，总额逾 78.36 亿元；并购 3 起，金额为 7.57 亿元；IPO 1 起，募资总额 5.33 亿元。在细分行业方面，电商服务商的投融资占全行业的 37.5%，位列全行业第一位，B2C 电商占全行业 22.92%，位列第二位，之后是 O2O 行业占 20.83%，其他电商领域占 10.42%等。在 2013 年上半年电子商务企业的单笔投资中，金额主要集中在 2000 万元至 3 亿元这个区间。未来几年，投资电子商务行业不再追求盲目估值的提升，而更重视价值发现。

5．优劣势比较及问题分析

目前商业服务业态主要有两种，一种是传统商业服务业态，就是实体店铺业态模式，如家乐福、零售店等；另一种是最近 15 年发展起来的互联网商业服务业态，就是网店业态模式。这两种业态模式各有优劣。实体店铺的优势在于便利和服务有保障，劣势在于成本太高，费时费力；网店的优势在于方便、成本低，劣势在于服务周期长、服务保障低。电子商务的发展仍然存在一些比较突出的问题，比如电子商务对促进传统生产经营模式创新发展的作用尚未充分发挥，对经济转型和价值创造的贡献潜力尚未充分显现。

（资料来源：中国产业调研网 www.cir.cn）

2.1 电子商务的发展过程

2.1.1 电子商务的发展历史

电子商务的发展大致经历了两个阶段。

1．专用网络上的电子交易阶段

早期的 EDI 是在被称为 VAN（专用增值网）的专用网络上实现的。EDI 在 20 世纪 60 年代末产生于美国。早在 20 世纪 60 年代初期，人们就开始用电报报文发送商务文件。20 世纪 70 年代，方便快捷的传真又取代了电报。在应用过程中人们发现，传真文件无法将信息直接转入信息系统中，只能通过纸面打印来传递和管理信息，因此，人们开始采用 EDI 作为企业间电子商务的应用技术，电子商务的雏形由此产生。60 年代末期，贸易商在使用计算机处理各种商务文件时发现，由人工输入到计算机中的数据，大部分来源于另一台计算机输出的文件，过多的人为因素的影响，使得输入差错率高，工作效率低。后来，人们开始尝试在贸易伙伴的计算机之间进行自动的数据传输交换，EDI 应运而生。

由于 EDI 减少了纸张票据的使用，人们形象地称其为无纸贸易。这种早期的专用网络上的电子商务是基于安全性考虑的。要配置 EDI 的软、硬件，需要企业规模宏大、资金雄厚，因此，限制了中小企业的使用，EDI 成了商业“贵族”。由于早期的 EDI 使用的是 VAN，需要投入高昂的硬件成本，费用高，只有大型企业才能使用，这就限制了基于 EDI 的应用范围的扩大。

20 世纪 90 年代中期，Internet 进入千家万户，成为一种大众化的信息传播工具。从 1991 年起，商业贸易活动被应用到 Internet 上，从此电子商务成为 Internet 应用的一大热点。基于 Internet 的 EDI 迅速取代了传统的 EDI，成为现代 EDI 的主要形式，为企业创造了更多的商机和效益。

2．基于互联网的电子商务阶段

近年来，随着 Internet 的蓬勃发展，电子商务也在迅速崛起。电子商务在全球的发展是 20 世纪 90 年代以后的事情，起初只是少数大公司通过 EDI 开展电子商务活动，从 1996 年开始，电子商务发生了质的飞跃，成为全球性的经济现象。电子商务的规模正在逐年迅速增长，它带来的商机是巨大而深远的。

我国计算机应用已有 60 多年历史，但电子商务仅有 20 多年。1987 年 9 月 20 日，当时的兵器工业部计算机应用研究所的钱天白教授，发出中国的第一封电子邮件，越过长城，通向世界，揭开了中国使用互联网的序幕。

我国电子商务发展过程可分为三个阶段，即 1990—1993 年开展 EDI 的电子商务应用阶段；1993—1997 年政府领导组织开展金关、金卡、金税等“三金工程”阶段，为电子商务的发展打下了良好的基础；1998 年开始进入互联网电子商务发展阶段，此时的电子商务仍处于初始阶段。

1999 年 3 月，8848-珠穆朗玛等 B2C 网站正式开通，网上购物进入实际应用阶段。1999 年兴起的政府上网、企业上网、电子政务（政府上网工程）、网上纳税、网上教育（湖南大学、浙江大学网上大学）、远程诊断（北京、上海的大医院）等广义电子商务开始启动，并已有试点，开始进入实际试用阶段，我国电子商务全面启动并已初见成效。

近年来，我国计算机拥有量、互联网用户、网站数得到飞速发展，因而推动了电子商务及计算机应用的网络化。2005 年 9 月 1 日，在北京国际会议中心召开的“2005 中国互联网大会”上，原信息产业部部长王旭东披露了中国网民人数已达 1.03 亿，仅次于美国居世界第二位。

2002 年电子政务进入全面实施阶段，电子政务工程全面启动并初见成效。我国发展电子商务的环境(网络基础建设等运行环境、法律环境、市场环境、网上支付、信息安全、认证中心建设等条件)逐步完善，国家有关电子商务的政策、法规出台，为电子商务的发展奠立了基本的条件。行业和省市地区及远程教育等电子商务得到迅速发展。同时，我国政府也非常重视有关电子商务应用与发展中的安全问题。已经成立和相继成立的行业认证中心，如电信、海关、中国人民银行牵头组织的安全认证中心，上海、广州等城市的认证中心，与安全标准、电子签名、密码系统等相关核心技术的开发都得到重视并正在完善中。

2005 年 4 月 1 日起《电子签名法》开始正式施行，这是中国信息化领域的第一部法律。它的实施为电子商务的发展打造了一个良好的法律环境。《电子签名法》通过确立电子签名法律效力、规范电子签名行为，在法律制度上保障了电子交易安全，是中国信息化立法的一个突破。随着互联网的深入、网络技术的发展，电子签名也将会在各种行业用户及个人用户方面使用。电子签名这个市场还是一个全新的领域，如何能够保证用户的安全及如何让用户真正使用电子图章成为人们关注的焦点。

2.1.2 电子数据交换技术

1. EDI 概述

电子商务的最早应用是从 EDI 系统开始的。EDI 曾经在电子商务的发展过程中担当过非常重要的角色。

对任何一个企业而言，最终的经营目标都是“以最少的投入，获得最大的产出”。企业的经营方针已定，所以无论是强化经营管理，还是深入挖掘企业内部潜力，其共同的目标都是降低生产经营成本，提高企业生产效率。过去，企业采取计算机技术曾使内部生产、管理等业务方面的生产效率大幅提高，但是在外部经营环境方面，特别是在各企业间的信息交流方面，计算机技术的优势远没有得到发挥。在当今全球经济相互依存与竞争日益强化的形式下，EDI 在国际、国内等贸易领域中受到经营者的高度重视。它在很大程度上改善了企业之间信息交换不足的现象，因此得到了广泛应用。

在商业贸易活动中，企业需要与贸易伙伴进行大量的商务信息传递，选择适当的通信方式传送商务活动中的订单、合同、回执、账单和托运单等单证及执行各种商务功能是十分重要的。传统贸易过程中，通常是参与贸易的有关各方通过电话、传真和邮递等方式进行贸易磋商、签约和执行，有关贸易文件的制作和传输要通过人工来进行处理和邮寄。一个贸易过程要经过很多环节，含有同样交易信息的不同文件要经过多次重复处理才能完成。这就增加了重复劳动和一些额外的开支，使出错的机会也增加了，给贸易双方造成不必要的损失。传统方式下贸易单证的传递方式如图 2-1 所示。

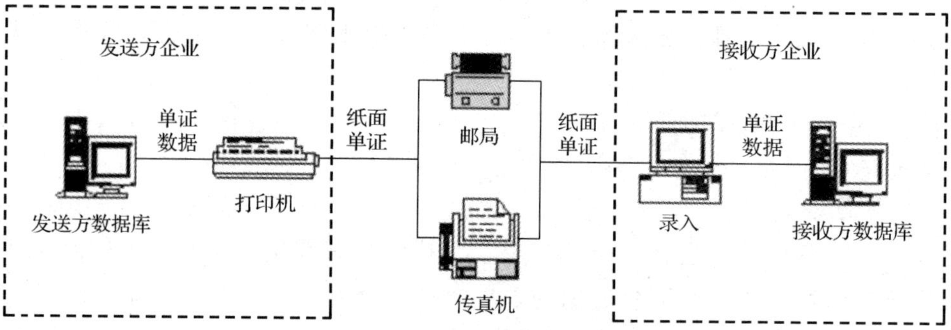

图 2-1　传统方式下贸易单证的传递方式

随着计算机技术和网络技术的不断发展和应用，人们开始探索用电子手段来代替传统的纸面信息记录和信息传输方式(即用电子单据取代纸张单据)，使人工干预降到最低程度，从而增加信息的传递速度，消除信息的第二次录入，使出错的机会大大减少。这种新的方式就是 EDI。

EDI 模拟传统商务单据流转过程，对整个贸易过程进行简化。EDI 并不是新技术，最早由欧洲和美国在 20 世纪 60 年代末提出，进入 20 世纪 90 年代后，随着网络技术和信息技术的广泛应用，EDI 得到迅速发展。基于 EDI 的电子商务系统是信息技术向商贸领域渗透的产物，用于计算机之间商业信息的传递，包括日常咨询、计划、询价和合同等信息的交换。EDI 条件下贸易单证的传递方式如图 2-2 所示。

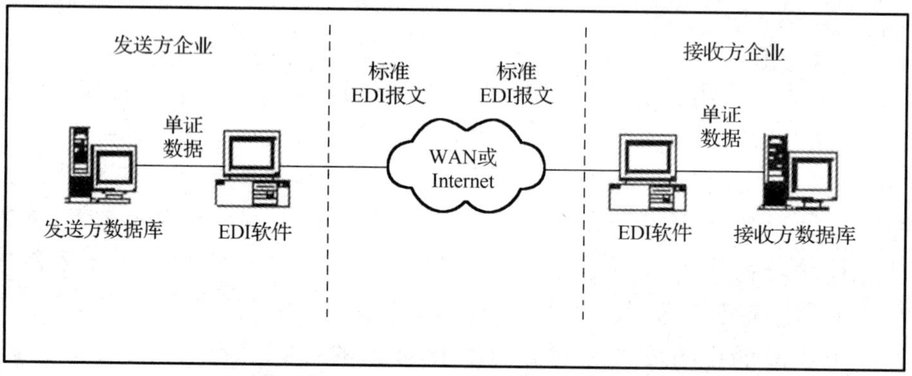

图 2-2　EDI 条件下贸易单证的传递方式

关于 EDI 的定义，由于其发展和实施方法各有不同，所以有多种解释。这里，我们采用国际标准化组织对 EDI 的定义：EDI 是将商业或行政事务处理，按照一个公认的标准，形成结构化的事务处理程序或消息报文格式，从计算机应用系统到计算机应用系统的数据传输方法。

事实上，EDI 是一种用电子数据输入取代人工数据输入的方法，实施 EDI 的目的不仅仅是替代纸张，更重要的是消除邮寄的延误和丢失及数据的重复输入。正确理解 EDI 的含义要把握以下几点。

① EDI 是计算机应用系统之间的数据传输。

② EDI 使用统一的标准编制被传输的资料。

③ EDI 使用电子方式进行数据的传输，是由计算机自动读取而无须人工干预的电子数据交换。

④ EDI 被广泛应用于商业贸易伙伴之间。

2．EDI 的构成要素及标准

(1) EDI 的构成要素

数据标准、EDI 软件及硬件和通信网络是构成 EDI 系统的三要素。

① 数据标准。EDI 数据标准是由各企业、各地区代表共同讨论、制定的电子数据交换共同标准，可以使各组织之间的不同文件格式通过共同的标准，达到彼此之间文件交换的目的。

② EDI 软件及硬件。要实现 EDI，必须配备相应的 EDI 软件和硬件。从软件方面看，EDI 软件具有将用户数据库系统中的信息翻译成 EDI 标准格式，以供传输交换的能力。虽然 EDI 软件应用的灵活性很高，可以适应不同行业的不同需求，但由于不同行业的企业是根据自己的业务特点规定信息传输格式的，因此，当需要发送 EDI 电文时，必须用某些方法从公司的专有数据库中提取信息，并把它翻译成 EDI 的标准格式进行传输，这就需要 EDI 相关软件的帮助。EDI 软件包括格式转换软件、翻译软件和通信软件。EDI 软件的主要功能有格式转换、翻译和通信等。

格式转换软件可以帮助用户将原有计算机系统的文件转换成翻译软件能够理解的平面文件(Flat file)，或将从翻译软件接收来的平面文件转换成原计算机系统中的文件。

在发送端，翻译软件把平面文件翻译成 EDI 标准格式，然后通过通信软件传递；在接收端，翻译软件把接收到的 EDI 标准格式翻译成平面文件。

通信软件控制着 EDI 标准格式的实际传递。它将 EDI 标准格式的文件外层加上通信信封(Envelope)，再送到 EDI 系统交换中心的邮箱(Mailbox)，或从 EDI 系统交换中心内将接收到的文件取回。

EDI 所需的硬件设备大致有计算机、调制解调器(Modem)及电话线。EDI 系统对计算机的要求不高，目前所使用的计算机，如 PC、工作站、小型机、主机等，均可利用。

③ 通信网络。通信网络是实现 EDI 的手段。EDI 通信方式有多种，第一种方式是点对点方式，这种方式只有在贸易伙伴数量较少的情况下才能使用。但随着贸易伙伴数量的增多，当多家企业直接使用计算机通信时，就会出现由于计算机生产厂家不同、通信协议相异及工作时间不易配合等而导致的问题。为了克服这些问题，许多应用 EDI 的公司逐渐采用第三方网络与贸易伙伴进行通信，即增值网络(VAN)方式。增值网络是由专门的网络服务商提供的增值服务。它类似于邮局，为发送者与接收者提供通信平台和邮箱维护，并提供存储转送、记忆保管、通信协议转换、格式转换和安全管制等服务功能。因此，通过增值网络传送 EDI 文件，可以大幅降低相互传送资料的复杂度和困难度，提高了 EDI 的效率。

EDI 的实现过程就是用户将相关数据从自己的计算机信息系统传送到有关交易方的计算机信息系统的过程，如图 2-3 所示。

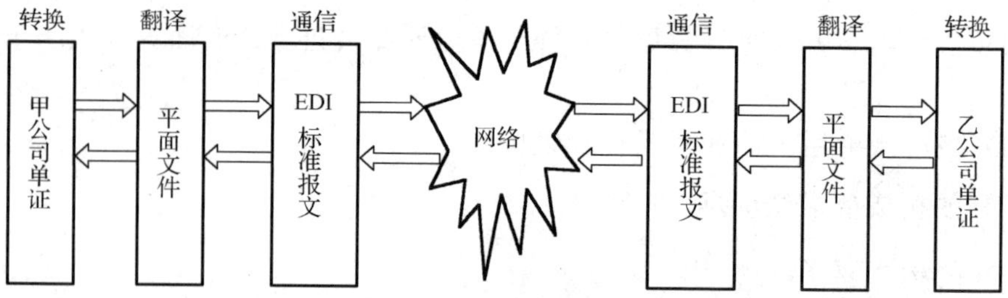

图 2-3 EDI 的实现过程

(2) EDI 标准

EDI 标准是报文在国际网络和各系统之间传递的标准协议，是实现 EDI 互通和互联的前提和基础。EDI 一产生，其标准的国际化就成为人们日益关注的焦点之一。早期的 EDI 使用的大都是各地的行业标准，不能进行跨行业 EDI 互联，严重影响了 EDI 的效益，阻碍了全球 EDI 的发展。为促进 EDI 的发展，各国都在不遗余力地促进 EDI 标准的国际化，以求最大限度地发挥 EDI 的作用。制定这个标准的主要目的是消除各国语言、商务规定及表达和理解上的歧义性，为国际贸易实务操作中的各类单证数据交换搭起一座电子通信的桥梁。

目前，在 EDI 标准方面国际上最有名的是联合国欧洲经济委员会（UN/ECE）下属第四工作组于 1986 年制定的《行政、商业和运输用电子数据交换规则》（Electronic Data Interchange For Administration，Commerce and Trans Port，EDIFACT）。同时，还有广泛应用于北美地区的，由美国国家标准化委员会 ANSI 于 1985 年制定的 ANSI X.12 标准。由于存在两个标准，客观上造成了在欧共体和北美两大贸易集团内部数据可以自由交换，而在两大集团之间的数据交换就遇到了较大麻烦的问题。为了解决这个问题，1987 年由联合国出面组织美国和欧洲等 20 多个国家的专家在纽约开会，讨论如何将两大标准进行统一，建立世界统一的 EDI 标准问题。1990 年 3 月，全球第一套用于 EDI 的文本 UN/EDIFACT 标准问世，并被国际标准化组织 ISO 正式接受为国际标准，编号为 ISO9735。

中国在实施国际贸易 EDI 工程中也积极推进标准化工作。我国选择和确定标准体系结构模式的指导原则有二：一是从国情出发，使 EDI 标准与国民经济管理体制和经济运行机制相协调，为发展社会主义市场经济服务；二是吸取和引进国外先进的管理经验，为发展对外经济贸易事业服务。

3. EDI 与 Internet

按照 EDI 的实施模式，各交易机构要建设一个 EDI 应用系统需要大量的资金，它们之间要实现 EDI 传输还需要借助于专用增值网络的服务。受资金和规模的限制，这对于一般小型企业来讲是不现实的，利用 Internet 传输 EDI 报文是中小企业进行数据交换和贸易往来的最好方案。

(1) Internet 对 EDI 的影响

随着计算机技术和网络技术的不断发展和应用，越来越多的公司开始利用 Internet 资源寻求新的商机。在 Internet 上应用 EDI，企业间规模和资金的限制已不复存在，小企业拥有了更多的竞争机会；同时，Internet 可以大大降低 EDI 的费用，使用 EDI 的现实和潜在用户越来越多。Internet 对 EDI 有以下影响。

① Internet 没有时间和空间的限制，使参与交易的范围扩大了。

② 相对于专用网络和增值网络，Internet 可节省投资和运营成本。因为，增值网络服务商是按照每笔生意或每千字节来收取费用的，而 Internet 的连接一般只需每月支付固定的费用。这是多数企业转而使用以 Internet 为基础的 EDI 的主要原因。

③ Internet 对数据交换提供了许多简单且易于实现的方法，用户可以使用页面完成交易。

④ Internet 服务提供商(ISP)提供了多种服务方式，节省了费用。

(2)实现 EDI 需要解决的问题

以 Internet 为基础的 EDI 的优势是显而易见的。但是，在应用过程中也存在以下一些问题值得我们考虑。

① 安全问题。由于 Internet 是开放性的信息传输网络，因此，即使企业交易信息被加密，安全问题仍然是要考虑的现实问题。对于许多大公司来说，解决安全问题的方案之一是在接入 Internet 时设立网络安全屏障(防火墙)；另外，公司还要有一套网络接入的权限限制。对于中小企业而言，仅需要 EDI 而无须连接 Internet 时，就要考虑投资的大小了。

EDI 的安全性主要包括保密性、完整性和可用性三个方面的内容。

② 映射问题。通常，公司内部的信息存储在关系数据库中，为了生成标准的信息，公司必须把它们从内部表示方式映射成标准信息。

③ 网络运营的可靠性。Internet 属于公共网络，其使用者与日俱增，传输故障和信息丢失的可能性常会发生，与私营网络相比，它无法提供完善的信息保证。

2.2 电子商务的作用与影响

2.2.1 电子商务对人们生活和工作方式的作用与影响

信息革命和网络经济浪潮迅猛而强烈地冲击着人们的传统消费方式、工作方式和思维方式，迅速地改变着人类社会的面貌。电子商务已经走进我们的生活，我们的生活、工作与电子商务的联系逐渐紧密，“一网打尽”“无网不胜”正在成为人们生活和工作的时尚。也许在不远的将来，离开了网络、离开了电子商务人们将寸步难行。

1. 电子商务对人们生活方式的影响

(1)网上购物改变人们的消费观念

在传统购物方式下，尽管有人对逛商店直接面对营业员讨价还价乐此不疲，但随着生活节奏的加快，越来越多的人觉得购物逛商店太费时间，还有许多人因不愿面对营业员或冷淡或过于热情的态度，不善于讨价还价，不想公开自己购物的隐私等多方面的原因，视逛商店购物为一种负担。互联网的出现，革命性地改变了人们的消费观念。随着网络技术的普及和上网人数的增加，消费者在互联网上浏览商品，直接在网上完成购物、支付，由商家将商品送到消费者手中已经成为一种时尚，并正在被越来越多的人所接受和使用。网上销售的商品一般可以分为三类：实物商品、信息商品和在线服务。前者是消费者在网上订购，由网上商店将商品送到消费者手中，后两类是由销售商直接将商品传输到购买者的计算机终端，由消费者来消费或接受服务。

网上购物可以给消费者带来以下几个方面的好处。

第一，多选择性。电子商务中电子商店的容量是无限大的，可以陈列比大型超级市场多得多的商品。例如，在美国著名电子商务企业亚马逊网上书店(http：//www.amazon.com)出售的图书品种数量，比世界上任何一家大型书店都要多。陈列的商品多，提供给消费者的选择就多。另一方面，多选择性还表现在空间距离上，电子商务中的商店不仅仅是本城、本国的商店，它所带来的是全球所有的网上商店，可以说是不受地域限制的。例如，对于普通报纸，其印刷、出版、传送，再快也会受到地区的限制。但通过电子商务传送的电子报纸可以说是即时的，对一些突发性的新闻可以及时更新。

第二，节省时间。通过电子商务，人们不必花很多时间去商场、超市逐层逐柜搜索、寻找自己想要购买的商品，也不用货比三家，来选择商品的价格和款式。在电子商务模式下，人们只要用鼠标轻轻一点便可以从一家商店转到另一家商店，从一类商品转到另一类商品，这一搜索、寻找的过程都是由电子计算机和网络在代替人们进行的，节省了人们宝贵的时间。同时，通过电子商务人们也不必为寻找配套商品而东奔西走。例如，在美国有一家专门出售花木的网上园林店，名字叫作“逃出花园”，它提供 10000 多种世界各地的花草种子、森林植物、花园工具，也提供花园的设计方案，以及有关种花的书籍、录像带等，与园林有关的商品在这里可以一次全部购齐。

第三，享受低价。通过电子商务消费者能够得到价格上的实惠，能够享受到价格相对低一些的商品和服务。因为电子商务相对传统商店来说减少了许多中间环节，商品价格中也就减少了中间费用。在一些网络书店，图书的价格折扣可以高达 40%，读者在网上购书可以比在传统书店购书便宜很多。

第四，保护个人隐私。在购买一些属于个人隐私的物品时，在传统商店就难免会碰上熟人，弄得很尴尬，而在电子商务环境中就完全可以避免这种尴尬。

第五，满足个性化消费需求。通过电子商务提供的商品与在线服务可以为单个消费者“量体裁衣”，定制个性化产品与服务，满足消费者个性化的需求。在美国有一家很有名的网上汽车销售商 Auto-by-Tel，它提供了一种全新的纯个性化的购车服务，消费者坐在自己的计算机前就能通过亲身参与设计出一款世界上独一无二的“私家车”。消费者可以将车的外壳设计为淡绿色，车内为浅蓝色，可以挑选汽缸的个数，也可以选择是双门车还是四门车，还可以根据自己的身材对车身长度、宽度等提出设计要求。对于车窗、反光镜、车载音响等附加设备，也能根据自己的不同爱好进行选择。消费者选定好各种配置后，Auto-by-Tel 会在 24 小时内为消费者提出一个报价，并且提出购车的参考付款财务计划，由消费者根据自己的情况选择付款方式。这种个性化的消费方式，现在正有向其他一些较大宗消费品转移的趋势。例如，在购买计算机时可以根据自己的使用要求灵活选择计算机的配置，以满足更多消费者个性化消费需求。

(2)在线服务

互联网是一个开放的网络系统，它的资源和服务将被无限制地扩大，每个人都可以通过它获取自己所需要的信息和服务。消费者在线服务主要有以下三大类。

第一，信息发布。在信息社会，信息作为日益重要的资源正在受到越来越多的个人和企业的重视，接受在线服务有助于更快地获取各种信息，保持在激烈竞争中处于优势地位。目前通过电子商务可以利用网络方便快捷地发布信息，提供法律咨询、医药咨询、疾病会诊、产品竞标、远程教育、投资理财、证券分析、金融服务等许多信息的发布与服务，并且有扩大化的趋势，即服务领域和服务内容正在逐渐扩大，满足人们的各种需求。

第二，预订服务。在信息社会，人们的生活节奏越来越快，在线预订可以节省人们的大量时间，增加自主安排时间，增加工作和生活的计划性，提高生活质量。通过访问相关电子商务网站可以帮助人们预订车票(机票)、饭店、各种入场券及预约专家门诊等。

第三，互动式服务。通过网络的交互性，人们可以实现原来无法想象的服务，如可以接受远程教育，每个人都可以随意选择全国乃至全世界自己喜欢的专业和大学进行远程教育和学习；可以在网上社区服务中心解决日常生活中遇到的用气、用水、用电等方面的难题，还可以与家政部门联系，提供家政服务；也可以在网上求职，填写好有关个人求职意向书通过网络发布出去，在家中等候通知，不必到处奔波寻找。

2. 电子商务对人们工作方式的影响

(1) 改变就业结构

电子商务的发展将改变社会就业结构，对人们的知识、能力和技能提出更高要求。企业员工、政府职员、学校教师，甚至是社会各行各业的就业者都必须熟悉和掌握电子商务的一些基本操作规程，那些既懂得经营管理业务，又懂得电子商务技术的复合型人才将成为劳动力市场上的热门。就业将从传统职业转向要求具备信息技能、有较高认知推理能力的职业。

(2) 改变就业方式

电子商务对整个社会的就业状况改善有重要作用。美国商务部认为：“由数字革命所预期的新经济增长创造的就业机会，将很可能比失去的更多。”目前美国的失业率下降到5%以下，是 1973 年以来的最低水平。对电子商务对就业的贡献作用，经济合作与发展组织(简称经合组织)也持同样的看法。据统计，经合组织成员国近年来所增加的6500万个就业机会中，95%与信息知识产业有关。另一方面，电子商务的出现促进了人们工作方式的变革。人们将更多地在家里或者小型办公地点，通过网络利用计算机与他人进行协作，完成全部工作。据统计，美国现在有 700 万人在家里的虚拟办公室工作。美国交通部估计，今后 10 年，将有 1500 万人利用电子商务在虚拟办公室工作。在此基础上，出现虚拟企业。所谓虚拟企业，是指企业成为没有边界的组织，它可以没有实在的空间，没有实在的厂房、生产设备，员工通过网络连接在一起从事各种决策、买卖、设计等活动，即企业只保留最关键的功能，其他的功能在资源有限的情况下，无法最大限度地满足竞争的要求，所以将那些部门虚拟化，以各种方式借用外力来进行整合，进而最大限度地发挥企业的竞争优势。而借用的力量可能是上游的供应商、竞争对手，也可能是客户。无论形式上如何表现，虚拟企业的基本含义在于突破企业的有形界限，延伸企业的活动范围。虚拟企业、虚拟办公室的形成、企业员工的雇用方式和工作方式都在发生着变化。

2.2.2 电子商务对企业产生的作用与影响

电子商务的飞速发展给商业和人们的生活带来了深刻的变化，同时对企业的经营环境和经营手段产生了极大的影响，促使企业在组织管理和生产经营方面必须做出相应的战略和策略调整，以适应电子商务时代的要求。

1．电子商务对企业组织管理的影响

① 企业组织信息传递的方式由过去单向的“一对多式”转换为双向的“多对多式”。在网络化的企业组织结构里，信息无须经过中间环节就可以达到各方的沟通，使工作效率得到很大程度的提高。

② 电子商务打破了传统职能部门依赖分工与协作完成整个工作任务的过程，形成了并行工程的思想。改变了过去只有市场部和销售部才可以与客户打交道的状态，在电子商务的构架里，其他职能部门也可以通过商务网络与客户频繁接触。原有各工作单元之间的界限被打破，重新组合成了一个直接为客户服务的工作组。这个工作组直接与市场接轨，以市场的最终效果来衡量生产流程的组织状况和各组织单元间协作的好坏。

③ 企业的经营活动打破了时间和空间的限制，虚拟企业——一种新型的企业组织形式诞生了。它打破了企业之间、产业之间、地域之间的一切界限，把现有资源组合成为一种超越时空、利用电子手段传输信息的经营实体。虚拟企业可以是企业内部几个要素的组合，也可以是不同企业之间的要素组合。其管理由原来的相互控制转向相互支持，由监视转向激励，由命令转向指导。

2．电子商务对生产经营的影响

国内越来越多的企业已经充分认识到，在以计算机、通信、网络为代表的信息产业快速发展的今天，实现电子商务是企业能够在愈演愈烈的全球化市场竞争中得以生存、发展的必由之路。这是因为电子商务不仅对传统企业的管理，如计划、组织和控制产生了影响，而且对企业的研究开发、采购、生产、加工、制造、存储、销售及客户服务也产生了巨大的影响。

(1) 电子商务对企业采购产生的影响

到目前为止，国内大部分传统企业仍以订货会、供需见面会等为采购原材料的主要方法，由此而花费大量的人、财、物力，而电子商务恰好可以弥补这方面的不足，成为减少企业采购成本支出的一种有效途径。电子商务的发展，使企业之间的竞争不再取决于企业所实际占有的资源多少，而取决于企业可控制运用的资源多寡。因此，企业必须利用外部资源尤其要发挥好网络的作用，通过互联网使自己与合作伙伴、供应商互通互联，做到信息资源实时共享，最大限度地提高运作效率，降低采购成本。

(2) 电子商务对企业生产加工产生的影响

电子商务对企业的生产运作方式、生产周期、库存等都会产生巨大的影响。

首先，传统经营模式下的生产方式是大批量、规格化、流程固定的流水线生产，是产品的全程生产，外协加工工序较少。基于电子商务的生产方式是顾客需求拉动型的生产。

其次，缩短了生产与研发的周期。在互联网上，消费者可以以互动的方式进行订购，并协助企业设计一套解决方案，使企业最大可能地理解消费者，从而使产品几乎以零开发周期的速度进入市场。

最后，减少企业库存，提高库存管理水平。产品生产周期越长，企业越需要较多的库存来应付可能出现的交货延迟、交货失误，对市场需求变化的反应也就越慢。而库存越多，其运转费用就越高，效益就越低。大量库存使得货物所在仓库租金成本上升，也使得企业对库存的管理与维护费用显著增加。但在电子商务环境下，企业通过互联网可以直接找到供应商，减少了中间商进行“加价”的机会而直接让利于消费者；同时，由于专业化程度越来越高，企业间的合作不断加强，更多先进生产方式(如 MRP Ⅱ制造资源计划、ERP 企业资源计划、JIT 适时管理)的应用，为企业实现精确生产、“零库存”奠定了基础。

(3) 电子商务对企业销售产生的影响

电子商务对企业销售产生的影响具体表现在以下三个方面。

第一，电子商务可以降低企业的交易成本。电子商务模式构筑的是全球营销网络，建立的是无中介的销售渠道，通过互联网进行广告宣传及市场调查，改变了市场准入及品牌定位等规则。企业可以利用 Internet 资源，建立个性化的电子商务网站，在网上进行企业宣传，展示自己的产品，树立企业形象，扩大企业影响，并进行促销活动，从而大大降低企业的促销成本。与传统营销方式相比网络营销的费用大大降低。

第二，电子商务突破了时间和空间的限制。传统企业由于受到地域的限制，面对的市场是有限的。而电子商务则使得企业通过互联网直接面对全球市场，在网上展开营销活动；同时互联网提供的是每周 7 天、每天 24 小时的销售，交易时间的延长给传统企业带来了更多的机会。

第三，电子商务全方位展示产品，使顾客根据需求理性购买。企业通过网络全方位展示商品的内部结构、商品的质量、性能、价格及付款条件等，帮助消费者完全认识商品及服务，根据需求购买。而传统的销售虽然也展示真实的商品，但商家必须有相应的基础设施如仓库、展厅、店铺等来支持，从而增加了企业的销售成本。另外，作为消费者的顾客还要占用大量的时间和精力。

(4) 电子商务对企业客户服务产生的影响

客户——现实的和潜在的消费者，是企业最重要的资源。企业内部的一切努力，开发新产品，提高生产效率和产品质量，以及降低消耗等，最终目的是促使顾客的购买行为成为现实。因此，不断了解顾客需求，改善客户服务质量，改进产品及售后服务，实施互动式沟通，提高客户满意度和忠诚度，就成为企业在竞争激烈的市场上立足的关键。

2.2.3 电子商务对社会和经济发展的作用与影响

随着电子商务魅力的日渐显露，虚拟企业、虚拟银行、网上营销、网上购物、网上支付、网络广告等一大批前所未闻的新词汇正在为人们所熟悉和认同，这些词汇同时也从另一个侧面反映了电子商务正在对社会和经济产生的影响。

1. 电子商务将改变商务活动的方式

传统商务活动最典型的情景就是“推销员满天飞”“采购员遍地跑”“说破了嘴、跑断了腿”。人们用“千言万语、千山万水、千家万户、千方百计、千辛万苦”来形容传统推销人员的辛劳工作。对消费者来说，在商场中筋疲力尽地寻找自己所需要的商品，也不是一件轻松的事情。现在，通过因特网只要动手点击鼠标，人们就可以进入网上商场浏览、采购各类产品，而且还能得到在线服务。商家则可以在网上与客户联系，利用网络进行货款结算服务。政府还可以方便地进行电子招标、政府采购等。这在根本上改变了传统商务活动的工作模式。

2. 电子商务将改变人们的消费方式

网上购物的最大特征是消费者的主导性，购物意愿掌握在消费者手中。消费者还能以一种轻松自由的自我服务方式来完成交易，消费者主权可以在网络购物中充分体现出来。

3. 电子商务将改变企业的生产方式

由于电子商务是一种快捷、方便的购物手段，消费者的个性化、特殊化需要可以完全通过网络展示在生产厂商面前。为了取悦顾客，突出产品的设计风格，制造业中的许多企业纷纷发展和普及电子商务。例如，美国福特汽车公司在 1998 年 3 月将分布在全世界的 12 万个计算机工作站与公司的内部网连接起来，并将全世界的 1.5 万个经销商纳入内部网。福特公司的最终目的是能够按照用户的不同要求进行个性化设计，做到按需供应汽车。

4. 电子商务将给传统行业带来一场革命

电子商务在商务活动全过程中，通过人与电子通信方式的结合，极大地提高商务活动效率，减少不必要的中间环节。传统的制造业藉此进入小批量、多品种的时代，“零库存”成为可能。传统的零售业和批发业开创了“无店铺”“网上营销”的新模式。各种在线服务为传统服务业提供了全新的服务方式。

5. 电子商务将带来一个全新的金融业

在线电子支付是电子商务的关键环节，也是电子商务能够顺利发展的基础条件。随着电子商务在电子交易环节上的突破，网上银行、银行卡支付网络、银行电子支付系统，以及网上交易服务、电子支票、电子现金等服务，将传统的金融业带入了一个全新领域。1995 年 10 月，全球第一家网上银行“安全第一网络银行”（Security First Network Bank）在美国诞生，这家银行没有建筑物，没有地址，营业厅就是首页画面，员工只有 10 人。与总资产超过 2000 亿美元的美国花旗银行相比，“安全第一网络银行”简直微不足道，但与花旗银行不同的是，该银行的所有交易都通过因特网进行，1996 年存款金额达到 1400 万美元，1999 年达到 4 亿美元。

6. 电子商务将转变政府的行为

政府承担着大量的社会、经济、文化的管理和服务的功能，尤其作为“看得见的手”，在调节市场经济运行、防止市场失灵带来的不足方面有着很大的作用。在电子商务时代，在企业应用电子商务进行生产经营、银行实现金融电子化，以及消费者实现网上消费的同时，将同样对政府管理行为提出新的要求，电子政府、电子政务或者说网上政府，将随着电子商务的发展而成为一个重要的社会角色。

电子商务对社会经济的影响会远远超过商务本身，除上述这些影响外，它还将对就业、法律制度及文化教育等产生巨大的影响。总之，电子商务将带来一场史无前例的革命，对整个社会产生深远的影响。

2.3 我国电子商务发展现状与存在的问题

2.3.1 我国电子商务发展的现状

1．电子商务行业成为我国经济发展新引擎

近年来，中国的电子商务快速发展，交易额连创新高，电子商务在各领域的应用不断拓展和深化，相关服务业蓬勃发展，支撑体系不断健全完善，创新的动力和能力不断增强。电子商务正在与实体经济深度融合，进入规模性发展阶段，对经济社会生活的影响不断增大，正成为我国经济发展的新引擎。电子商务进入规模发展阶段，具体表现为以下几个方面。

中国电子商务研究中心数据显示，截至 2012 年年底，中国电子商务市场交易规模达 7.85 万亿元，同比增长 30.83%。其中，B2B 电子商务交易额达 6.25 万亿元，同比增长 27%。而 2011 年全年，中国电子商务市场交易额达 6 万亿元，同比增长 33%，占 GDP 比重上升到 13%；2012 年，电子商务占 GDP 的比重已经高达 15%。2013 年我国电子商务规模突破十万亿元大关。

2009—2014 年中国电子商务市场交易规模如图 2-4 所示。

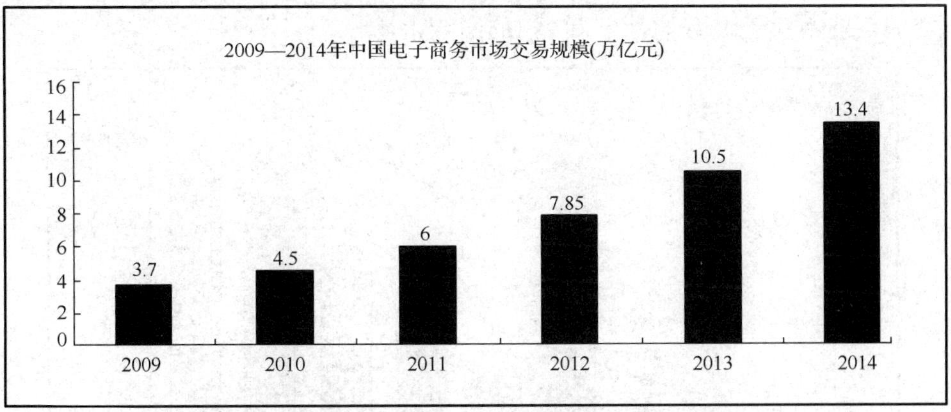

图 2-4　2009—2014 年中国电子商务市场交易规模

网络零售市场交易依然高速增长，中国电子商务研究中心数据显示，截至 2012 年年底，中国网络零售市场(包括 B2C 和 C2C)交易规模突破 1 万亿元大关，达 13205 亿元，同比增长 64.67%，占到社会消费品零售总额的 6.3%。而 2011 年全年，网络零售市场交

易额达 8019 亿元，同比增长 55.98%，已占到社会消费品零售总额的 4.4%。

2008 年我国网购交易额增长率自 130%以上水平逐年下降，从高速转为快速增长。随着基数不断扩大、市场总份额拓展进入新阶段及网购消费理性化，网购增速在未来几年内可能会自然回落。从人口增速和消费人群看，人口增速较为稳定，20～40 岁的消费人群使用网购消费的模式几近固定，这些因素决定了网购交易额将在一定水平上趋于平稳增长。2007—2012 年中国网络零售交易规模如图 2-5 所示。

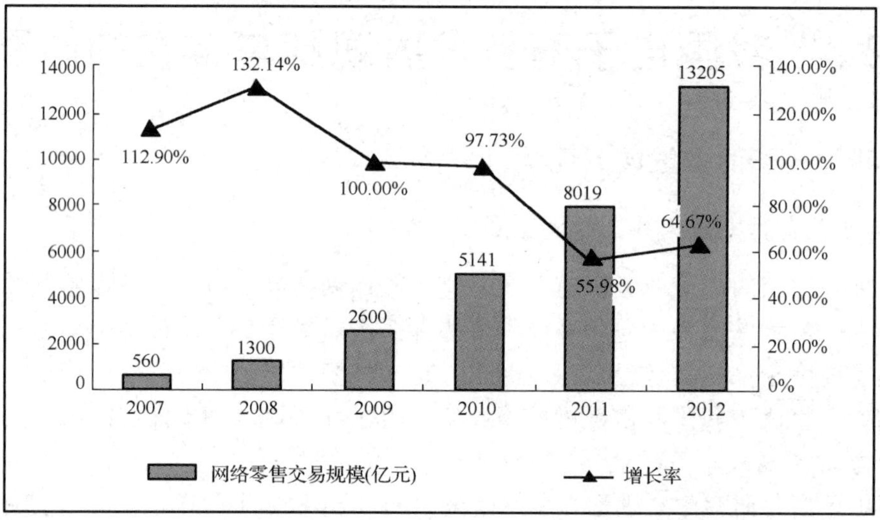

图 2-5　2007—2012 年中国网络零售交易规模

移动终端网络购物爆发性增长，随着智能手机在中国的日渐普及，移动电子商务在中国将进入快速发展期。2013 年 1 季度(2013Q1)，移动网购交易额再创新高，达到 266.6 亿元，同比增长 250.3%；占互联网购物比例从 2011 年 1 季度(2011Q1)的 0.70%提升至 2013 年 1 季度的 7.60%，两年时间提升 10 余倍，如图 2-6 所示。其爆发性的增长催生出的市场空间可能不亚于现有的基于 PC 端的网购市场。

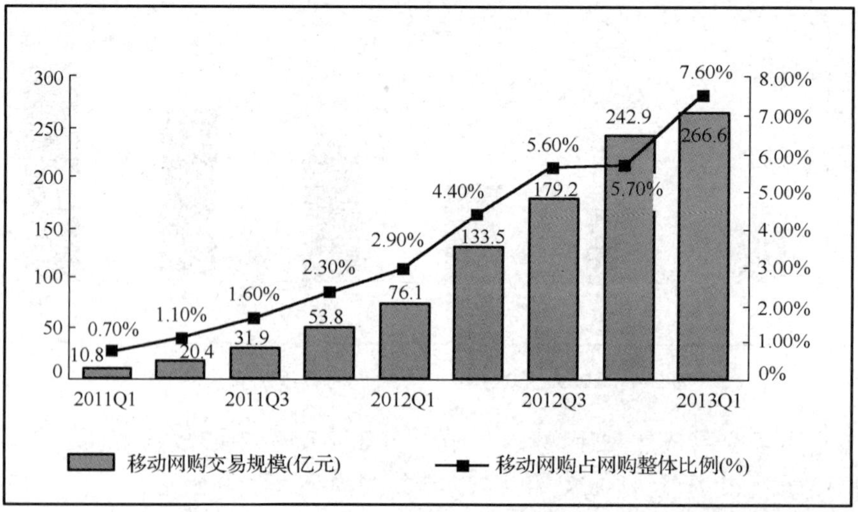

图 2-6　2011Q1—2013Q1 国内移动网购交易额发展情况

2. 电子商务对经济产生巨大的溢出效应

电子商务行业的快速发展，将对相关产业链发生溢出效应。随着电子商务的不断普及，将直接带动物流、金融和 IT 等服务类型的行业发展，将创造更多的就业机会。在电子商务交易服务、业务流程外包服务和信息技术外包服务等领域涌现出大量的电子商务服务商，电子商务服务业兴起。订单的集中爆发对电商的配送能力提出了更高的要求，物流供应链网络作为整体电子商务发展的重要环节，成为影响用户体验的关键。电商对物流的影响力还将持续扩大，更多电商企业将逐步提升企业自身物流配送标准。

京东商城投入 40 亿元兴建南北两大云计算数据中心，阿里尝试向电子商务企业输出云计算、云储备，亚马逊采用云服务等，标志着云计算与大数据等新技术的导入将成为电子商务发展的重要条件。电子商务领域的急速发展，将成为信息技术创新的有力驱动。此外，还将带动与之配套的第三方支付、电子认证、网络信息安全、网络保险等电商生态圈中各子业态的发展。

当前，我国电子商务发展正在进入密集创新和快速扩张的新阶段，日益成为拉动我国消费需求、促进传统产业升级、发展现代服务业的重要引擎。具体而言，具有以下几个特点。

(1) 我国电子商务仍然保持快速增长态势，潜力巨大

我国近年来的电子商务交易额增长率一直保持快速增长势头。特别是网络零售市场更是发展迅速，2012 年达到 13110 亿元，而 2013 年天猫“11·11”购物狂欢节支付宝成交额达 350.19 亿元，更是让人们看到我国网络零售市场发展的巨大潜力。毫无疑问，电子商务正在成为拉动国民经济保持快速可持续增长的重要动力和引擎。

(2) 企业、行业信息化快速发展，为加快电子商务应用提供坚实基础

近年来，在国家大力推进信息化和工业化融合的环境下，我国服务行业、企业加快信息化建设步伐，电子商务应用需求变得日益强劲。不少传统行业领域在开展电子商务应用方面取得了较好成绩。农村信息化取得了可喜的成绩，创新电子商务应用模式，涌现出一批淘宝店，一些村庄围绕自身的资源、市场优势，开展特色电子商务应用。传统零售企业纷纷进军电子商务。其他行业如邮政、旅游、保险等，也都在已有的信息化建设基础之上，着力发展电子商务业务。

(3) 电子商务服务业迅猛发展，初步形成功能完善的业态体系

从电子商务交易情况来看，近年来出现了一些新的发展趋势。一是发展模式不断演变。近年来 B2B 与 B2C 加速整合，并由信息平台向交易平台转变。二是零售电子商务平台化趋势日益明显。具体包括三种情况：追求全品类覆盖的综合性平台，专注细分市场的垂直型平台，大型企业自营网站逐渐向第三方平台转变。三是平台之间竞争激烈，市场日益集中。以阿里巴巴、京东商城为第一梯队拉开了与其他中小型电子商务企业的差距。从支撑性电子商务服务业来看，近年来出现了不少重大的变化。比如，各方面的功能日益独立显现，呈现高度分工的局面；新一代信息技术在电子商务服务中得到快速应用，除物联网技术外，大数据正逐渐让数据挖掘发挥其精准营销功能；电子商务平台的功能日益全能化。从辅助性电子商务服务来看，围绕网络交易派生出一些新的服务行业，如网络议价、网络模特、网(站)店运营服务与外包等。

(4)跨境电子交易获得快速发展

在国际经济形势持续不振的环境下，我国中小型外贸企业跨境电子商务仍逆势而为，近年来保持了30%的年均增速。有关部门正加紧完善促进跨境网上交易关于平台、物流、支付结算等方面的配套政策措施，促进跨境电子商务模式不断创新，出现了一站式推广、平台化运营、网络购物业务与会展相结合等模式，使得更多中国制造的产品得以通过在线外贸平台走向国外市场，有力推动了跨境电子商务向纵深发展。

此外，电子商务发展环境不断改善。全社会电子商务应用意识不断增强，应用技能得到有效提高。相关部门协同推进电子商务发展的工作机制初步建立，围绕电子认证、网络购物等主题，出台了一系列政策、规章和标准规范，为构建良好的电子商务发展环境进行了积极探索。

2.3.2 我国电子商务发展中存在的若干问题

随着我国电子商务的飞速发展，在电子商务发展过程中必然会对安全、保密、认证、法律等技术手段和标准规范是否成熟、可靠等提出更高的要求，因此有必要对这些问题进行讨论和研究，从而进一步完善所面临的问题。电子商务是一项复杂的系统工程，由于其发展环境和条件尚未成熟，因此，电子商务的应用不可避免会存在各种各样的问题和挑战，主要表现在以下几个方面。

1. 安全问题

电子商务的运作涉及多方面的安全问题，如资金安全、信息安全、货物安全、商业秘密等。其中，电子交易的安全问题是阻碍电子商务发展的最大问题。国内不少专家学者认为，电子商务是Internet技术应用的全新方向，建立在技术性的网络系统基础之上，它源于技术，因此，电子商务发展中出现的问题也只有通过技术的提高才能解决，即通过防火墙、加密技术、数字签名、身份认证等技术，来确保网上信息流的保密性、完整性和不可抵赖性。但是，就目前而言，技术的提高并没有解决电子商务的安全问题。只有法律和技术双管齐下，才能维护和保障电子商务的稳健发展。安全问题如果不能妥善解决，电子商务的实现就是一句空话。

2. 技术问题

技术方面的障碍主要包括可靠性、速度等方面存在多种不可靠因素，如软件不可靠、线路不可靠、系统不可靠等。基础设施方面的问题也可能对性能产生不利影响，如服务器、网卡、总线等跟不上千兆以太网的发展步伐，主存储器和超高速缓存也需要相应的匹配等。

3. 电子商务的税务问题

税务是一个国家重要的财政来源。由于电子商务的交易活动是在没有固定场所的国际信息网络环境下进行的，造成国家难以控制和收取电子商务的税金。因此，在制定与电子商务有关的政策法规时，需要重新审视传统的税收政策和手段，建立新的、有效的税收机制。

4. 资金的流通方式落后

目前，一些国家广泛采用信用卡和电子支付的方式付账，以此来刺激消费行为。电子商务如果不能最终面对个人和家庭服务，则是没有发展前途的。银行卡的使用不普遍，本身就是一种资金流通方式落后的表现。电子商务要在中国实现，必须使现今的资金流通方式得到真正改善，让更多的人习惯电子支付，培养更多的电子消费人群。

5. 电子商务应用区域发展不平衡问题

电子商务应用具有区域发展不平衡的特点。电子商务环境与经济环境一样，在我国也存在地区上的差异。据统计，北京、上海、广州等大中城市的网民数量占全国网民总数量的 80%以上。这种应用基础方面的差异也带来了应用实践方面的差异。从媒体报道的情况看，在“非典”期间应用电子商务的一些事例大部分都来自东部地区。从对广交会网站的访问情况看，国内访问量主要集中在沿海经济发达地区，如广东、上海、浙江、山东、江苏等。

另外，还有电子商务的标准问题、法律问题、政府的角色定位问题、企业的经营方式和管理水平落后问题、商家的信誉问题，以及物流体系不健全、电子商务人才缺乏等问题。

2.3.3 改善我国电子商务发展环境的主要措施

电子商务是一项巨大的、复杂的系统工程，不可能一蹴而就。从长期来看，发展电子商务一是需要号召、推动和组织，二是需要创造更好的应用环境。从政府层面来看，为保证电子商务健康发展而创造良好的“软环境”是非常必要的。在“第二届中国商务发展论坛”上，著名经济学家林毅夫表示，商务“软环境”是制约中国商务发展的瓶颈因素，对于如何改善中国商务环境，林毅夫提出了四点建议：第一，要真正落实《中华人民共和国行政许可法》，提高企业商业行为效率；第二，简化税收环节，让内资企业与外资企业享受同等待遇，同时考虑将生产型的增值税转变为消费型的增值税；第三，应当大力发展服务业；第四，要改善融资的环境，尤其要解决中小企业融资难的问题。同时，还应该在以下几个方面加大工作力度。

1. 做好电子商务的发展规划和宏观指导

要求电子商务政策制定者对市场的变化保持高度的敏感，加强研究，适时制定鼓励电子商务发展的政策。在这一过程中，相关的中介组织，如行业协会等应充分发挥自己联系政府和企业的纽带作用，做好企业与政府部门的信息沟通，协助政府做好产业发展规划。

2. 加强基础设施建设

电子商务是基于信息网络的商务活动，需要建设必要的信息基础设施和手段，包括各种信息传输网络的建设、信息传输设备的研制、信息技术的开发等，使电子商务的发展奠定在坚实的环境建设基础上。要构建一个值得信赖并能够保证信息的完整性和安全性的多层次的开放网络体系，加强基础网络的建设，改善国内用户环境。

3. 加强电子商务宣传和人才培养

鼓励和支持企业根据自身业务特点和信息化建设的程度，本着实用为主的原则应用电子商务。充分利用各种途径和手段培养、引进并合理使用好一批素质较高、层次合理、专业配套的网络、计算机及经营管理的专业人才，这是我国电子商务建设成功的根本保证。

4．加强政府的示范和引导作用

通过实施政府信息化，提高政府工作效率和透明度，促进政府与社会的沟通；发展政府部门之间的非支付性电子商务，促进有关部门在电子商务实施中的关系协调，推动管理部门联网，实现商务管理电子化；发展政府和企业间的电子商务，实现政府采购网络化。有针对性地扶持重点行业、企业开展电子商务，通过试点总结经验加以推广。

本章小结

本章主要介绍电子商务发展历程、现状与存在的问题。在学习过程中，要正确理解和把握 EDI 的概念和知识点；重点掌握 EDI 的定义和构成要素，以及电子商务的作用和影响；同时，要了解电子商务的发展现状和电子商务发展中存在的问题。

思考题

1．什么是 EDI？
2．以 B2C 为例，叙述电子商务的流程。
3．用自己上网购物的亲身实例说明中国目前电子商务购物模式中存在哪些主要问题。
4．试列举电子商务的虚拟性给电子商务带来的好处和问题。
5．试列举电子商务在中国发展很快且潜力很大的依据。

上机实验

1．上网搜索电子商务典型事件、典型人物和知名企业信息并进行简单分析。
2．使用网络搜索引擎，对本章的概念进行搜索并加深理解。
3．登录电子商务实验室，进行模拟操作。

案例分析

电子商务是一种新的业态

今日钢铁网董事长戴维说："电子商务是一种新的业态，而不仅是简单的信息化管理手段。"企业的核心是什么？当然是商务。那么，传统企业的核心自然就是传统商务形态，而新兴企业的核心必然就是电子商务这种新的商务形态。ERP 等信息化管理手段，只是初级的、原始的、片面的电子商务形态。当今世界，各行各业特别是金融业都充满着细分与重构。而第三方支付正是细分了结算方式和支付系统，重构了由金融和电子商务组合的崭新业态。电子商务若想转化为价值，且不止是管理价值，而是要提升到财富价值和社会价值的高度，那么必然要提升整个业态的转变。这也正是今日钢铁一直以来致力的方向。

问：电子商务作为一种新的业态，如何创造更大的财富价值和社会价值？

答：电子商务不仅要涉及企业管理层面，更要触及业务本质。

真正完整的，也是最高级的电子商务是利用因特网进行全部的贸易活动，即在网上完整地实现信息流、商流、资金流和部分的物流。也就是说，从寻找客户开始，到洽谈、订货、在线付(收)款、开据电子发票，再到电子报关、电子纳税等，都可以通过因特网一气呵成。如此，电子商务的真正价值或高价值才能展现出来。

首先，从电子商务的发展层次来说，目前在钢贸行业，有两种电子商务业态并存，但这两种业态并不处于同一发展层次。

电子商务业态之一是纯粹的资讯内容型网站。这种网站平台旨在通过内容的提供为决策提供依据，进而解决企业的管理问题。这种业态就是前面提到过的电子商务初级阶段，只能解决企业管理层次的问题。

还有一种电子商务业态就是网络营销功能型平台。借由这种平台，电子商务才真正开始触及企业的业务本质；从这种平台开始，电子商务不止是企业扩大销售的一个渠道，更具有降低采购成本，进行品牌推广，培育和引导消费者最新需求的强大功能。

今日钢铁五年来的发展历程，就是功能型电子商务平台建设的一个案例。创立之初，今日钢铁的定位是辅助交易平台性质，也就是辅助网络营销的电子商务层面。但这并不是今日钢铁的目标，只是一个向更高层次追求的不可或缺的发展阶段。现在，我们的现货电子交易平台即将上线，旨在参与到企业的商务核心之中，服务于物流的业务本质，这一业态的转变是钢贸行业电子商务的层次的提升。当然我们的终极目标是开创融信息流、资金流、物流、供应链在线融资、SAAS 软件服务等于一体的电子商务平台。

其次，从运营商的角度来说，电子商务可以分为第二方、第 2.5 方及第三方。第二方电子商务很好理解，就是传统的钢贸公司运用信息化管理手段，提升自己销售管理的一个产物，这种平台基本都是公司的辅助销售手段，还具有受众群狭窄的先天不足；至于第 2.5 方电子商务，是我自己根据钢贸行业的特殊性总结出来的，特指以钢材市场为主体运营的电子商务模式，同样由于主体的局限性，只服务于市场内的仓储客户的管理和辅助融资，这种电子商务的本质只是商务电子化的手段而已。

第三方电子商务是为了解决针对中小企业信息流、资金流、物流，以及在基础设施、整个社会政治经济的大环境等所面临的问题而诞生的。其实质就是中小企业依赖第三方提供的公共平台来开展电子商务。真正的电子商务平台应该是专业化、具有很强的服务功能、具有“公用性”和“公平性”的第三方服务平台，并能让信息流、资金流、物流三个核心流程得到很好的运转。平台的目标是为企业搭建一个高效的信息交流平台，创建一个良好的商业信用环境。第三方在交易过程中起到一个中立平台的作用，能够解决现在中小企业面临的关键性问题，解决钢材产品交易真实性、支付结算的安全性问题，为买卖双方提供更为广阔的交易市场，而且还能够提供配套的融资、SAAS 软件服务，为中小企业带来可观的应用价值。

最后，从业务模型的角度来说，目前从事钢材电子商务的公司，业务方向基本可以分为中远期、现货交易及资讯服务。其中，以中远期业务为主的公司，目前主要是斯迪尔电子交易中心、上海大宗电子交易中心、钢之源、欧浦钢网；以现货交易为业务方向的公司是东方钢铁、中国钢材现货网、今日钢铁网等；还有就是组建行业网站联盟是以资讯服务为主的，在电子商务方面进展缓慢。

问：关于“现货电子交易”，业内谈了很多年，但是为什么一直没有成功运营？

答：以软件战略服务仓储和客户，以创新在线融资服务撬动电子交易。

比尔•盖茨早在2000年就曾说，因特网已从连接和简单交易转向通过各种手段提供网上服务，正在从网下经济转向数字化网上经济；在新一代因特网时代，公司要想取得成功，必须改善对顾客的服务，加强与合作伙伴的关系，并运用因特网的最新服务手段在机构内部和整个商业运作过程中实现完美的互动。

任何商业模式的形成与推广，都不可能以革命者的方式实现，最终获得胜利的都是能够迎合客户需求、满足用户需要的模式，这样才能化被动为主动，形成自主和自发的意识，才能形成一种商业模式，最终为市场所接受。

现货市场交易的成功运作需要外部市场的匹配成熟和自身内部客户资源的沉淀。随着近年来钢贸商在全国各地纷纷建立仓库，钢材销售的半径被打破，相对良好的物流环境正在形成。再从内部客户资源来说，不论多么优异的商务模式，都要依靠客户资源的人气与互动来运作，这也是电子交易与传统交易的区别所在。今日钢铁通过五年多来的踏实积累，已经沉淀了扎实的客户资源。现在，可谓是“万事俱备，只欠东风”。

物流仓储一直是钢贸电子商务的瓶颈之一。今日钢铁深谙此道，通过收购国内顶尖的仓储管理软件公司的技术战略路线，轻松积累和锁定客户资源，为现货电子交易平台奠基了坚实的物流仓储联盟。这个巧妙捆绑战略，不仅有利于下一步平台与钢市、仓库形成利益共同体，为现货电子交易积累丰富的社会库存资源，更具有极强的排他性和抗竞争性的特质。

此外，钢材电子商务需要庞大的资本来运作，现货电子交易也不例外。今日钢铁针对仓储金融的特性，推出物流金融和仓储金融的创新服务，弱化融资主体的资信，强化对货权的监管，实现融资服务的标准化、产品化，以在线融资配套服务撬动电子交易的战略，这在大宗商品B2B行业属全国首创。

问：那么，现货交易电子化与三方现货电子化交易的差别，究竟应该怎样来理解？

答：简单地说，现货交易电子化是一种直销模式，而现货电子化交易是一个交易平台。

这也正是不久前我们今日钢铁在成都举办的关于“钢贸企业如何借力网络营销”大师级演讲活动中，我们的韩总在会前致辞中所强调的一点。

第三方支付的电子化交易平台更能体现互联网开放包容的特质，引入第三方的金融支付功能和融资监管及仓储物流监管，弱化贷款主体在传统贸易贷款中的资信评级，让你更容易贷到贷款，强化各环节监管机制，中立的第三方身份，使得彼此的交易更公平、更公正、更可靠、更和谐，它打造的是一个全方位开放式的交易平台，任何在交易平台上被严格审核通过注册的个人和商家、企业和集团都有自己的话语权，如传统贸易中去钢厂订货，不仅要全款，还要多打涨价保证金，不能及时交货，你也得耐心等候，即使遇到你急用钱的情况，也无法抽调资金，而第三方支付的电子交易平台，可以让你依据合同的约定得到相应的补偿。

电子化交易的平台不仅可以让企业自由地上传自己的产品资讯信息，使产品线更丰富、更真实、更全面，还可以使贸易更公平、更便捷、更安全地在这个交易平台上完成，节省了庞大的研发费用和人力、物力，就可以使得你，人在家中坐，收发天下货了。像这一类开放式的三方交易平台当属淘宝网最为典型。所以说，现货交易电子化是一种直销模式，而现货电子化交易是一个交易平台。

互联网的细分和产品特性及行业属性的不同区别，必将催生能够满足各个行业特殊需求的、开放式的、属于这个行业的真正意义上的第三方电子化交易平台。试想你在这样一个行业第三方支付的电子交易平台上，更安全可靠、更有话语权、更易融资，不再为有生意而缺钱发愁，该是怎样的一种愿景！今日钢铁网正在为这样一个钢贸行业自己的电子交易平台的腾空出世而日夜奋进着！

思考题：

1. 谈谈你对电子商务行业发展现状的认识。
2. 谈谈你对电子商务行业发展前景的看法。

第3章　电子商务的基本框架与交易模式

学习目标

1. 了解电子商务系统的组成要素。
2. 了解电子商务的系统构成及每一层次的主要作用。
3. 理解电子商务模式的概念及其分类的方法。

引例

拉拉手电子商务网(www.lalasho.com)是企业运营资源交易网，采用B2B的电子商务模式，为企业提供多种网上商务服务。拉拉手率先采用的“买方先询价、卖方后报价”的交易模式，为企业交易运营资源提供了先进的在线商务平台，降低了运营成本，增强了企业的竞争力。“比较购物”“电子优惠券”“集体竞买”等让消费者获得了物美价廉的商品和服务，为企业创造了新的商业机会。拉拉手创造的多项独特Internet软件技术，使众多加入拉拉手电子商务网的企业在电子商务应用浪潮中领先了一步。

拉拉手企业运营资源交易网本身并不直接参加销售，而是提供优质的交易平台和先进的交易模式，让买、卖双方自由比较和选择。使用互联网平台，交易更加省时、省力、省钱；采用“买方先询价、卖方后报价”的模式，交易目标更明确，把传统市场中只有大宗交易才可能使用的招、投标机制引入电子商务，通过网站，买、卖双方拉拉手。企业运营资源是指企业经营所需要的非生产原料性的服务与产品，主要包括财税工商、法律咨询、广告展览、印刷设计、网络服务、营销策划、人力资源、储运进出口、后勤行政、保险金融、计算机硬件、计算机软件、办公用品、办公设备、办公家具、计算机升级。目前，在拉拉手企业运营资源交易网上可以交易218种服务和104种产品。拉拉手电子商务网站的经营口号：网上商店大比拼，货比三家最舒心。在数百家网上商店、数十万种商品中，做出最佳的购买选择几乎是不可能的。拉拉手不卖东西，不是网上商店，而是网上商店比较中心，每时每刻都在搜索所有的网上商店，提供所需商品在不同网上商店的价格、服务等信息，帮助优秀的商家和目标消费者进行沟通。网上明智购物，从拉拉手开始。

① 价格比较：当消费者决定购买某种商品时，只需首先登录拉拉手网站，就可以了解所有出售该商品网上商店的价格，明智选择。

② 商品比较：当消费者决定购买某一价位商品时，只需登录拉拉手网站，就可以了

解所有该价位商品的各项性能指标，轻松比较。

③ 服务比较：当消费者确定购买某种商品时，只需首先登录拉拉手网站，就可以了解网上商店的信誉、配送、付款等信息，理智选择。

拉拉手电子优惠券为中国首创电子优惠券，既可帮助消费者获得最新、最多、最好的优惠信息，又可帮助服务型企业宣传、销售。拉拉手创造网络时代消费新模式。目前，有5000多个优惠信息。

拉拉手集体竞买为中国首创网络集体竞买模式，帮助众多不熟悉的网上购买者一起直接与商家砍价，以批发价格直销商品，减少传统销售的中间环节。拉拉手首次在中国推出B2B的集体竞买平台。

为保护买卖双方的合法权益，拉拉手还制定了完善的隐私保护条例，从信息收集、信息使用、密码控制和安全性四个方面进行严格的保护。隐私保护条例如下。

隐私政策

拉拉手向你郑重保证：绝对尊重你的隐私。你可以得到拉拉手就隐私方面的如下保证。

1. 信息搜集

当你注册时，我们将向你询问姓名、电子邮件地址和其他个人资料。另外，我们可能会问到其他一些信息用于在线调查、信息确认、竞赛、抽奖等。我们无论在什么地方搜集到这种信息，它都受到隐私条款的保护。

在使用我们站点的时候，我们将自动跟踪包括你的IP地址、使用的浏览器及URL在内的一些信息。

拉拉手使用cookies向你传送有关你的利益和活动的专门内容。cookies储存在你的硬盘驱动器中，这样，在使用拉拉手期间，你就不会被频繁地要求输入密码以确认身份。大多数cookies是"短期cookies"，到期它们会被自动删除。如果你的浏览器允许，你可以选择使cookies不能发挥作用，但是，你可能在短时间内被经常要求输入密码。

如果你寄给我们你的个人通信方式，如电子邮件地址或信件地址，或者其他用户或第三方传送给我们有关你在网上活动的通信联系方式，我们会将这些信息收集在一个为你设立的专门文件中。

2. 信息使用

我们分析使用用户的信息，来进行市场营销和网站升级，帮助我们提高网站的内容和服务。

我们可以使用用户资料做市场调查，并且撰写关于购买趋势、利润分析和市场行为的综合报告。

通过你提供的信息，我们可以通知你有关拉拉手新提供的商品情况和其他一些可能对你有用的信息。如果你愿意收到这类信息，可以在你的注册页面上申明。

我们使用你的IP地址是为了判断我们服务器是否有问题并管理我们的网站。我们使用你的电子邮件地址，或者在某种情况下使用你的邮政地址、电话号码、传真号码，是为了在必要时与你保持联系。

在拉拉手企业运营资源交易网，我们向用户提供必要的信息以促进买方和卖方之间询价和报价的递交。换句话说，作为核心业务，我们向我们网站上的其他用户提供你在询价或报价中递交的信息。买方的联系信息只能告知经买方同意的卖方。这些联系信息的内容也要经买方同意，如是否包括联系人姓名、公司名称、电子邮件地址和电话号码等。

除非有非常特殊的状况，不经你的特别许可，我们不会将你的资料交给其他任何第三方，但我们可能会将合成处理过的信息分发给其他方用于市场营销和促销目的。你不会从合成信息中被单独辨认出来。某些特定信息，如你的密码、信用卡号码和银行账户号码等绝对不会被透露。

有时我们会与其他公司有特殊关系，即我们把他们作为合伙人。这意味着我们网站的一部分将被合并入我们合伙人的网站或者与他们的内容或品牌密不可分。由于我们与合伙人联合经营网站，作为我们与其正式书面合同的一部分，我们可能会同意与他们共享你的信息。然而，如果我们共享这种信息，我们将严格保守机密并将在这方面设定相应的权利和义务。

当法律要求时，我们可能会在特殊情况下透露用户信息。

"告诉朋友"这项服务也适用于这项规定。你不能用此服务来传送垃圾邮件。你提供的电子邮件地址只是用于"告诉朋友"这一项功能，我们不会出租或出售这些电子邮件地址。我们在发送了你的电子邮件之后就会删除这些地址。

3. 对密码的控制

在"用户协议"中已有描述，请严格掌握密码。如果你忘记了密码，请到"登录"区，在"忘记密码？"栏目中输入你的电子邮件并且单击"运行"按钮，随后你的密码就会被发到你的电子邮箱中。

注意：拉拉手从不会在未经证实的电话或电子邮件中询问你的密码，遇到这种来历不明的查询，请你小心行事。

4. 安全性

由于互联网不是一个封闭的环境，在互联网上传递信息不可能保证100%的安全。但是拉拉手高度重视安全和隐私权，并采取了有力的措施。我们采用SSL来给你上传的敏感支付数据加密。进入我们的网站有密码保护，一座坚实的防火墙保护我们的数据库不受外界破坏。运行拉拉手的有形设备存放在我国目前最受瞩目的主机托管服务商处。

5. 同意

要使用我们的网站，你就要同意拉拉手收集和使用上述信息。

6. 其他

本网站可能有一些与其他网站的链接。拉拉手不对这些网站的隐私政策和内容负责。

你有权改变或修改以前提供的信息，可以自己直接在页面修改你的资料或者通过电子邮件与拉拉手联系来加以修正。你对本隐私声明或本网站的做法有什么问题或意见吗？请给我们来信，邮箱为service@lalasho.com。

（资料来源：http://jpkc.sbs.edu.cn/home/indexH.asp）

3.1 电子商务系统的组成要素

由于电子商务的覆盖面非常广，不同的电子商务应用系统涉及的具体对象也各不相同。但总体来看，电子商务系统一般包括如图 3-1 所示的基本组成要素。

由图 3-1 可见，电子商务活动以网络系统为基础，涉及社会多方的参与和支持。

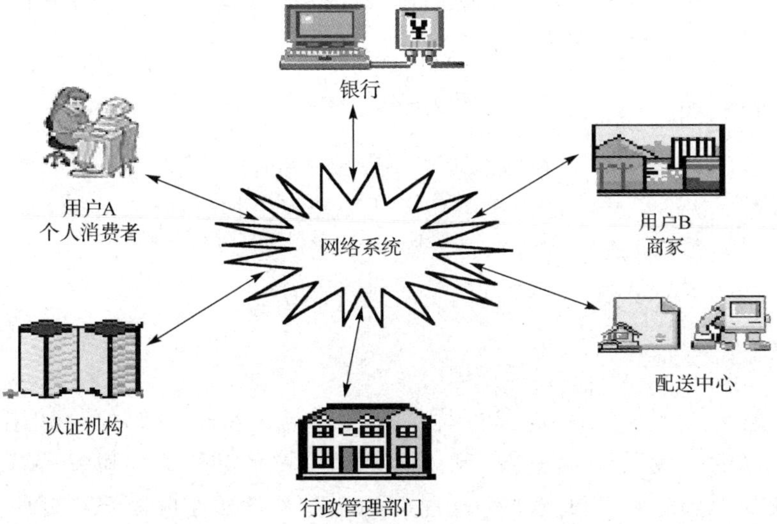

图 3-1 电子商务系统组成要素示意图

1. 网络系统

电子商务的网络系统主要是指远程通信网、有线电视网、无线电通信网和 Internet 等信息传输系统，这些不同的网络都提供了电子商务信息传输的线路。但是，目前大部分的电子商务应用都构建在 Internet 上，其主要连接设备有集线器(Hub)、路由器(Router)、数字交换机(Switch)等。

2. 用户

电子商务用户包括个人消费者和商家两种。个人消费者使用浏览器、电视机顶盒、个人数字助理、可视电话等终端设备接入 Internet 参与商务活动。商家通过 Intranet 或 Extranet 连接 Internet 并进行网上商务和业务活动。一方面，受理消费者请求；另一方面，通过电子报送、电子支付、电子报税等方式与海关、银行、税务局等机构进行有关的商务和业务处理。

3. 银行

作为商务活动，电子商务过程的基本环节是买和卖。而消费者的购买行为必然涉及支付问题。相对完整的电子商务过程应该有银行系统的介入来提供方便的支付方式和银行业务。网上银行就是应用网络技术提供在线金融服务的银行系统。一方面，网上银行提供网上支付手段(主要包括银行直接转账或与信用卡公司合作，通过信用卡支付)，为电子商务交易中的用户和商家服务；另一方面，银行上网后，可以突破时间和空间限制，提供传统银行业务的全天候服务。

4. 配送中心

在电子商务中，货物往往不是由消费者自行带走，而是由商家配送的，这一点与传统商务不同。因此，配送中心成为电子商务系统必不可少的组成要素。商家可以自建配送中心，也可以委托专业的物流公司完成配送业务。商家把备货单发往配送中心，由配送中心备货和出货，送达消费者。

5. 认证机构

与传统商务活动一样，电子商务活动中也会存在欺诈现象。认证机构的介入就是为了解决这类问题。认证机构全称为电子商务认证授权机构(Certificate Authority，CA)，是受法律承认的权威机构。通过发放和管理数字证书(类似于现实生活中的身份证)的方式，对参与商务活动各方的身份及所提供的资料进行确认。

6. 行政管理部门

由于电子商务的实质是商务活动，因此同样要接受各种行政管理部门的监管和服务，以保证经济秩序的有效运行。这些行政管理部门主要包括工商、税务、海关及法律部门等。工商行政管理局除对开展网上经营活动的企业行使传统的监督管理职能外，还为企业提供各种便利的网上服务(如网上登记、网上年检、并联审批、网上咨询、消费者投诉、网上执照验证等)；税务局对电子业务要收缴税金；海关对国际间的电子贸易活动也要履行通关、报关、出口退税等法定程序；法律部门对于电子商务活动中的各种经济纠纷同样有义务予以公正解决。

3.2 电子商务系统结构

所谓系统结构，是指系统的外部环境、内部组成部分的集合。

电子商务系统不是一个孤立的系统，它包括网络、计算机系统、应用软件等，同时，还需要和外界发生信息交流。所以，介绍电子商务系统的结构，有助于我们了解其内部结构、外部运行环境及它们之间的相互关系，从宏观层面上认识电子商务。

3.2.1 电子商务的框架结构

电子商务的框架结构是指电子商务活动环境中所涉及的各个领域及实现电子商务应具备的技术保证。从总体上来看，电子商务框架结构由三个层次和两大支柱构成。其中，电子商务框架结构的三个层次分别是网络层、信息发布与传输层、电子商务服务和应用层，两大支柱是指社会人文性的公共政策、法律规范和隐私问题，以及自然科技性的技术标准和网络协议，如图 3-2 所示。

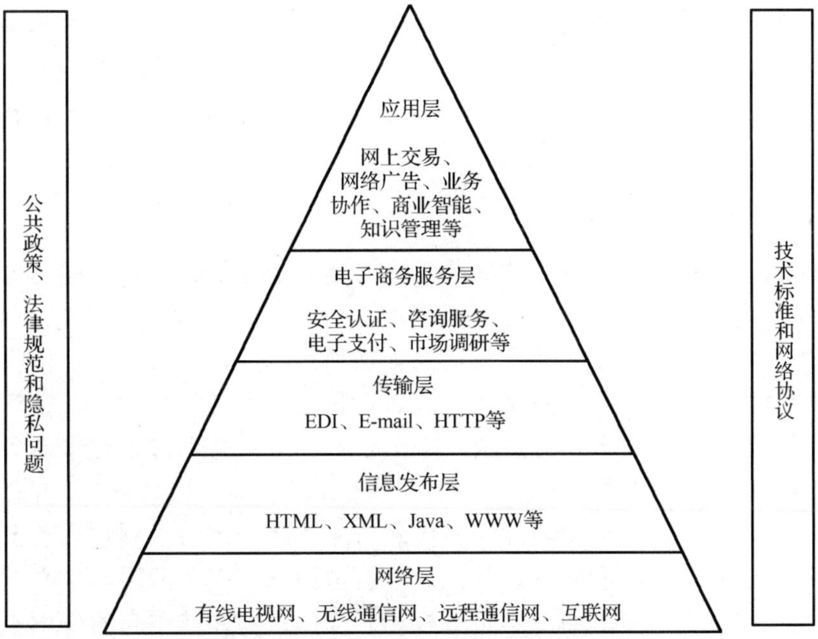

图 3-2　电子商务的框架结构模型

1．网络层

网络层指网络基础设施，是实现电子商务的底层基础设施，它是信息的传输系统，也是实现电子商务的基本保证。它包括有线电视网、无线通信网、远程通信网和互联网。因为电子商务的主要业务是基于 Internet 的，所以互联网是网络基础设施中最重要的部分。

2．信息发布与传输层

网络层决定了电子商务信息传输使用的线路，而信息发布与传输层则解决如何在网络上传输信息和传输何种信息的问题。目前 Internet 上最常用的信息发布方式是在 WWW 上用 HTML 语言的形式发布网页，并将 Web 服务器中发布传输的文本、数据、声音、图像和视频等的多媒体信息发送到接收者手中。从技术角度而言，电子商务系统的整个过程就是围绕信息的发布和传输进行的。

3．电子商务服务和应用层

电子商务服务层实现标准的网上商务活动服务，如网上广告、网上零售、商品目录服务、电子支付、客户服务、安全认证(CA 认证)、商业信息安全传送等。其真正的核心是 CA 认证。因为电子商务是在网上进行的商务活动，参与交易的商务活动各方互不见面，所以身份的确认与安全通信变得非常重要。CA 认证中心担当着网上“公安局”和“工商局”的角色，而它给参与交易者签发的数字证书，就类似于“网上的身份证”，用来确认电子商务活动中各自的身份，并通过加密和解密的方法实现网上安全的信息交换与安全交易。

在基础通信设施、多媒体信息发布、信息传输及各种相关服务的基础上，人们就可以进行各种实际应用，如供应链管理、企业资源计划、客户关系管理等各种实际的信息系统，以及在此基础上开展企业的知识管理、竞争情报活动。而企业的供应商、经销商、合作伙伴及消费者、政府部门等参与电子互动的主体也是在这个层面上和企业产生各种互动。

4．公共政策

公共政策指政府围绕电子商务的税收制度、信息的定价、信息访问的收费、信息传输成本、隐私等问题制定的政策，如对于咨询信息、电子书籍、软件等无形商品是否征税，如何征税；对于汽车、服装等有形商品如何通过海关，如何征税；税收制度是否应与国际惯例接轨，如何接轨；关贸总协定是否应把电子商务部分纳入其中等。其中，税收制度如何制定是一个至关重要的问题。美国政府在 1998 年通过了电子商务免征税的决定，旨在推动电子商务的发展。

此外，由于电子商务的无国界性，各国政府应该共同致力于制定一套全球性的标准和规则，保证电子商务的顺利实施。各国政府在遵循电子商务的国际准则的基础上，对电子商务活动不应过多干涉，而应尽量放权于企业。政府在其中起的作用不是控制和干预，而应是扶持和服务，为电子商务提供良好的运行环境。

5．法律规范

法律维系着商务活动的正常运作，对市场的稳定发展起到了很好的制约和规范作用。进行商务活动，必须遵守国家的法律法规和相应的政策，同时还要有道德和伦理规范的自我约束和管理，二者相互融合，才能使商务活动有序进行。

随着电子商务的产生，由此引发的问题和纠纷不断增加，原有的法律法规已经不能适应新的发展环境。针对这些问题，如网上交易中，如何通过法律手段保障交易双方身份的真实性；当买卖双方所在地区的法律制度存在差异时，他们之间的纠纷如何解决；如何制定一个成熟、统一的法律体系来解决这类问题，其法律效力又如何保证；如何保障电子单证具有与传统单证相同的法律效力，制定新的法律法规并形成一个成熟、统一的法律体系，成为世界各国发展电子商务的必然趋势。可见，电子商务活动能否顺利开展在很大程度上依赖于相关法律法规的建立健全。目前，我国政府正在加紧电子商务立法，这一行为无疑将促进我国电子商务的健康发展。

6．隐私问题

在电子商务交易过程中，企业的隐私一般为商品价格的隐私、货物进出渠道的隐私、商品促销手段的隐私等；而对于个人隐私，则一般为个人的姓名隐私、肖像隐私、性别隐私、身份隐私等。

随着电子商务的发展，商家不仅要抢夺已有的网上客户，还要挖掘潜在的客户。于是人们在网上的各种商务活动和个人信息都在不知不觉中被商家记录，大量的宣传广告会充斥用户的电子信箱，甚至物理信箱。个人秘密信息的安全得不到保障，这必然使用户对电子商务望而却步，从而阻碍电子商务的发展。因此，为保障网上的个人隐私权，促进电子商务的发展，应该对此进行立法或对相应的法规进行必要的修改。

7. 技术标准和网络协议

技术标准是信息发布和传递的基础，是网络上信息一致性的保证。技术标准定义了用户接口、传输协议、信息发布标准、安全协议等技术细节。例如，用于保证数据正确传输的 TCP/IP（Transfer Control Protocol，TCP，传输控制协议；Internet Protocol，IP，网间协议）、EDI 标准、用于安全支付的 SSL（Secure Sockets Layer，安全套接层）协议及 SET（Secure Electronic Transaction，安全电子交易）协议等就是现行的一些国际技术标准。

就整个网络环境来说，标准对于保证兼容性和通用性是十分重要的。正如有的国家是左行制，有的国家是右行制，会给交通运输带来一些不便一样。不同国家 110 伏和 220 伏的电气标准会给电器使用者带来麻烦，限制了许多产品在世界范围的使用。目前，在电子商务活动中也遇到了类似的问题，需要不断制定和完善各种国际通用的公共技术标准。

3.2.2 电子商务系统的应用

电子商务系统是由许多系统角色构成的一个大系统。电子商务系统的主要角色有采购者、供应者、支付中心、认证中心、物流中心、电子商务服务商等。电子商务的价值主要体现在与企业结合，特别是与传统企业进行整合，提升企业的竞争能力上。电子商务的实质是企业利用电子方式在客户、供应商和合作伙伴之间，实现在线交易、相互协作和价值交换。除支持在网上交易中购销的活动外，更强调交易流程的整体效率与效益的提升。商家通过网上交易市场开发新的市场及客户群，维护老顾客，提升供应链效率，从而为企业扩大市场收入、降低运营成本、赢得更高的投资回报创造良好的条件。

然而在电子商务的实际应用过程中，由于各企业的性质和规模存在一定的差异，因此电子商务实现的要求各不相同。就像有的企业是面向消费者的，有的电子商务服务是面向供应商或销售商的，甚至两者兼而有之；在商务活动上有电子采购和在线客户服务等。下面以企业为例介绍电子商务的应用结构，为电子商务模式分析提供一个整体性的框架，如图 3-3 所示。

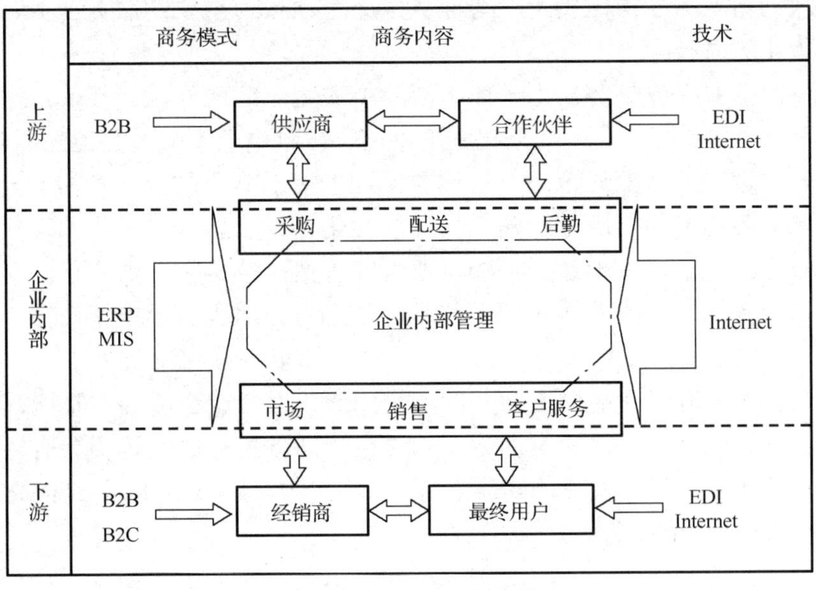

图 3-3　电子商务的应用框架

从图 3-3 中可以看出，首先，电子商务所涉及的对象不但包括供应商、经销商、消费者，而且还包括有关的合作伙伴，如物流公司、银行等，它们共同形成一个完整的供应链。但对于一个企业来说，其电子商务系统的运作往往只和相邻的上下游企业发生业务关系。其次，电子商务系统的业务从材料采购到产品销售和最终售后服务，覆盖范围非常广，包括市场、销售、采购、配送/后勤、客户服务等。最后，电子商务系统的解决方案应该和企业内部的管理系统(如 MIS/ERP)进行集成，只有这样才能真正提升企业的管理效率。

3.2.3 电子商务系统的支撑环境

同自然界的其他任何系统一样，电子商务系统的顺畅运行，也有其赖以生存的支撑环境，主要包括电子商务的支付环境、物流环境和信用环境等。

1．电子商务的支付环境

电子支付是电子商务活动的关键环节，是电子商务能够顺利发展的基础条件。对于商家来说，如果缺乏良好的网上电子支付环境，电子商务高效率、低成本的优势就难以发挥，只能是网上订货、网下支付，实现的是较低层次的商务应用，从而使电子商务的应用与发展受到极大的阻碍。因此，提供安全、高效、快捷的网上金融服务就成为整个电子商务交易过程中最重要的环节。

但由于电子支付是通过开放的 Internet 来实现的，支付信息很容易受到黑客的攻击和破坏，这些信息的泄露和受损直接威胁到企业和用户的切身利益，所以安全性一直是电子支付实现所要考虑的最重要的问题之一。

2．电子商务的物流环境

随着电子商务时代的到来，企业销售范围不断扩大，企业和商业销售方式及最终消费者购买方式的转变，使得送货上门等业务成为一项极为重要的服务业务，这些极大地促进了物流行业的兴起。

物流服务的主要任务是解决电子商务活动中的物流配送问题。目前，由于物流配送体系不健全，社会化、专业化、信息化程度不高，导致电子商务的物流配送出现成本高、速度慢、准确送达率低、配送范围小等问题。这直接影响了电子商务的方便高效性和低成本、跨地域优势的发挥。因此，建立一套社会化、专业化、信息化的现代新型物流配送体系势在必行。电子商务配送服务的主要内容包括：一是完善数字化产品和信息类产品的在线传送机制；二是改善传统配送体系，使之更好地服务于电子商务。提供物流服务的组织可以是电子商务企业本身，也可以是专业的第三方物流公司。

物流不仅已成为有形商品网上商务的一个障碍，而且也已成为有形商品网上商务活动能否顺利进行和发展的一个关键因素。因为电子商务优势的发挥需要有一个与电子商务相适应的，高效、合理、畅通的物流系统，否则电子商务就难以得到有效的发展。

3．电子商务的信用环境

传统商务和电子商务的运作过程中，商贸交易过程的实务操作步骤是相同的，但交易具体使用的运作方法是不同的。在电子商务条件下，商务活动是通过网络进行的，买卖双方在网上沟通，签订电子合同、使用数字签名和电子支付等，这完全改变了传统商务模式下面对面的交易方式，因此商业信用体系的建立对电子商务来说就显得更加重要。它不是仅依靠交易双方单方面的努力就能解决的，电子商务信用环境的建立是一个综合性的任务，这当中既有公民道德素质的提高和意识觉醒问题，又有技术问题和法律问题，同时信用环境的建立还有待时间让电子商务系统各个角色逐渐习惯和适应。要解决这些问题，首先需要社会各方面的大力引导，创建一个具有良好信用意识的社会环境；其次是建立和完善电子商务认证中心，这是改善电子商务信用环境最基本的技术手段，是电子商务活动正常进行的必要保障；再次是制定相关法律和制度，规范电子商务的交易行为，保障电子商务活动的正常进行；最后是建立社会信用评价制度和体系，为电子商务交易提供资信服务。

3.3 电子商务的交易模式

电子商务从不同的角度出发，有不同的分类方法，并且电子商务的参与者众多，如企业、消费者、政府、接入服务的提供商(ISP)、在线服务的提供者、配送和支付服务的提供机构等。参与者的性质各不相同，可以分为 B(Business)、C(Customer)、G(Government)。由此形成了以下电子商务交易模式：B2B、B2C、C2C、B2G、C2G 等。目前应用范围比较广泛的是 B2C、B2B、C2C 三大类。

3.3.1 B2C 交易模式

B2C(Business to Customer)电子商务是指企业与消费者之间以 Internet 为主要服务提供手段进行的商务活动。它是一种电子化零售模式，采用在线销售，以网络手段实现公众消费和提供服务，并保证与其相关的付款方式电子化。它是随着 WWW 的出现而迅速发展起来的，目前在 Internet 上遍布各种类型的网上商店和虚拟商业中心，提供从鲜花、书籍、饮料、食品、玩具到计算机、汽车等各种消费品和服务。WWW 网上有很多这一类型电子商务成功应用的例子，如全球最大的虚拟书店亚马逊，为了获得消费者的认同，网上销售商在“网络商店”的布置上往往煞费苦心。网上商品不是摆在货架上，而是做成了电子目录，里面有商品的图片、详细说明书、尺寸和价格信息等。

网上购买引擎和购买指南还不时帮助消费者在众多的商品品牌之间做出选择。对选中的商品，消费者只要用鼠标轻轻一点，再把它拖到网络的“购物车”里就可以了。在付款时消费者需要输入自己的姓名、家庭住址及信用卡号码，一按回车键，一次网上购物就算完成了。为了消除消费者的不信任感，大多数网上销售商还提供免费电话咨询服务。

1. B2C 在线交易流程

以消费者进行网上购物为例，B2C 交易的过程如下。

① 消费者使用自己的计算机，通过互联网搜索想要购买的商品。

② 消费者在网上浏览，选购所需的商品放入购物车内，填写系统自动生成的订货单，包括商品名称、数量、单价、总价等，并注明将此商品何时送到何地及交给何人等详细信息。

③ 通过服务器与有关商店联系并取得应答，告之消费者所购货物的单价、应付款数、交货等信息。

④ 消费者确认上述信息后，用电子钱包付款。在系统中装入并打开电子钱包，输入自己的密码口令，取出其中的电子信用卡进行付款。

⑤ 电子信用卡号码被加密发送到相应的银行，网上商店收到订购单，等待银行的付款确认。当然商店不知道，也不应该知道顾客的信用卡信息，无权，也无法处理信用卡中的钱款。

⑥ 如果付款不成功，则说明信用卡上的钱款已经超过透支限额或者是上了黑名单，消费者已不能使用该卡。消费者可再次打开电子钱包，取出另一张电子信用卡，重复上述操作。

⑦ 如果经银行证明信用卡有效并已授权，网上商店就可付货，同时销售商店留下整个交易过程中发生往来的财务数据，并出示一份电子收据发送给消费者。

⑧ 在上述交易成交后，网上商店就按照消费者提供的电子订单将货物在指定地点交到消费者指明的收货人手中。

就上述电子购物而言，在实际进行过程中，从顾客输入订货单后开始到拿到销售商店出具的电子收据为止的全过程仅用 5～20 秒的时间。这种电子购物方式十分省事、省力、省时。购物过程中虽经过信用卡公司和商业银行等多次进行身份确认、银行授权、各种财务数据交换和账务往来等，但所有业务活动都是在极短的时间内完成的。总之，这种购物过程彻底改变了传统的面对面交易和一手交钱一手交货及面谈等购物方式，是一种新颖有效、保密性好、安全保险、可靠的电子购物过程，利用各种电子商务保密服务系统，就可以在 Internet 上使用自己的信用卡放心地购买自己所需的物品。

2．B2C 交易商品的特点

B2C 电子商务模式最大的特点是商品的交易完全通过网络的方式进行，从消费者在网上挑选和比较商品开始，到网上购物支付和物流配送及售后服务，是完全以网络为媒介完成的，企业和消费者之间不进行面对面的交易。因此，B2C 模式交易的商品有如下特点。

① 适合在网上销售。这是 B2C 电子商务模式对产品的特殊要求。只有能通过电子传输的产品和服务，如电影、Flash、电子杂志等，才适合在网上销售，这样的产品被当作 B2C 电子商务最好的目标产品。在网上实施全天候服务，实时交易，商品传递速度快。

② 商品的搜索成本低。这是因为适合做电子商务的商品大多是书、音乐和光盘等。

③ 具有标准化、不易变质、适合传递等特征。例如，小型数码产品适合做电子商务，这是因为在网上销售的商品受限较多，如没有库存，不能完全真实地感受信息及物流配送等，一般要求网上商品具有标准化、不易变质、适合传递等特征。

3. B2C交易模式

(1) 在线销售模式

实体产品在线销售的形式有两种：一种是在网上设立独立的虚拟商站；另一种是参与并成为网上在线购物中心的一部分。网上销售(虚拟商店)只用较少的雇员，而可以直接从仓库销售。而且，有时虚拟商店可以直接从经销商订货，省去了商品储存的阶段。特别是在网上销售的商品中，一些出售独特商品的虚拟商店较为成功。另一类在线销售较成功的商品是一些众所周知、内容较确切的实体商店的商品，如书籍、CD盘和品牌计算机等。

(2) 网上订阅模式

网上订阅模式(Subscription-based Sales)指的是企业通过网页安排向消费者提供网上直接订阅、直接信息浏览的电子商务模式。网上订阅模式主要被商业在线机构用来销售报刊杂志、有线电视节目等，主要包括：

① 在线服务(Online Services)。指在线经营，通过每月向消费者收取固定的费用，提供各种形式的在线信息服务。例如，美国在线(AOL)和微软网络(Microsoft Network)等在线服务商都使用这种形式，即让订阅者每月支付固定的订阅费，享受各种信息服务。

② 在线出版(Online Publications)。在线出版指的是出版商通过互联网向消费者提供除传统出版物之外的电子刊物。在线出版一般都不提供国际互联网的接入业务，仅在网上发布电子刊物，消费者可以通过订阅来下载刊物的信息。但是，以订阅方式向一般消费者销售电子刊物，已被证明存在一定的困难。因为，一般消费者基本上可以经其他的途径获取相同或类似的信息。因此，在线出版模式主要靠广告支持。1995年，美国的一些出版商网站开始尝试向访问该网址的用户收取一定的订阅费。后来在线杂志开始实行双轨制，即免费和订阅相结合，有些内容免费，而有些内容只专门向订户提供。

③ 在线娱乐(Online Entertainment)。在线娱乐是软体产品和劳务在在线销售中令人注目的一个领域。一些网站向消费者提供在线游戏，并收取一定的订阅费。目前看来，这一领域还比较成功。

(3) 广告支持模式

广告支持模式(Advertising-supported Model)是指在线服务商免费向消费者或用户提供信息在线服务，而营业活动全部用广告收入支持。这是目前最成功的电子商务模式之一。例如，Yahoo和Lycos等在线搜索服务网站就是依靠广告收入来维持经营活动的。上网人员要在信息浩瀚的互联网上找寻相关信息，则信息搜索是最基础的服务。企业也最愿意在信息搜索网站上设置广告，特别是通过付费方式在网上设置旗帜广告(Banners)，有兴趣的上网人员通过单击“旗帜”按钮就可直接到达企业的网站。

(4) 网上赠与模式

网上赠与模式是一种非传统的商业运作模式。它指的是企业借助于国际互联网全球广泛性的优势，向互联网上的用户赠送软件产品，扩大知名度和市场份额。通过让消费者使用该产品，从而让消费者下载一个新版本的软件或购买另外一个相关的软件。

网上赠与模式的实质就是“试用，然后购买”。用户可以从互联网站上免费下载喜欢的软件，在真正购买前全面评测该软件。以往人们在选择和购买软件时只是靠介绍和说明及口碑，而现在可以免费下载，试用 60 天或 90 天后，再决定是否购买。适宜采用网上赠与模式的企业主要有两类，即软件公司和出版商。计算机软件公司在发布新产品或新版本时，通常在网上免费提供测试版。网上用户可以免费下载试用。这样，软件公司不仅可以获得一定的市场份额，而且也可以扩大测试群体，保证测试的效果。当最后版本公布时，测试用户可以购买该产品，或因为参与了测试版的试用可以享受一定的折扣。有的出版商也采取网上赠与模式，先让用户试用，然后购买。例如，《华尔街日报》对绝大多数在线服务商和其他出版社一般都提供免费试用期。《华尔街日报》在免费测试期间拥有 65 万用户，其中有很大一部分后来都成为付费订户。

实际上，多数企业网上销售不仅仅采用一种电子商务模式，它们往往采用的是综合模式，即将各种模式结合起来实施电子商务。

4．B2C 网站实例

亚马逊网上书店(http：//www.amazon.com)首页如图 3-4 所示，它是国外较成功的 B2C 网站。亚马逊网上书店的绝大部分顾客都是个人购买者，在书籍和音乐在线零售商间的竞争十分激烈的情况下，由于书籍和音乐都是标准化产品，因此消费者看重的主要是低价格、能否快速送货、良好的退货政策及有用的客户服务等。其网上业务主要包括以下方面。

图 3-4　亚马逊网上书店首页

(1) 零售

亚马逊网上书店是世界上最大的在线书店，也是在线书籍市场的领导者。它为超过 150 个国家的 1700 万顾客服务，并出售数百万种商品。为了开拓国际市场，亚马逊网站上建有“International”链接，以方便浏览者访问亚马逊针对非美国消费者的网站。

(2) 拍卖

亚马逊在网站上为全球的个人和小企业提供拍卖服务。它采用的是单向拍卖，即只有一个买家或一个卖家，其他人参与竞价。

(3) 特色服务

亚马逊的关键特色有方便快捷的浏览和搜索、专家书评、针对个人的购买建议、较低的价格、电子钱包及安全支付系统等。亚马逊网站还提供其他服务以使得在线购物更加有趣，如随季节而变的礼品创意与服务，向顾客提供免费的电子动画贺卡等。

(4) 客户管理

亚马逊借助其高度自动化的、高效率的后台系统，实现客户关系管理和保持顾客亲密度。当顾客再次访问亚马逊网站时，系统将识别顾客身份，并显示类似“欢迎再次光临，梅里尔”这样的欢迎语，同时根据该顾客以前购买的书籍种类推荐新书。

亚马逊网站跟踪顾客的购物历史，并通过电子邮件寄发购买建议，以吸引回头客。亚马逊还提供详细的产品描述和产品评级以帮助顾客做出购买决定。这些努力带来了令人满意的购物体验，并促使顾客再次访问该网站。

3.3.2 B2B 交易模式

B2B (Business-to-Business) 电子商务是商业对商业，或者说是企业间的电子商务交易模式，即企业与企业之间通过互联网进行产品、服务及信息的交换。目前，世界上 80% 的电子商务交易额是在企业之间，而不是在企业和消费者之间完成的。

1. B2B 在线交易流程

B2B 按电子商务交易应遵循的基本程序如下。

① 采购方向供应方发出交易意向，提出商品报价请求并询问想购买商品的详细信息。

② 供应方向采购方回答该商品的报价，并反馈信息。

③ 采购方向供应方提出商品订购单。

④ 供应方对采购方提出的商品订购单做出应答，说明有无此商品及目前存货的规格型号、品种、质量等信息。

⑤ 采购方根据供应方的应答决定是否对订购单进行调整，并最终做出购买商品的决定。

⑥ 采购方向供应方提出商品运输要求，明确使用的运输工具和交货地点等信息。

⑦ 供应方向采购方发出发货通知，说明所用运输公司的名称，交货的时间、地点，所用的运输设备和包装等信息。

⑧ 采购方向供应方发回收货通知。

⑨ 交易双方收发汇款通知。采购方发出汇款通知，供应方告之收款信息。

⑩ 供应方备货并开出电子发票，采购方收到货物，供应方收到货款，整个 B2B 交易流程结束。

如果是外贸企业，中间还将涉及海关、商检、国际运输、外汇结算等业务。

2. B2B 交易平台上交易商品的特点

与 B2C 交易模式相比，B2B 交易模式有很多特点，如 B2B 交易次数少，交易金额大，适合企业与供应商、客户之间大宗货物的交易与买卖活动。另外，B2B 模式交易对象广泛，它的交易对象可以是任何一种产品，即中间产品或最终产品。因此，B2B 是目前电子商务发展的推动力和主流。

下面以面向中间交易市场的水平 B2B 为主，介绍交易商品的特点。

① 在 B2B 交易平台上交易的商品覆盖种类齐全。这是因为企业和企业间的交易是大额交易，不像普通消费者以日用、休闲、娱乐等消费品为主，进行单宗交易，数额小，交易量大。

② B2B 交易在线下完成，这和企业间的大额交易特点有关。B2B 只是一个交易平台，将交易双方汇聚在一起撮合双方的交易。

③ 交易品的种类不受网络交易的限制。

3. B2B 交易模式

(1) 垂直 B2B

垂直 B2B 可以分为两个方向，即上游和下游。生产商或商业零售商可以与上游的供应商之间形成供货关系；生产商与下游的经销商可以形成销货关系。随着许多公司允许贸易伙伴和有选择的客户在一定程度上进入内联网，在线商店模式与内联网模式的界限也就越来越模糊了。尽管许多公司担心内联网模式存在安全问题，但这一趋势仍然有增无减。一些大公司已经将内联网络有限度地开放，有些正在积极畴划在不久的将来允许商业伙伴进入企业内联网。企业允许商业伙伴进入自己的内联网，对公司的业务运作有一定的好处。特别是在一些需要客户录入相关交易信息的场合，内联网模式是比较理想的模式。企业可以将客户录入的表格放到网上的服务器中，客户可以在线填制这些表格。结果是商业伙伴和客户自己录入了交易信息，而企业业务人员就减少了重复录入。

(2) 中间交易市场的 B2B

这种交易模式是水平 B2B，它将各个行业中相近的交易过程集中到一个场所，为企业的采购方和供应方提供了一个交易的机会。B2B 只是企业实现电子商务的一个开始，它的应用将会得到不断发展和完善，并适应所有行业企业的需要。交易市场模式指的是一家中介机构在网上将销售商或采购商汇集在一起，商业机构的采购代表从中介机构的网址就可以查询销售商或销售的产品。多数的中介机构通过向客户提供会员资格来收取费用；也有的中介机构向销售商收取月租费或按每笔交易收费。

(3) 专业服务模式

专业服务指网上机构通过标准化的网上服务，为企业内部管理提供专业化的解决方案，使企业能够减少不必要的开支，降低运营成本，提高客户对企业的信任度和忠诚度。一般企业管理涉及多个方面。其中，如何为员工提供高效和方便的工作环境，同时又有效地降低业务开支、维护客户关系，是每个高层经理人员要动脑筋考虑的主要管理课题。

4. B2B 网站实例

思科连接在线(Cisco Connection Online，CCO，http://www.cisco.com/cn/)首页如图 3-5 所示，它是全球路由器、交换机和其他网络互连设备的领导厂商。从 1991 年开始，思科公司使用增值网提供电子化支持，包括软件下载、故障跟踪和技术建议。1994 年春，思科将服务系统放到网上，并把网站命名为“思科连接在线”。到 2001 年，思科的客户和分销商每月要登录思科网站大约 130 万次以获取技术支持、检查订单或下载软件。在线服务被广泛接受，近 85%的客户服务请求和 95%的软件更新是在线完成的。CCO 被认为是一种成功的 B2B 电子商务模式。对其简要说明如下。

(1) 在线订购

思科公司的所有产品几乎都是根据订单生产的，所以没有什么存货。到 1996 年 7 月，通过因特网产品中心，客户服务工程师坐在个人计算机前，在线配置产品，并将订单转给采购部门，然后再以电子化方式提交给思科公司。通过使用在线定价和配置工具，几乎所有的订单（约 98%）都通过 CCO 处理，为思科及其客户节省了时间。通过一个名叫“Cisco 在线连接”的电子商务站点，思科在网上销售复杂的网络设备，目前每天的销售收入达到惊人的 2800 万美元，全年在线销售额将超过 50 亿美元。事实上，这个网络已经把思科内部各部门与供货商、合作制造商、装配商及贸易渠道伙伴连为一个整体，访问这个网站的包括现有客户和潜在客户。

图 3-5　思科连接在线首页

(2) 查询订单状态

思科的网站每月要接收大约 15 万份订单状态查询请求。公司在国内外的承运商使用 EDI 及时将每次装运的情况用电子化方式输入到思科的数据库中，所有的新信息都能立即提供给顾客。只要已开始装运，思科就通过电子邮件向顾客发出通知。

现在，思科每天在网上处理其 80%的销售业务，其中将近 50%的在线订单由客户通过网络直接送给合同制造商，合同制造商则通过公司内部网直接监控来自客户的订单，并在一两天内将装配好的硬件发往客户。因此，思科公司无须建立新的制造厂就能扩大生产能力，并将产品周期缩短至 1～3 周，将新产品上市的时间缩短了三分之二，仅需 6 个月左右。思科连接在线还用于为客户提供技术支持和服务。目前，思科有 80%的技术支持是通过互联网完成的，这种交互方式及时快捷，使客户的满意度提高了 25%。

(3) 思科公司从思科在线获得的好处

通过网络提供技术支持，使思科公司比竞争对手节省了更多的开支。由于在技术方面可以减少使用上千名工程师，这些人力资源可以投入研发新产品，从而获得极大的竞争优势。公司网络还促进了内部资源共享，改善了处理日常事务的流程和效率。网站可供员工访问的信息超过 170 万页，内部员工每天使用量超过数千人。思科总裁兼执行官钱伯斯坚信互联网将改变我们的工作、学习和生活方式。

最重要的好处如下。

① 降低订单处理费用。通过 1998 年将网上订单处理流程自动化，思科每年节约了 3.63 亿美元。

② 提高技术支持和客户服务效率。通过将 85%的技术支持和客户服务放到网上进行，思科的服务效率每年提高 2.5 倍。

③ 降低费用。1998 年，顾客直接从网站上下载思科最新的软件版本，为公司节约了 1.8 亿美元的复制、包装和发行成本；降低技术支持人员费用约 1.25 亿美元。

④ 交货周期从 4～10 天减少到 2～3 天。

3.3.3 C2C 交易模式

C2C（Customer to Customer）电子商务是消费者对消费者的交易，简单地说就是消费者本身提供服务或产品给消费者。C2C 商务平台通过为买卖双方提供一个在线交易平台，使卖方可以主动提供商品上网拍卖，而买方可以自行选择商品进行竞价。

2005 年年初以来，中国网民人数剧增，上半年突破 1.03 亿大关，网民访问购物网站的热情进一步提高。经常访问购物网站的网民比例从 2004 年的 16.7%增加到 2005 年的 53.1%，增长了 36.4 个百分点，而同时很少访问购物网站的网民比例下降了 45.9 个百分点。中国个人电子商务市场规模空前增长。

个人电子商务市场的巨大潜力吸引了诸多国内外企业和投资者的目光，尽管当前中国 C2C 电子商务市场还没有显现任何赢利的迹象，但是培育中国个人电子商务市场已经成为国内外众多企业争取用户份额、留住客户、进行强力竞争的手段。

1. C2C 在线交易流程

以交易者网上竞拍为例，C2C 交易流程如下。

① 交易者登录 C2C 类型网站，注册相关信息。

② 卖方发布拍卖商品的信息，确定起拍价格和竞价幅度、截止日期等信息。

③ 买方查询商品信息，参与网上竞价过程。

④ 双方成交，买方付款，卖方交货，完成交易。

2. C2C 交易商品的特点

C2C 交易平台上交易产品丰富、范围广并且以个人消费品为主。因为 C2C 交易本质也是网上撮合成交，再通过网上或者网下的方式进行交易。

3. C2C 网站实例

易趣网（http://www.ebay.com.cn/）首页如图 3-6 所示，它是中国著名的电子商务公司，于 1999 年由邵亦波和谭海音合作创办，经过两年多的发展，拥有 350 万注册用户，累计成交235万件商品，累计成交额达7.8亿元。易趣网上以竞价、一口价及定价形式，为个人及大、小商家提供低成本高流量的销售渠道，为买家提供价廉物美的各式商品，包括计算机、手机、服饰、房产等。目前，易趣网上交易活跃，每30秒有新登商品，每10秒有人出价，每60秒有商品成交。其用户可以通过在线交易平台以竞价和定价形式买卖各式各样的物品，包括服装、古玩字画、计算机和房地产等。易趣的客户服务队伍每天24小时监控网站上新登物品，解答用户问题，记录用户建议，并跟踪成交情况以保证交易顺利进行；iTEL(网络+电话)的全程电话导购服务为用户提供了一对一的顾问咨询；定期组织召开网友活动，培养感情，加强沟通；个人交易物品速递服务、易付通服务为成交提供了便利，更极大方便了异地交易的双方；会员认证制度及信用评价体系进一步完善了易趣的服务质量，提高了网上交易信用度和成交率。该网站特点如下。

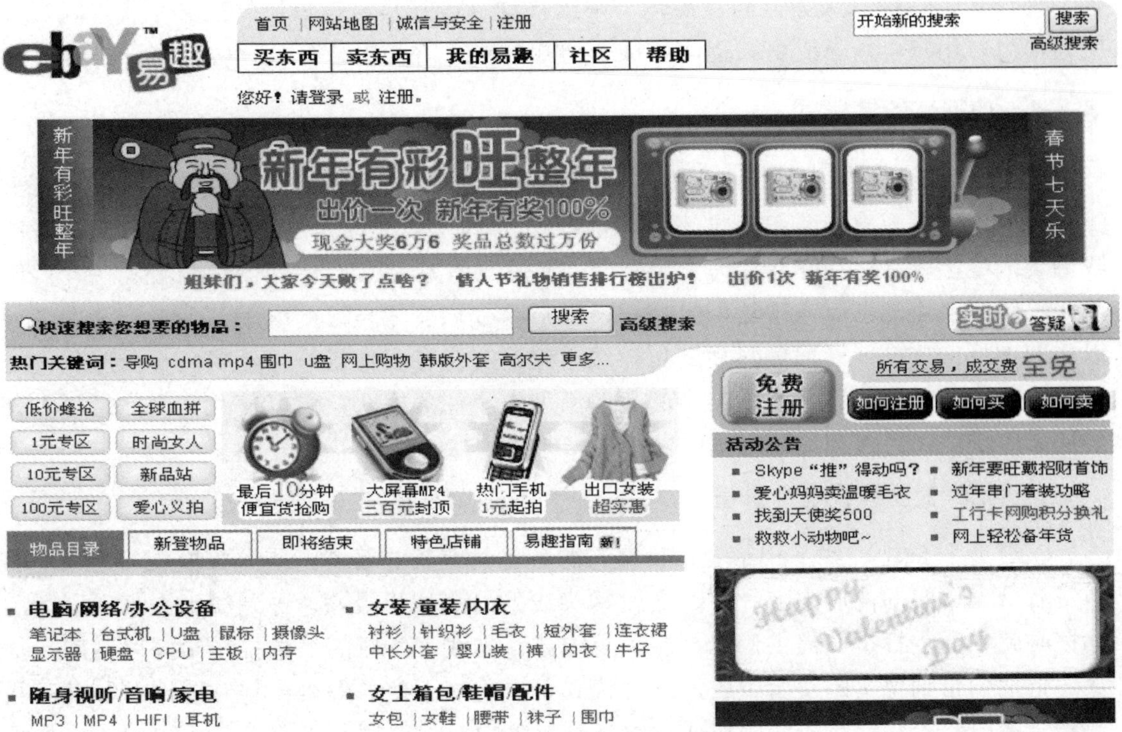

图3-6 易趣网首页

① 易趣不仅是处理闲置物品的平台，而且网站上的新品比例也在不断增加。

受消费水平限制，我国二手商品资源缺乏。于是易趣鼓励新品上网交易。随着新品的激增，商品范围也迅速扩张。易趣网站上商品的分类从初期的只有300多个细分类发展到15大分类，150多个二级分类，500多个三级的商品细分类。

② 易趣的交易方式随内容而变动。

随着商品范围的增加，原有单一的拍卖式交易方式已不能满足需要，易趣推行的定价销售方式受到了用户的欢迎。为满足不同人群的需要，易趣又适时推出了一系列全新的交易方式，包括无底价竞标、有底价竞标、定价出售、一口价成交等五种交易方式。

③ 易趣的支付方式多种多样。

易趣早期采用了邮局汇款、银行卡、手机等支付方式，此后，易趣又推出了“易付通”服务。在卖家和买家交易过程中，买家可以先将钱打入易趣特设的一个账户中，一旦钱到位，易趣会马上通知卖家发货；买家收到货并对货物的数量和质量没有疑义后，易趣才将钱支付给卖家，有效解决了信用风险问题。

④ 开设企业增值服务。

现有增值服务内容包括网上支付、物流配送和短信息服务。其中，网上支付的表现在于易趣与招商银行、广州银联、中国银行、中国农业银行、中国建设银行和中国工商银行等合作，提供网上支付服务。物流配送方面，易趣与 5291.com、快马速递、齐讯速递等物流企业等合作，提供面向个人用户的物流解决方案，目前有易付通和易趣推荐速递两种形式。短信息服务方面，易趣与中国移动合作共建易趣短信息服务系统，通过订阅短消息，用户可以享受交易提醒、成交通知、买家留言传送等即时功能。

3.3.4 O2O 交易模式

电子商务 O2O 模式是 Online To Offline 的简称，是指用线上营销及购买来推动线下经营与消费的新型电子商务模式。通俗地说就是“线上吸引顾客，并引导到线下来消费”。我们说的线上就是将互联网作为一个平台，通过一些方式，如折扣、提供信息、服务等，从而将线下商店的信息呈现给网上用户，最后将他们变成自己的线下消费者，消费者可以在网上挑选产品或者服务然后支付；线下就是客户在实体店进行消费，享受服务。这种将电子商务和传统消费有效结合起来的新型电子商务模式，可以使互联网信息量大、传递速度快的优点得到最大限度的发挥。

1. O2O 交易模式营销价值

O2O 这种线上、线下相结合，价格与服务优势兼具的新型电子商务模式，把线上的消费者带到现实的商店中去，在线支付购买线下的商品和服务，再到线下去享受服务，其核心就是通过打折、提供信息、服务等方式，把线下商店的消息推送给互联网用户，从而把他们带到现实的商店中去。这种模式可以将线下商务的机会与互联网及移动互联网结合在一起，让计算机和手机成为线下交易的前台。这样线下服务就可以用线上来揽客，消费者可通过线上来筛选服务，而且成交可以在线结算。对于 O2O 商务模式来说，其核心理念是把线上用户引导到现实的实体商铺中，通过在线支付，实体提供优质服务，并实时统计消费数据提供给商家，再把商家的商品信息准确地推送给消费者。O2O 依靠线上推广交易引擎带动线下交易，以加大商户的参与和用户的体验感，这种融合产生的价值十分惊人。

2. O2O 交易模式的特点

电子商务 O2O 模式的巨大优势就是把线上和线下的优势进行了结合。利用互联网优势与线下实体店对接，真正做到了线上、线下相结合。同时，做到让用户获得便宜的价格和线下全面细致的服务。

① 电子商务 O2O 模式最大限度地发挥了互联网信息量大、用户量大的优点，与此同时充分利用线下资源，最后吸引用户从线上到线下实体店去进行消费。生活中 O2O 的代表最典型的就是团购。

② 电子商务 O2O 模式做到了线上和线下的完美结合，对商家的宣传推广作用及效果可以进行全面的掌控，相对于传统营销效果的难以预测、难以掌控，电子商务 O2O 模式的营销更具优势。对消费者的所有数据都可以进行全面的直观统计，从而带来大量的商家入驻加盟，为消费者提供更加丰富、更加全面的服务。

③ 电子商务 O2O 模式在服务业更具优势，线上直接预订方便快捷，相比线下具有更加低廉优惠的价格，加上打折促销等消息的实时更新，电子商务 O2O 模式能够让用户了解商家的全面、客观的产品及服务信息，可以在网上随时订购需要的产品和服务，还可以享受更加优惠的价格。在网上即可获得商家全部相关产品及服务的信息及介绍，并且还有过往消费者的消费记录作为参考。

④ 对于线下实体商家，以互联网为平台，充分应用互联网用户数量大的特点，通过网上营销及推广，可极大地提高其宣传的效果及机会，大大减少实体店面的营销推广成本，营销效果及宣传效率得到提升，同时这种方式还可以降低店面对优越的地理位置的依赖程度；与此同时，实体店面的经营可以吸引来自线下的消费者，线上、线下优势互补，这样实体店的竞争力将达到更高的层次。对电子商务 O2O 模式下的营销效果及宣传效果可以直观、形象地进行查询和跟踪，这使得实体商家的营销将变得比以前更加容易掌控。O2O 模式使得商家可以更加便捷地获得消费者的相关消费数据，帮助商家更好地管理和维护新老客户。线上预付的营销方式，让商家可以提前做好相关准备，这极大地方便了实体商家的科学化经营。

⑤ 对于 O2O 服务提供商，互联网方便、快捷的优势，使广大用户可以轻松地获得平常生活中商家的优惠信息，这样广大的线上用户便得以快速聚集；宣传效果及推广效果的可查性，可以吸引实体商家的大量加入，巨额的广告利润及各种赢利模式都成为可能。基于掌握的用户消费数据，O2O 服务提供商还可以为实体商家挖掘其他增值服务。

⑥ 电子商务 O2O 模式可以更好地满足移动互联网时代下的广大用户服务体验。在当今移动互联网时代，手机上网进行消费已经成为现在的消费趋势，O2O 模式为手机用户带来了前所未有的用户消费体验。

3. O2O 交易模式的发展概况

我国研究调查数据结果显示，2012 年中国 O2O 市场规模为 986.8 亿元，环比增长 75.5%，在今后将持续快速增长，2020 年中国 O2O 市场规模达到 14399.5 亿元。其中，与我们生活息息相关的餐饮服务业发展令人称赞，增速与 O2O 市场整体发展速度大致相当。从中可以看出，尽管现如今的 O2O 市场规模与 C2C、B2C 等电子商务传统模式还有相当大的差距，但是其市场规模及每年平均增长的速度都让我们对其充满了期待。

美国一家权威网站公布的调查数据显示，电子商务相当发达的美国 2013 年的线上销售总额也仅仅占到其零售总额的 8%，其线下实体商家的消费比重仍然占到了 92%；而在中国，线上销售额及线下销售额占总零售额的比例分别是 6%和 94%。由此可以看出，线上销售的市场空间非常巨大，电子商务O2O模式的到来，将把广大用户带到线下去消费。

随着我国经济的持续快速稳定发展，我国电子商务正在发生革命性的转变，电子商务O2O模式有着非常大的优势，这对于整个行业的进步、消费者服务体验的提升，以及电子商务产业的前进和发展都将起到巨大的推动作用。O2O正在与地方社区相融合，力求将互联网的本地化服务进行整合并最终形成规模化。寻求线上、线下经济完美结合之路是未来电子商务发展的必由之路，电子商务O2O模式具有非常大的发展前景。

4．O2O交易模式的实例

随着电子商务的不断发展，电子商务O2O模式凭借其线上、线下完美结合的独特优势，目前在我国已经在很多领域得到了广泛应用，如旅游度假、餐饮服务业、机票预订、酒店预订、汽车打车、电子优惠券等领域都有涉及。

中国最具影响力的综合性旅游服务网站——携程旅行网，在寻求将互联网科技产业与我国传统旅游业相结合的道路上获得了巨大成功，现在拥有大量的用户，其中会员就高达5000万之多。携程旅行网提供的服务非常全面，包括国内国际酒店预订服务、国内国际航班预订、度假线路查询、商旅管理、旅行预订服务、租车服务、旅游景点旅游攻略介绍等。携程网凭借其全面的服务、强大的影响力，堪称互联网科技与传统旅游业完美结合的成功案例。

2011年9月成立的北京易淘食，在我国是一个领先的O2O餐饮服务平台，同时也是我国第一家大型的提供全方位餐饮服务的网络机构。北京易淘食追求不断提升的服务品质，致力于为消费者提供全面的综合性服务。近来增加了送餐上门服务，消费者只要动动鼠标从北京易淘食网站上在线下单就可以获得北京易淘食机构提供给消费者的送餐上门服务，真正实现了互联网时代下生活的方便与快捷，给予广大消费者前所未有的消费体验。

2012年，一款划时代的软件出现在了北京中关村，即“滴滴出行”。据统计，到2014年4月底，在我国滴滴出行的用户数量达到了惊人的1亿，服务范围很广，在全国使用滴滴出行的一二线城市高达180个，包括北京、上海、天津、广州、深圳等，影响力之大可见一斑。滴滴出行让过去的打车方式成为历史，并将逐步改变用户的出行方式，带给广大用户颠覆传统的消费体验。与过去我国传统的电话手机联系车辆和路边挥手召车不同的是，自从滴滴出行软件出现后，彻底颠覆了公路边挥手拦车的传统，彻底打破了传统打车市场难于打车的局面。滴滴出行基于当下流行的移动互联网，整合线上与线下的优势，给广大消费者提供最合理化、科学化的打车体验。从用滴滴出行软件打车开始，到用户到达目的地下车，整个过程使用在线支付，完全改变了传统打车方式中的用户站在路边等待的情形，同时也让出租车司机可以做到更有目的性地去选择自己愿意接受的用户来完成交易，这样在减少出租车司机与用户的成本的同时，还可以大大降低空乘率，最大限度地优化打车体验，在真正意义上实现了司机与用户的双赢。

相关的O2O模式应用实例还有很多，仅仅从上面的几个典型的电子商务O2O模式企业的案例可以看出，电子商务O2O模式在日常生活中已经有了相当广泛的应用，遍布各个领域，极大地改善了人们的生活质量，让互联网时代下的生活变得更加方便、快捷。

同时，电子商务 O2O 模式与移动互联网相结合，其市场空间之大、未来发展前景之广阔，让很多的电子商务人士看到了机遇，吸引了众多的投资，可以预见，在不久的将来电子商务 O2O 模式将会如火如荼。电子商务 O2O 模式将移动互联网客户端的唯一性、确定性、不可否认性、随时性、可追踪性等优势充分发挥应用，挖掘了数量巨大的潜在的移动互联网消费用户，这无疑将会拓展更大的市场空间。

本 章 小 结

本章着重阐述了电子商务的基本框架结构和电子商务的交易模式。在介绍电子商务基本框架结构层次和电子商务系统支撑环境的基础上，重点分析了电子商务模式的在线交易流程和交易商品的特点；最后介绍了 O2O 交易模式的发展概况与发展前景。

思考题

1. 简述电子商务系统的结构。
2. 电子商务子系统构成的基本要素有哪些？
3. 简述电子商务系统的体系框架模型。
4. 你认为目前我国的电子商务系统建设中存在哪些问题？
5. 各种电子商务应用主要靠什么赢利？
6. 电子商务主要交易模式有哪些？

上机实验

1. 学会在网上发布商品信息并建立关键字索引。
2. 模拟个人消费者如何在网上选择商品、订购商品、填写订单。
3. 画出电子商务基本流程中的主体并写出其业务功能。

案例分析

网易品牌运作之路

根据第三方专业测评和调研机构的数据，网易首页的独立访问者数量及频道黏性均居于领先地位；网易邮箱在用户数量、满意度和忠诚度方面占据绝对优势(艾瑞市场咨询)；网易成为中国大学生中的“第一网络门户品牌”和“三高”(高收入、高学历、高感度)群体中更多方面的意见领袖(新生代市场监测机构)。仔细研究网易的品牌经营之道，网易的成功主要归功于以下几点。

1. 支持第三方

在西方发达国家，互联网有一个很成熟的市场环境，网络广告有业界相关行规作为依据，所以投放广告相对简单。而目前中国还没有形成相应的网络广告投放标准。因此，为了推动中国互联网行业健康、快速地发展，打造一个专业、公平、公正的网络广告投放环境，并建立有序的市场秩序，网易在国内独家引进美国 DoubleClick 公司的广告管理监测系统，并采纳专业调查公司如 Nielsen/NetRatings 公司、新生代市场监测机构等的调查数据进行市场定位。这些都将有助于广告主先期制定合理的网络营销策略及后期明确网络广告投放效果。

另外，通过与中国广告协会沟通，设定一年一度的中国网络广告大赛，提供行业内最优秀人才相互交流和学习的机会，展示互联网一年来最优秀的广告作品，促进互联网广告事业的健康发展。

2．明确受众目标

网络媒体与传统媒体的受众相比，还是有一定的区别的。这些网站的访问者基本都是学历水平和消费水平较高的群体，且他们都是主动地选择浏览内容。虽然电梯、巴士广告非常普及，但受众基本没有什么选择余地；电视广告与节目的质量和广告投放的时段非常有关，也存在局限性。如上班期间，其他媒体基本上不能起到作用，但是作为已经成为工作一部分的互联网，则可有效弥补这些不足。

门户网站的访问者各种各样，具体定位是全社会的受众，不过在现实中互联网的受众主要集中在 35 岁以下的人群，特别是大学生群体，他们一进校门就已经学会使用互联网，而且也养成了上网浏览信息的习惯；他们追求时尚和价值，更具开放、引导和冒险心态，对新技术敏感并热衷于高端品牌；他们喜欢去西式快餐店用餐，追求流行、时髦与新奇的东西，并喜欢尝试新的品牌等。

从年龄构成和职业方面看，网易的用户更多集中于年龄在 18～34 岁之间的年轻人群。目前，网易是中国大学生心目中的“第一网络门户品牌”，对新富阶层的影响力居于第二位，也是他们更多方面的意见领袖。当这些大学生成为未来消费市场的主力军，甚至成为新富阶层时，网易对他们的影响力之高则不言而喻。由此可见，虽然网易所拥有的大部分用户相对年轻，但网易却已经牢牢抓住了影响未来市场的先机。

3．品牌定位与传播

在品牌管理的操作中，网易在早期遇到了品牌清晰化的问题，如网易的 logo 中有汉字“网易”、英文“NETEASE”及数字与英文组合“www.163.com”，这在传播中容易使人产生错觉，无法理顺三者之间的关系。不过，网易在 2000 年推出了突破传统手法的全新电视广告，确定了“网聚人的力量！”的口号，呼吁同参与、共分享，并在品牌传播中反复强调，让更多的受众知道“网聚人的力量!”就是“网易 www.163.com”，这在品牌推广过程中起到一定的积极作用，品牌概念从而更加清晰，用户数量逐年增长。

2001—2003 年网易主要集中在产品研发和推广工作上，在品牌推广上几乎没有大的投入。2004 年，网易决定继续沿用“网聚人的力量！”，并结合一些现代、年轻和时尚的元素，提出了“趣味相投，N 多快乐!”“高手云集，N 多快乐！”的传播口号。经过新一轮的品牌宣传，网易倾力打造了一个快乐、时尚、充满人性化的品牌形象，并深受中、青年实力网络用户的喜爱。2004 年年底，在由中华全国学生联合会、新生代市场监测机构和中国青年校园先锋文化有限公司联合主办的“2004 中国大学生生活形态调查暨中国企业先锋品牌榜评选”中，网易获得首个“网络门户类先锋品牌”的称号，与诺基亚、联想、IBM、索尼、统一、阿迪达斯、康师傅、雀巢、动感地带、百事可乐、农夫山泉等共同成为中国大学生心目中的首批先锋品牌。

4．服务为王

网易的服务是多样的，包括提供新闻信息内容、专题内容、即时通信(网易泡泡)、SP服务及游戏、邮箱服务。

在频道内容服务方面，体现专业性，邀请专业媒体的资深人士参与，策划震撼感强的背景方案，深入挖掘内幕，服务专业受众。商业报道是网易全新概念的综合经济新闻平台，紧抓商业热点，强调新闻原创，重视读者对新闻的参与，同时采用了全新的博客形式，成为传统媒体、业界和读者得到线索、了解市场、交流思想的大舞台，将新闻与读者的距离缩短到零。新闻频道在进行巩固加强后以崭新的面貌出现，24小时滚动新闻，报道更加快速全面，体现了以新闻为中心带动内容快速成长的模式。女性频道提出新“三唯”女性主张，引领时尚潮流，提供专业资讯，提倡通过内容来改变人们生活的理念。娱乐频道囊括国内外演艺明星抢手新闻并加强与网民的实时互动，推动明星超级访谈。其他诸如手机、汽车、房产、生活、健康、教育、出国、旅游、求职、导购等频道，以网民需求为基础，涵盖用户生活的方方面面，提供最精彩的生活资讯服务。

同时，网易将网民常用的网易泡泡、手机短信、邮箱、在线游戏、个人空间等版块调整到首页位置，为个人用户打开了直接享受网上增值服务的便捷通道；而网易商城、分类广告等服务则同时面向企业用户和个人用户，一方面为企业提供网上互动营销推广服务，另一方面为个人用户提供更为准确有效的搜索查询服务。

针对大学生为代表的青年网络用户，网易在科技、教育、求职、文化等内容频道，以及各种网络社区、用户部落和同学录中，与他们进行关于品牌时尚、消费观念、生活情趣的沟通与互动。网易自主研发的两款大型网络游戏《大话西游online》和《梦幻西游online》已经成为国产网游中的佼佼者，深受年轻玩家的喜爱；网易泡泡凭借强大而实用的功能，也吸引了众多年轻人的目光。

大型免费邮箱是网易吸引足够多的人上网的主要杀手锏，目前网易旗下已拥有@163.com、@126.com、@188.com、@vip.163.com、@yeah.net等多套免费、收费大容量邮件系统，总用户数超过1亿，是中国最大的电子邮件运营商。网易在最新推出的www.188.com财富邮中，型号为财富5000的邮箱，空间有5GB之巨，附件高达40MB，是目前中国市面上容量最大的邮箱，在给用户提供更人性化服务的同时进一步捍卫了网易在国内邮箱方面的霸主地位。

在网络营销服务上，网易始终致力于为广告主提供最佳、最专业的网络营销解决方案，帮助他们实现营销目标的最大化。进入2005年，网易在业内更是频繁出击，不仅联合众多第三方合作伙伴举办多场“网络营销交流研讨会”，推动网络广告市场的整体发展，而且与eBay(易趣)、搜房网、金融界、李宁、中国移动等重量级合作伙伴，展开跨行业、多形式的网络营销合作。

网易在不断加大网络营销服务力度的同时，策略性地与国际著名多媒体网络广告和网络直销行销技术提供商开展合作，积极推广和应用更多的多媒体广告形式，从而占领了国内未来网络营销服务市场新的制高点。除此之外，网易还以跨媒体的视角，努力发掘“2005 网易全国摘星大行动”“星球大战 III(Star Wars)大陆推广唯一官方合作网站”等各种线上、线下整合营销机会，力求为客户创造更多的附加价值与营销的协同效应。

5．活动策划与受众互动

针对目前互联网普及化、用户增长迅速的现象，如何让品牌升值、如何保持领先优势、如何兑现客户价值等问题，将受到一定的挑战。为了增加线上、线下的互动，网易公司从 2004 年开始，相继举办了“2004 网易全国摘星大行动”和“网易体育梦想中国行”两项大型活动。以“自信、阳光、时尚、创新、超越”为主题的“2004 网易全国摘星大行动”，以“从网民中来，到网民中去”为出发点，在全国范围内，从网络及现实生活中，由网民自己选举出最能代表他们自己族群特征的明星，成为“2004 网易签约广告明星”，真正帮助他们实现梦想、展现自我，以倡导“只要有自信，一切都是可能！”的精神。从为期三个月的“2004 网易全国摘星大行动”活动来看，网易不仅潜移默化地实现了对目标群体的影响力，展现网络对于这一群体的无限可能性，更维系和巩固了这一群体对于网易的忠诚度。

“网易体育梦想中国行”是国内第一次完全由企业组织的公益性体育文化推广活动，足迹遍及北京、上海、大连、武汉、重庆、广州、三亚等全国七大城市，辐射全国。据不完全统计，整个活动共迎来 30 多万人次参与，参与者有 3 岁的孩童，也有 70 多岁的老人，很多是全家人齐上阵。这股全民参与的运动热潮，从北到南，成为奥运会期间跳跃在民间的一道亮丽的风景线。同时，该活动不仅打造了一个超大规模的品牌推广及用户互动平台，更进一步拓展了门户网站品牌推广模式的新空间。网易利用立体式的宣传攻势，为联想集团、劲量电池、三亚银泰度假酒店、南方航空、中体倍力等赞助商提供了超值的媒体宣传和品牌推广服务，放大了网络营销的效应。

第二篇　技　术　篇

第 4 章　电子商务技术基础

学习目标

1. 了解计算机网络的概念、组成。
2. 掌握 TCP/IP 模型的结构。
3. 熟悉网页的基础知识。
4. 了解电子商务系统的技术结构。

引例

创维电子集团(http://www.skyworth.com.cn)是一家总部设在香港，拥有雄厚的高科技实力、庞大的生产设施，从事彩色电视机、激光视盘机、家庭影院、卫星数字接收机的开发、生产和销售的大型现代化跨国企业，在全球 85 个国家和地区建立了稳定、可靠、多层次的销售网络。创维集团以深圳、东莞为生产、销售的两大基地，40%以上产品远销欧洲、美洲及东南亚等国家和地区，产品出口连续六年居全国同行业首位。

作为连续五年名列中国电子工业部“电子百强”之列的中国彩电业前四强的创维集团，在 1999 年 6 月 23 日，率先与润迅互联网服务有限公司(简称润迅公司)合作建立国内第一家“网上电视机直销服务网站”，新闻发布会在北京钓鱼台大酒店隆重举行。数字化信息时代的到来，特别是互联网技术的广泛应用，对人们的工作生活产生了深远的影响。“网上购物”这一崭新的商业运作模式已逐渐为全球所熟悉和接受，人们的购物行为不再受时间和空间的限制，作为用户，得到的是越来越多的便利，作为商家，意味着掌握了越来越多的市场竞争的主动权。“创维网上直销站”的建立“具有战略意义”，这是创维和润迅公司的共识。

润迅公司本着高品质、长远规划、经济实用的原则，综合各方优势，经过周密的策划完成了本系统的建设。“网站不仅仅是概念，更重要的是实用”，润迅公司总经理宋裔智说，“我们为创维建立的是企业的窗口，在这里可以了解到有关企业尽可能多的信息，包括公司简介、产品、促销、售后服务、行业动态等。客户在网上通过简单的操作，就可以选购到满意的产品。”润迅公司利用自身的传呼网络优势，能及时将订单情况通过传呼机通知工作人员，购销流程更为快捷。国外客户还可以通过主页上的链接访问英文站点和填写英文订单，满足全球订购的需要。为实现网上购物和在线支付等一系列电子商务功能，创维与招商银行进行合作，利用招商银行的一网通开通了深圳本地的网上购物服务。

作为国际化企业的创维集团，为能服务国际市场，创维网站申请了两个域名，建设有中文网站和英文网站，其中中文网站名为 http://www.skyworth.com.cn，另一个是在香港注册的提供英文信息的网站 http://www.skyworth.com.hk。作为综合性及技术性强的网络营销网站，创维在建设之初就与Internet领域的专业性公司润迅合作，突破企业建设网络营销网站的技术障碍和降低建设网站的风险。为建设真正的具有网上销售功能的网站，创维还与招商银行合作，利用招商银行的网上支付工具方便顾客进行网上支付；同时，利用公司的服务销售网络首先在深圳开通送货上门服务，等时机成熟再推向全国市场。因此，建设一个具有网络营销功能的网站必须进行系统规划，寻求有力的合作伙伴，采用系统化方法进行设计、开发和建设。

（资料来源：创维电子集团 http://www.skyworth.com.cn）

4.1 网络技术基础

4.1.1 计算机网络概述

随着社会对信息需求量的增加，计算机已经成为信息处理的重要工具，而计算机系统的应用发展也已经深入到社会的各行各业甚至家庭。因此，把地理位置分散的计算机应用系统连接在一起，组成功能强大的计算机网络，以达到资源共享、分布处理和相互通信的目的，是信息化发展的必然趋势。

1．计算机网络的定义

凡将地理位置不同且具有独立功能的多个计算机系统，通过通信设备和线路将其连接起来，并由功能完善的网络软件实现资源共享的系统均称为计算机网络。

从逻辑功能上，可以将计算机网络分为通信子网和资源子网两部分。从结构上看，计算机主要由网络软件和网络硬件两部分构成。网络软件包括操作系统、通信协议(如TCP/IP、HTTP)、应用软件等；网络硬件包括计算机、通信设备(如交换机、路由器)、传输介质(如网线、光纤)等。

2．计算机网络的发展

第一代计算机网络是20世纪50年代出现的具有通信功能的单机系统，它将多个终端通过通信线路连接到一台中心计算机上。

第二代计算机网络是20世纪60年代的具有通信功能的多机系统，它通过通信线路将多台计算机连接在一起，计算机之间可以互相通信。

第三代计算机网络是20世纪80年代的计算机通信网络，它是分布式网络。

3．计算机网络的拓扑结构

按照网络中各个节点的连接方式可以将网络分为不同的拓扑结构。这一结构对网络的性能有很大的影响。

常见的网络拓扑结构有以下几种。

(1) 总线型

在一条单线上连接着所有工作站和其他共享设备(文件服务器、打印机等)，总线型网络拓扑结构如图4-1所示。总线型网络拓扑结构的特点是：结构简单，非常便于扩充，价格相对较低，安装使用方便。该类结构的缺点是：网络维护较为困难，总线延伸距离和容纳节点数量均有限制，一个节点出现差错，可能导致整个网络瘫痪。

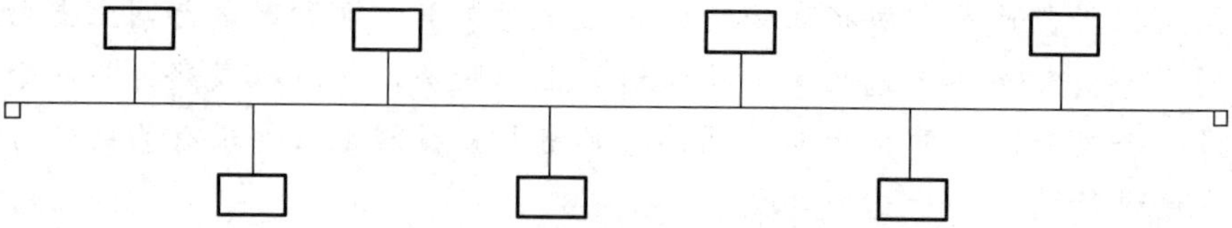

图 4-1　总线型网络拓扑结构

(2)星型

以中央节点为中心与各节点连接，星型网络拓扑结构如图 4-2 所示。星型网络拓扑结构的特点是：系统稳定性好，故障率低。目前大多数局域网均采用星型结构，在文件服务器/工作站的局域网模式中，中心节点是文件服务器，存放共享资源。在文件服务器与工作站之间接有集线器(HUB)。集线器的作用为多路复用。该类结构的缺点是：可靠性由中央节点决定，通信线路利用率较低，安装工作量较大，电缆费用较高等。

(3)树型

树型网络拓扑结构是分级的集中控制式网络，与星型网络拓扑结构相比，它的通信线路总长度短，成本较低，节点易于扩充，寻找路径比较方便，但除了叶节点及其相连的线路外，任一节点或其相连的线路故障都会使系统受到影响。树型网络拓扑结构如图 4-3 所示。

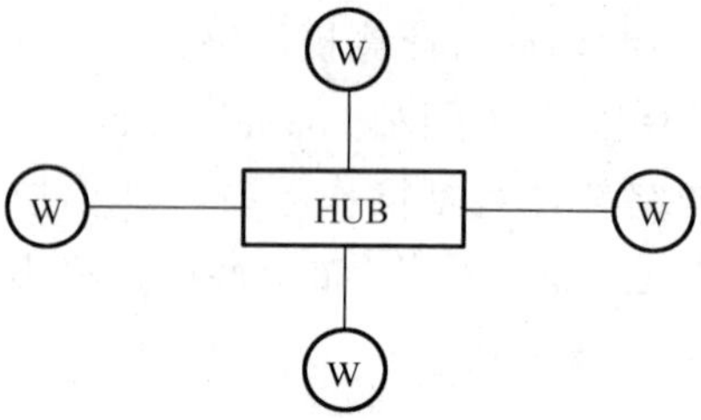

图 4-2　星型网络拓扑结构

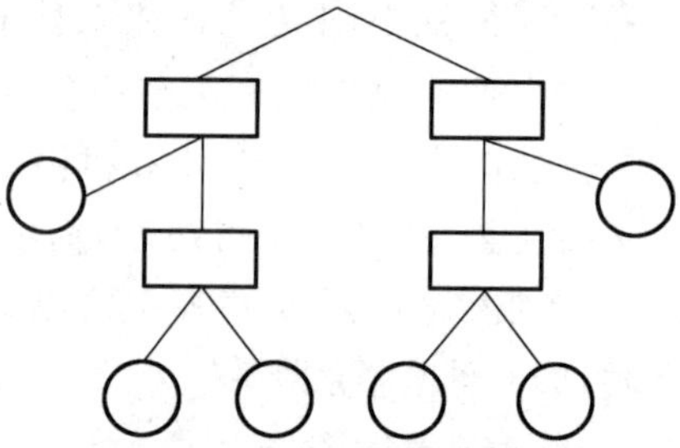

图 4-3　树型网络拓扑结构

(4)环型

工作站、共享设备(服务器、打印机等)通过通信线路将设备构成一个闭合的环，环型网络拓扑结构如图 4-4 所示。环型网络拓扑结构的特点是：信息在网络中沿固定方向流动，两个节点间有唯一的通路，可靠性高。由于整个网络构成闭合环，故网络扩充起来不太方便。环型网络拓扑结构是局域网常采用的拓扑结构之一。

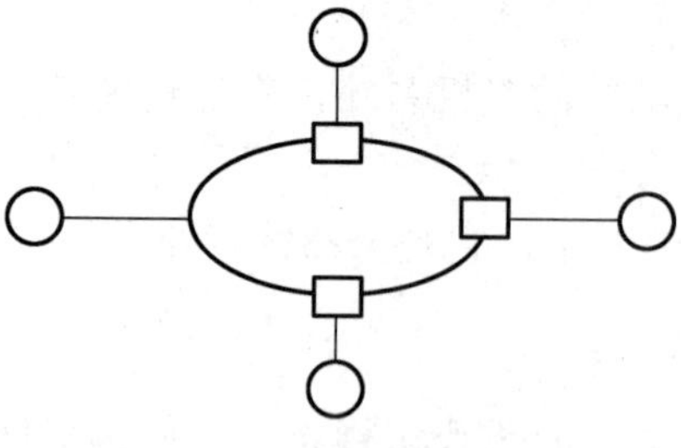

图 4-4　环型网络拓扑结构

4．网络传输介质

传输介质是通信双方的物理链路或通信线路，一般分为有线介质和无线介质两大类。有线介质包括同轴电缆、双绞线、光纤等；无线介质包括无线电、微波、红外线、激光、蓝牙等。双绞线又可以分为 UTP(无屏蔽双绞线)和 STP(屏蔽双绞线)，其中 UTP 是家庭用户较多用到的一类网线。

4.1.2 计算机网络的体系结构

为了完成计算机间的通信合作，把每个计算机互联的功能划分为定义明确的层次，规定了同层次进程间的通信协议及相邻层之间的接口，统称为网络体系结构。简单地说，网络的体系结构就是网络层次结构模型与各层协议的集合。

早期，有许多不同的网络体系机构，如 IBM 公司的 NSA、DEC 公司的 DNA 等。但是系统结构多了不利于异构网络之间的互联，于是，国际标准化组织 ISO 成立了一个分委会研究如何使网络体系结构和协议标准化。1980 年，ISO 提出了计算机互联的框架性建议书，即著名的开放系统互联模型(OSI)。

OSI 的制定策略是对网络进行分层结构化设计，规定将网络分解为许多层次，每层向上层提供服务；上层使用下层提供的服务来完成本层的协议；层间的相互作用通过接口来实现；只要接口不变，任何一层内部实现技术的变更将不会影响其余各层。

按上述原则，OSI 共包括七层，即应用层(Application Layer)、表示层(Presentation Layer)、会话层(Session Layer)、传输层(Transport Layer)、网络层(Network Layer)、数据链路层(Data Layer)和物理层(Physical Layer)。每层完成相应的功能。

1. 物理层

物理层的主要功能是利用物理传输介质为数据链路层提供物理连接，任务是透明地传送比特流，即确定如何使用物理传输介质，实现两个节点之间的物理连接。该层在节点之间的通信线路上建立、维护或断开物理连接，其传输的数据是位流信号。由于计算机网络中有许多物理设备和各种传输介质，因此物理层对上层的真正作用是要尽可能地屏蔽各种媒体和设备的具体特性，使得数据链路层感觉不到差异的存在。这样，数据链路层就可以只考虑本层的协议和服务功能。

物理层是 OSI 参考模型七层中的最低层，也是 OSI 模型的第一层。需要说明的是，物理层直接与物理信道相连接，因此物理层是七层中唯一的“实连接层”，而其他各层由于都间接地使用到物理层的功能，因此都是“虚连接层”。

2. 数据链路层

数据链路层是 OSI 模型的第二层，负责建立和管理节点间的链路。

数据链路层的功能是在两个相邻节点间的线路上无差错地传输以“帧”(frame)为单位的数据，每一帧包括数据和必要的控制信息。控制信息中有同步信息、地址信息、差错控制及流量控制信息等。这使得一条有可能出错的物理线路，成为一条从网络层向下看起来无差错的数据链路。

数据链路层的具体工作是接收来自物理层的位流形式的数据，并加工(封装)成帧，传送到上一层。同样，也将来自上层的数据帧，拆装为位流形式的数据转发到物理层，并且，负责处理接收端发回的确认帧的信息，以便提供可靠的数据传输。

3．网络层

网络层是OSI模型的第三层，它是OSI参考模型中最复杂的一层，也是通信子网的最高一层。它在下两层的基础上向资源子网提供服务。

网络层的数据传输单位是分组或包(packet)。网络层的任务是通过执行路由选择算法，为报文或分组通过通信子网选择最适当的路径，以实现网络的互联功能。该层控制数据链路层与传输层之间的信息转发，建立、维持和终止网络的连接。具体地说，数据链路层的数据在这一层被转换为数据包，然后通过路径选择、分段组合、流量控制等，将信息从一台网络设备传送到另一台网络设备上。

Internet所采用的TCP/IP协议中的IP(网际协议)就属于网络层协议。

4．传输层

传输层位于OSI模型的中间(第四层)，是通信子网(下面三层，主要任务是数据通信)和资源子网(上面三层，主要任务是数据处理)的接口和桥梁，起到承上启下的作用。

传输层的主要任务是向用户提供可靠的端到端的服务，处理数据包的传输差错、数据包的次序、传输连接管理等传输方面的问题，以保证报文的正确传输。传输层的目的是向高层屏蔽下层数据通信的细节，即向用户透明地传送报文。

Internet所采用的TCP/IP协议中的TCP(传输控制协议)就属于传输层协议。

5．会话层

会话层是OSI模型的第五层，它是用户应用程序和网络之间的接口，其主要任务是负责维护两个实体之间的会话连接，确保点—点的传输不被中断，进行会话管理和管理数据交换，即组织和协调两个会话进程之间的通信，并对数据交换进行管理。用户可以按照半双工、单工和全双工的方式建立会话。当建立会话时，用户必须提供他们想要连接的远程地址。

会话层不参与具体的数据传输，而是对数据传输进行管理。它在两个互相通信的进程之间，建立、组织和协调其交互。例如，确定通信的双方是半双工方式还是全双工方式。

6．表示层

表示层是OSI模型的第六层，它对来自应用层的命令和数据进行解释，为各种语法赋予相应的含义，并按照一定的格式传送给会话层。其主要功能是处理两个通信系统中用户信息表示方面的问题，如数据的编码、数据格式的转换、数据的压缩与恢复和加密、解密等。

7．应用层

应用层是OSI参考模型的最高层。应用层确定进程之间通信的性质，以满足用户的需要。它不仅要提供应用进程所需要的信息交换和远程操作，而且还要完成一些为进行信息交换所必需的功能。该层包含的协议较多，如文件传输协议FTP、电子邮件协议SMTP等。

4.1.3 TCP/IP 协议的体系结构

TCP/IP 协议是 20 世纪 70 年代中期美国国防部为 ARPAnet 开发的网络体系结构。它实质上是一个协议族，包含许多协议。它也采用了分层的思想，将网络分为应用层、传输层、互联层、主机-网络层。各层的功能分别如下。

1. 主机-网络层（网络接口层）

这是 TCP/IP 模型的最低层，负责接收从互联层传来的 IP 数据报并将 IP 数据报通过低层物理网络发送出去，或者从低层物理网络上接收物理帧，抽出 IP 数据报，交给互联层。

TCP/IP 参考模型对互联层之下未加定义，只指出主机必须通过某种协议连接到网络，才能发送 IP 分组。该层协议未定义，随不同主机、不同网络而不同，因此主机-网络层又称为网络接口层。

2. 互联层（IP 层）

互联层的主要功能是负责相邻节点之间的数据传送。它的主要功能包括三个方面。第一，处理来自传输层的分组发送请求：将分组装入 IP 数据报，填充报头，选择去往目的节点的路径，然后将数据报发往适当的网络接口。第二，处理输入数据报：首先检查数据报的合法性，然后进行路由选择，假如该数据报已到达目的节点（本机），则去掉报头，将 IP 报文的数据部分交给相应的传输层协议；假如该数据报尚未到达目的节点，则转发该数据报。第三，处理 ICMP 报文，即处理网络的路由选择、流量控制和拥塞控制等问题。TCP/IP 网络模型的互联层在功能上非常类似于 OSI 参考模型中的网络层。

由于在互联层提供数据报服务，因而常将报文分组称为 IP 数据报。

3. 传输层（TCP）

TCP/IP 参考模型中传输层的作用与 OSI 参考模型中传输层的作用是一样的，即在源节点和目的节点的两个进程实体之间提供可靠的端到端的数据传输。为保证数据传输的可靠性，传输层协议规定接收端必须发回确认，并且假定分组丢失，必须重新发送。

TCP/IP 模型提供了两个传输层协议：传输控制协议 TCP 和用户数据报协议 UDP。

TCP 协议是一个可靠的面向连接的传输层协议，它将某节点的数据以字节流形式无差错投递到互联网的任何一台机器上。发送方的 TCP 将用户交来的字节流划分成独立的报文并交给互联层进行发送，而接收方的 TCP 将接收的报文重新装配交给接收用户。TCP 同时处理有关流量控制的问题，以防止快速的发送方淹没慢速的接收方。

用户数据报协议 UDP 是一个不可靠的、无连接的传输层协议，UDP 协议将可靠性问题交给应用程序解决。UDP 协议主要面向请求/应答式的交易型应用，一次交易往往只有一来一回两次报文交换，假如为此而建立连接和撤销连接，开销是相当大的。

这种情况下使用 UDP 就非常有效。另外，UDP 协议也应用于那些对可靠性要求不高，但要求网络延迟较小的场合，如语音和视频数据的传送。

4．应用层

TCP/IP 参考模型中没有会话层与表示层，在传输层之上就是应用层，它包含了所有高层协议。高层协议有虚拟终端协议(Telnet)、文件传输协议(FTP)、电子邮件传输协议(SMTP)、域名服务(DNS)(用于将主机名映射到它们的网络地址)、NNTP(用于发布新闻的协议)、HTTP(用于搜索 WWW 上超文本的协议)等。

TCP/IP 参考模型如图 4-5 所示。

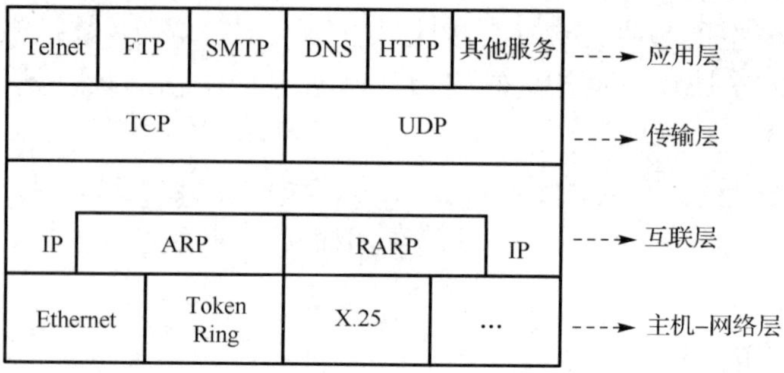

图 4-5　TCP/IP 参考模型

4.2　Internet 基本知识

4.2.1　Internet 简介

Internet 是世界上最大的互联网络，它把全世界各个地方的各种网络，如计算机网、数据通信网及公用电话交换网等互联起来，组成一个跨越国际范围的庞大的互联网。因此，Internet 也称为“国际互联网”“网络的网络”。它的前身是美国国防部高级研究项目研究开发的 ARPAnet 网络。

Internet 原先是为了促进科学技术和教育的发展而建立的网络。它建立之初，首先加入的都是一些学术界的网络，由于 Internet 的开放性及它具有的信息资源共享和交流的能力，从它形成之日起，便吸引了广大的用户。随着用户的急剧增加和 Internet 规模的不断扩大，其应用领域也走向多样化。除了科技和教育之外，其应用很快进入文化、政治、经济、新闻、体育、娱乐、商业及服务行业等领域。

Internet 之所以能在比较短的时间内风靡全球，而且还正在以越来越快的速度扩展着，是与它的显著特点分不开的。其主要特点归纳如下。

① TCP/IP 协议是 Internet 的基础和核心，网络互联离不开协议，Internet 正是依靠 TCP/IP 协议才把各个国家、各个部门、各个机构的内部网互联起来的。

② Internet 实现了与公用电话交换网的互联，从而使全球众多的个人用户入网十分方便。只要有一根电话线、一台 PC 和一个 Modem，就可以连入 Internet。这一点也是 Internet 迅速普及的重要原因之一。

③ Internet 是一个用户自己的网络。从网络管理角度看，Internet 是一个不受政府或某个组织管理和控制的、包括成千上万相互协作的组织和网络的集合。因此，网上的许

多服务和功能多由用户自己进行开发、经营和管理。例如，著名的 WWW 软件是由瑞士日内瓦的欧洲核子物理实验室开发出来交给公众使用的。

④ Internet 是一个集各种信息资源于一体的超级资源网。凡加入 Internet 的用户，都自愿地承担对网络的管理和支付费用，并可以通过各种工具访问所有信息资源，查询各种信息库、数据库，获取自己需要的各种信息资料。

4.2.2 IP 地址与域名

1. IP 地址

Internet 上的每一台计算机都必须指定一个唯一的网络地址，以便网上其他的计算机可以找到它，该地址通常称为 IP 地址。IP 地址由网络地址和主机地址两部分组成，前者用来在 Internet 中标识一个网络，后者用来标识这个网络的某一台主机。

IP 地址采用 4 个字节对应的 32 位二进制数表示，被划分为 4 组，每组 8 位(一个字节)，每组的十进制数取值范围为 0～255，组间用圆点“.”隔开。例如，某台主机的 IP 地址为 202.112.92.33，这种地址格式被称为点分十进制地址。IP 地址分为 A、B、C 三类。

A 类地址：第一个字节的取值范围为 1～126，代表网络号。后三个字节标识主机号。

B 类地址：它是为大型商业和组织的网络设计的。在 B 类地址中，前两个字节用于标识网络号，其中第一个字节取值范围为 128～191，第二个字节取值范围为 1～254。因此，B 类网络号在 128.1～191.254 之间。B 类网络可以支持 65332 台主机，因此 B 类地址可以分配给规模较大的网络，如广域网。

C 类地址：使用前三个字节来标识网络号，地址范围为 192.1.1～233.254.254。在 C 类网络中，一个网络最多可有 254 台主机，但可以给一个组织分配多个网络号。我国大部分企业使用的都是 C 类地址。

当前使用的 IP 协议为“IPv4”(该协议是 1978 年确立的，由 4 段 8 位二进制数字构成，故其版本号为 4)，但随着网络用户的不断增加，这一 IP 地址系统已经不能满足使用要求了。为此，Internet 管理机构推出了协议新版本，称为 IPv6，即新一代的 IP 地址将占用 16 个字节。

2. 域名

用字符地址表示 Internet 上的网络和主机名字的系统称为 Internet 的域名系统。在 Internet 上有许多专用的域名服务器(Domain Name Server，DNS)，它们能够自动完成 IP 地址与其域名地址之间的相互转换。因此，当用户访问网上某台计算机时，既可以使用其 IP 地址，也可以使用其域名。若使用域名，则域名服务器会自动地将该域名转换成对应的 IP 地址，找到对应的主机。

域名的一般格式如下。

主机名.单位网络名.组织机构代码.国家或地区代码

国家或地区代码是第一级域名，代表主机所在的国家或地区，由 Internet 国际特别委员会制定。例如，cn 代表中国，jp 代表日本，uk 代表英国，ru 代表俄罗斯，us 代表美国等。由于美国是 Internet 的发源地，所以美国的主机域名中的国家代码常被省略。

组织机构代码是第二级域名，反映主机所在单位的网络性质，常见的代码有：

- com——商业组织；
- net——网络服务机构；
- edu——教育机构；
- org——非营利性机构；
- gov——政府机构；
- int——国际组织；
- mil——军事部门；
- web——与 WWW 相关的实体。

单位网络名表示主机所在单位，在申请注册时确定。例如，pku 表示北京大学，tsinghua 表示清华大学。

主机名是第四级域名，该域名下还可以有下一级子域名。例如，www.cernet.edu.cn 表示一个位于中国的主机域名。

关于域名应注意以下几点。

- 域名在整个 Internet 中必须唯一；
- 大写字母和小写字母在域名中没有区别；
- 一台计算机可以有多个域名(用于不同目的)，但只能有一个 IP 地址。

3. Internet 的接入方式

(1) 公用电话交换网——PSTN

公用电话交换网(Published Switched Telephone Network，PSTN)技术是利用 PSTN 通过调制解调器拨号实现用户接入的方式。它使用广泛，目前最高速率是 56Kbps。这种速率远远不能满足宽带多媒体信息的传输需求，但由于电话网非常普及，用户终端设备 Modem 很便宜，而且不用申请就可开户，只要家里有计算机，把电话线接入 Modem 就可以直接上网。因此，PSTN 拨号接入方式比较经济，至今仍是网络接入的主要手段。但随着宽带的发展和普及，这种接入方式将被淘汰。

(2) 综合业务数字网——ISDN

综合业务数字网(Integrated Service Digital Network，ISDN)俗称“一线通”，它是在现有电话网上开发的一种集语音、数据和图像通信于一体的综合业务形式。

根据所支持的带宽的不同，可将 ISDN 分为窄带 ISDN(N-ISDN)与宽带 ISDN(B-ISDN)两种。

窄带 ISDN(N-ISDN)：通过改造电话线路而得，国际电报电话咨询委员会 CCITT 为 N-ISDN 定义了两种标准接口。一是基本速率接口 BRI(2B+D)，即 2 个基本数字信道(B 信道)、1 个控制数字信道(D 信道)。B 信道用于传输语音、数据等，D 信道用于传输指令，提供从 56Kbps 到 2Mbps 的低速服务，干扰小，速率固定，不易掉线，使用成本低于租用专线。二是基群速率接口 PRI(30B+D)，由 n 个 B 信道和 1 个 D 信道(即 nB+D)组成，其中，北美和日本的 n 是 23，欧洲和中国的 n 是 30。一般用于传输大量数据的应用。

宽带 ISDN（B-ISDN）：可提供 2～600Mbps 的高速连接，并且用光纤代替现有的金属线和通信电缆作为用户线，传输质量和效率高。

目前，与 N-ISDN 有关的标准日趋完善，技术成熟，是 ISDN 的主要应用领域。国内推出的“一线通”业务即是基于 N-ISDN 的服务。而与 B-ISDN 有关的标准和技术正在进一步完善中，是未来的发展方向。

（3）非对称数字用户线路——ADSL

非对称数字用户线路（Asymmetrical Digital Subscriber Line，ADSL）是一种能够通过普通电话线提供宽带数据业务的技术，也是目前极具发展前景的一种接入技术。ADSL 素有“网络快车”之称，因其下行速率高、频带宽、性能优、安装方便、无须缴纳电话费等特点而深受广大用户的喜爱，成为继 Modem、ISDN 之后的又一种全新的高效接入方式。

ADSL 方案的最大特点是不需要改造信号传输线路，完全可以利用普通铜质电话线作为传输介质，配上专用的 Modem 即可实现数据高速传输。ADSL 支持上行速率 640Kbps～1Mbps，下行速率 1～8Mbps，其有效的传输距离在 3～5km 范围以内。在 ADSL 接入方案中，每个用户都有单独的一条线路与 ADSL 局端相连，它的结构可以看作星型结构，数据传输带宽是由每一个用户独享的，真正做到了上网、打电话两不误。

（4）使用 DDN 专线入网

DDN（Digital Data Network，数字数据网）是随着数据通信业务发展而迅速发展起来的一种新型网络。DDN 的主干网传输媒介有光纤、数字微波、卫星信道等，用户端多使用普通电缆和双绞线。DDN 将数字通信技术、计算机技术、光纤通信技术及数字交叉连接技术有机地结合在一起，提供了高速度、高质量的通信环境，可以向用户提供点对点、点对多点透明传输的数据专线出租电路，为用户传输数据、图像、声音等信息。这种方式适合对带宽要求比较高的应用，如企业网站。其特点是速率比较高，范围为 64Kbps～2Mbps。但是，由于整个链路被企业独占，费用很高，因此中小企业较少选择。

这种线路优点很多，如有固定的 IP 地址、可靠的运行线路、永久的连接等，但性价比太低，除非用户资金充足，否则不推荐使用这种方法。

（5）Cable Modem 接入

Cable Modem（线缆调制解调器）是近几年开始试用的一种超高速 Modem，它利用现成的有线电视（CATV）网进行数据传输，是比较成熟的一种技术。随着有线电视网的发展壮大和人们生活质量的不断提高，通过 Cable Modem 利用有线电视网访问 Internet 已成为越来越受业界关注的一种高速接入方式。

由于有线电视网采用的是模拟传输协议，因此网络需要用一个 Modem 来协助完成数字数据的转化。Cable Modem 与以往的 Modem 在原理上都是将数据进行调制后在 Cable（电缆）的一个频率范围内传输，接收时进行解调，传输机理与普通 Modem 相同，不同之处在于它是通过有线电视 CATV 的某个传输频带进行调制解调的。

目前，我国有线电视网遍布全国，很多城市提供 Cable Modem 接入 Internet 方式，速率可以达到 10Mbps 以上。但是 Cable Modem 的工作方式是共享带宽的，所以有可能在某个时间段出现速率下降的情况。

（6）无线接入

随着便携机、移动电话的日益普及，对无线接入技术的需求量逐渐增加。同时，它也是有线接入技术的必要补充。

由于铺设光纤的费用很高，对于需要宽带接入的用户，一些城市提供无线接入。用户通过高频天线和 ISP 连接，距离在 10km 左右，带宽为 2～11Mbps，费用低廉，但是受地形和距离的限制，适合城市里距离 ISP 不远的用户，性价比很高。

(7) 光纤接入

在现有的有线传输介质中，光纤是最理想的。在有线接入方式中，不管用户端采用何种方式，网络的骨干部分大多使用光纤介质。

目前，在一些城市开始兴建高速城域网，主干网速率可达几十 Gbps，并且推广宽带接入。光纤可以铺设到用户的路边或者大楼，可以以 100Mbps 以上的速率接入，适合于大型企业。

(8) 卫星接入

目前，国内一些 Internet 服务提供商开展了卫星接入 Internet 的业务，适合偏远地区且需要较高带宽的用户。卫星用户一般需要安装一个甚小口径终端(VSAT)，包括天线和其他接收设备，下行数据的传输速率一般为 1Mbps 左右，上行通过 PSTN 或者 ISDN 接入 ISP。终端设备和通信费用都较低。

4.2.3 Internet 提供的服务

1. 电子邮件(E-mail)

电子邮件是一种利用计算机网络交换电子媒体信件的通信方式，通常采用 SMTP 协议或 POP3 协议。使用电子邮件的首要条件是拥有一个电子邮箱，即拥有一个电子邮件地址。格式为：用户名@主机名，主机名指的是邮件服务器的域名，如 lihua@163.net.cn。现在的电子邮件不仅能传送文字，还可以传送图像、声音等多媒体信息。

2. 远程登录(Telnet)

远程登录是在网络通信协议 Telnet 的支持下，用户的计算机通过 Internet 暂时成为远程计算机上的一个仿真终端的过程。要想远程登录，就应先在用户计算机上启动一个应用程序——Telnet，它是普通的分时计算机系统上登录机制的一种扩展。

在远程计算机上登录，必须事先成为该计算机系统的合法用户，并拥有相应的账号和口令。登录时，要给出远程计算机的域名或 IP 地址，并按照系统提示输入用户名及口令。一旦用户远程登录成功，用户的计算机就可以像一台与对方主机直接相连的终端一样进行工作，使用该主机系统对外开放的功能和资源。

3. 文件传输(FTP)

文件传输是指 Internet 上的两台计算机在文件传输协议 FTP 支持下相互之间传输文件的过程。FTP 实质上是一种实时的联机服务，使用户能够登录到 Internet 一台远程计算机(通常为 FTP 服务器)上，搜索自己需要的文件或程序，然后传回自己的计算机磁盘中，在本地使用。也可以把本地计算机上的文件传送到远程计算机系统上去。FTP 几乎可以传送任何类型的文件，如文本文件、二进制文件、图像文件、声音文件及压缩文件等。现在在 Internet 上有许多 FTP 服务器，其上有大量的软件和文档可供下载。

FTP 与 Telnet 有相似之处，也有差别。FTP 允许在远程主机上登录后下载存储在该主机上的数据到本地的计算机上，而 Telnet 则允许在远程主机上登录并直接使用该主机的资源。

一般在利用 FTP 传送文件时，用户应事先在远程计算机系统上注册，拥有自己的账户。不过，现在有许多 FTP 服务器允许用户以“anoaymous”为用户名和以电子邮件的地址为口令进行连接。这种 FTP 服务器为未注册的用户提供特定的子目录，其中的内容对访问者完全开放。

4．网络新闻组(Usenet)

网络新闻组是由 Internet 上的 NNTP 网络新闻服务器，向世界范围内的广大用户提供的针对各种专题互相讨论和交流的一种服务。网络新闻组采用网络新闻传送协议(Network New Transfer Protocol，NNTP)。

为了方便不同爱好和需求的用户，NNTP 网络新闻组服务器严格按专题对新闻组进行多级分类，每个组只针对一个主题开展讨论。目前，Internet 上已有上万个涉及各种专题的新闻组，并且这些新闻组的数量还在不断增加。

Usenet 建立了一套命名规则，以便人们方便地找到自己感兴趣的专题讨论小组。该命名规则的第一部分(名称中最左边的部分)确定专题小组所属的大类，称为顶级类别。以下是一些重要的顶级类别。

biz 商业类	sci 科学类
comp 计算机类	soc 社会文化类
news 网络类	talk 辩论类
rec 娱乐类	misc 杂类
usenet 本身	alt 可供选择的类

名称的第二部分表示顶级类别中的不同主题，例如，sci.biolgy 表示在科学大类中的生物学(biolgy)主题。通常情况下，主题之下还进一步细分出特定的领域，这就构成了专题小组名称的第三部分，例如，rec.autos.driving 就是在娱乐(rec)中汽车主题下关于驾驶(driving)的专题小组。在有些名称中，还有第四部分进一步说明专题小组的内容。

5．电子公告牌系统(BBS)

电子公告牌系统(Bulletin Board System，BBS)是 Internet 上某些站点所提供的公共信息栏。用户登录到某个站点的 BBS 后，可以阅读公告牌上的信息，也可以向公告牌发布信息。通过 BBS，不同用户之间可以就共同感兴趣的问题进行讨论，发表个人对某件事的看法，还可以发表自己的研究心得与他人共享，也可以在这里寻求他人的帮助等。

BBS 服务器提供的主要服务有登记注册、电子邮件、文件传输、公告信息、专题讨论、闲谈聊天、游戏娱乐等，BBS 一般要有专人负责管理。

与 Usenet 相比，由于不同站点的 BBS 是相对独立的，因而它们在管理技术上比较简单，这也是国内 BBS 迅速发展的主要原因。目前许多高校都有自己的 BBS 站点，例如，清华大学水木清华 BBS 站点，其 IP 地址为 202.112.58.200，域名为 bbs.tsinghua.edu.cn。

4.2.4 WWW 与网页基础

1. WWW 体系结构

WWW（World Wide Web）简称 3W 或 Web，中文常译为“万维网”或“环球网”。WWW 不是传统意义上的物理网络，而是在超文本和超媒体基础上形成的信息网络。WWW 是以 Internet 为依托，以超文本标记语言 HTML 和超文本传输协议 HTTP 为基础，采用超文本和超媒体的信息组织方式，向用户提供统一访问界面的信息浏览系统。网站的应用在结构上采用了 B/S（浏览器/服务器）模式。客户机使用网站的过程，实际上就是客户机发出请求，从服务器上获得相关 HTML 文档并进行通信的过程。HTML 需要通过浏览器进行转换，之后才能把文字、图像等多媒体信息展示在用户面前。所以，在客户机上需要安装浏览器。图 4-6 所示是基于网站的应用系统的基本结构图。

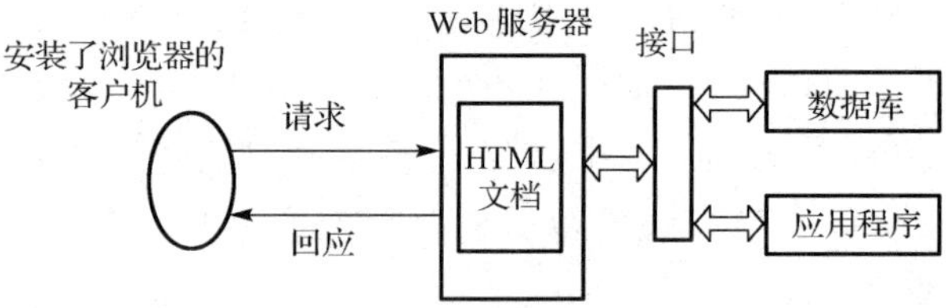

图 4-6　基于网站的应用系统的基本结构图

在 WWW 中，通过客户机上的浏览器来访问服务器上的网站时，其过程可以细分为六个步骤：①浏览器通过 URL 中的服务器地址，与服务器联系；②浏览器将 URL 的其余部分发送给服务器；③服务器将 URL 转换为路径和文件名；④服务器将 HTML 文档发送给浏览器；⑤服务器断开连接；⑥浏览器显示文档。

当有新的请求发送给浏览器时，服务器又会重复上面的步骤。在这种通信进程中，浏览器每次发出请求，都能从服务器上获得一个 HTML 文档。该 HTML 文档在浏览器中表现出来实际上就是一个网页。如果该 HTML 文档中的内容是静止不变的，则将其称为静态网页。由于 HTML 语言中的标识局限于对文字、表格、图像等的描述，因此静态网页适合文字、表格、图像等内容的表现。值得注意的是，静态网页并不是说网页中不能有活动的内容，比如，静态网页通过浏览器展现出来时，其中也可以有活动文字、动画图片等。静态网页的实质是指其在服务器中的文档的内容是静止不变的。

显然，静态网页构成的网站不能满足用户对互联网的要求。比如，当用户通过浏览器发出请求，使用服务器上的应用程序或数据库时，静态网页就显得无能为力了。目前，人们解决这一问题的方式是设计一个接口程序（见图 4-6），它能接收浏览器发送过来的信息，然后使用后台的应用程序和数据库，再把结果转换为 HTML 代码，并嵌入服务器上的 HTML 文档中，最后服务器把嵌入了应用程序或数据库动态运行结果的 HTML 文档传送给浏览器。与静态网页相比，这种 HTML 文档的内容是动态变化的，故称为动态网页。

结合图 4-6 所示的结构，可以看到，网站的开发技术包括了网页的设计、接口程序的设计、后台应用程序和后台数据库的设计，以及管理服务器上所有硬件资源和软件资源的服务器管理程序的设计等。

下面将主要介绍网页的设计技术。因为网页分为静态网页和动态网页，所以网页的设计也分为静态网页的设计和动态网页的设计。而动态网页的设计实际上包括了接口程序的设计。

2．静态网页设计及 HTML

静态网页的设计目前有三种方法。第一种方法是直接使用 HTML 语言来编写源文件。由于不是“所见即所得”地编写源代码，因此该方法显得很繁杂。第二种方法是使用可视化的网页编写工具软件，这些工具软件实现了 HTML 文档编写的“所见即所得”，使用起来十分方便。目前，FrontPage 和 Dreamweaver 是这类网页编写工具软件的典型代表。第三种方法是综合使用第一种和第二种方法。直接用 HTML 语言来编写网页比较繁杂，而只使用可视化的工具软件，在编写网页上的某些内容时又显得不够灵活，甚至不能实现。因此，现在人们在设计网页时，更多地会综合使用这两种方法，即网页上的大部分内容用工具软件来编写，一些内容则用 HTML 来直接编写。

网页是给人们看的，好的网页应该能给人以美的感觉。因此，网页的设计既是技术工作，也是美术设计。图片和色彩的合理应用，能给网页增色许多。在目前的网页设计中，图像处理软件 Photoshop 和动画制作软件 Flash 是常用的工具软件。

由于网页中的信息最终是由 HTML 来描述的，因此下面重点介绍一下 HTML 语言。

HTML(超文本标记语言)是英文 Hyper Text Markup Language 的缩写，它是专门用来编写网页的计算机语言。用 HTML 编写的超文本文档能独立于各种操作系统平台(如 UNIX、Windows 等)而运行。作为一种标记语言，HTML 最大的特点就是用标记来对文字、图表等信息进行描述。所谓标记，就是采用一系列的指令符号来控制输出的效果，这些指令符号用<标签名字　属性>来表示，< >把标记和被标记描述的内容区别开来。HTML 标记往往是成对出现的，后面的标记用</标签名字>来表示。HTML 中大约有 100 个标记，如<html>标记、<head>标记、<title>标记和<body>标记等。学习 HTML 的主要内容，就是学习 HTML 标记的使用。

HTML 的源文件是纯文本文件，可以使用任意一种文本编辑器来编辑，如 Windows 操作系统中自带的记事本。但要注意，在使用记事本编辑 HTML 源文件时，要将文本保存为超文本格式，也就是文件的扩展名要为 htm 或 html。HTML 中的标记可以不区分大小写。

超文本文档分为文档头和文档体两部分。文档头对文档进行一些必要的说明，如文档的标题、文档的文字编码方式等；文档体中则是网页要显示的各种信息，是文档的主体。下面给出一个简单的 HTML 实例。

```
<html>
<head>
<title>电子商务概论</title>
</head>
<body>
```

```
<font size=5 color=red face=黑体>
电子商务概论
</font>
<a href="http: //www.microsoft.com" >
<p>微软公司网站</p>
</a>
<p>
<img src="picture/p1.jpg"
alt=" 这是我的图片"
width=60
height=50>
</body>
</html>
```

在浏览器中 HTML 的显示效果如图 4-7 所示。

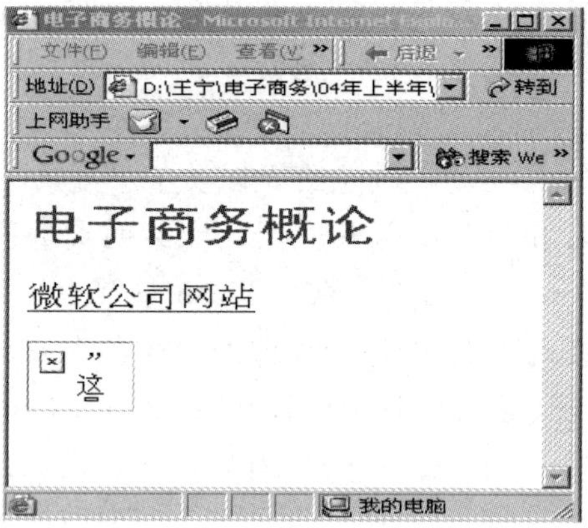

图 4-7　HTML 的显示效果

3．脚本语言

HTML 提供了较完善的设计页面的功能，但 HTML 文档由服务器传送到客户端的计算机上后，其内容就固定不变了，这样就无法利用客户端计算机的计算能力，因此也就无法在客户端处理与用户的交互。例如，在电子商务网站中，经常要求客户通过填写表单来向服务器发送购买商品的名称、数量等重要商业信息，但客户常有忘记填写或填写格式不正确的情况出现。如何在客户端及时地发现这些错误呢？这可以通过在 HTML 文档中嵌入脚本程序的方法来实现。

所谓脚本程序，是指由脚本语言编写的程序。脚本语言是介于 Java、C++ 和 Visual Basic 之类的编程语言之间的语言。编程语言通常用于向计算机发送复杂的指令；脚本语言也可用来向计算机发送指令，但脚本语言的语法没有可编译的编程语言那样严格和复杂。脚本语言主要用于格式化文本和使用已编译好的用编程语言编写的组件。

目前可以在 HTML 源文件中直接嵌入使用的脚本语言主要有 Netscape 公司的 JavaScript 和微软公司的 VBScript 两种。它们都可以不经过编译而直接在客户端运行，但前提是客户端计算机上安装的浏览器要支持该脚本语言。下面重点介绍 JavaScript。

JavaScript 的前身叫 LiveScript。自从 Sun 公司推出著名的 Java 语言之后，Netscape 公司就引进了 Sun 公司有关 Java 的程序设计概念，将自己原有的 LiveScript 重新进行设计，并更名为 JavaScript。之所以取名为 JavaScript，原因就在于作为一种嵌入 HTML 文档的、基于对象的脚本设计语言，JavaScript 其中很大一部分的语法同 Java 语言非常相似。而且，JavaScript 的设计可以使它很容易地同 Java 语言一同工作，它可以充分支持 Java 的 applet 小应用程序，Java 的 applet 小应用程序也可以很方便地访问已有的 JavaScript 代码。所以，也可以将 JavaScript 看作 Java 语言的某种简化版本。

JavaScript 是一种基于对象(Object)和事件驱动(Event Driven)并具有安全性能的脚本语言。JavaScript 主要用于 Web 页面中，而 Java 是一种完整的、独立的编程语言，它既可以在 Web 中应用，也可以用于与 Web 无关的情况。JavaScript 编写的程序可以直接嵌入 HTML 源代码中，并通过客户端的浏览器来解释执行。这样，一些基本交互的实现就不用传到服务器端进行了，从而提高了客户端的效率。

下面是一个用 JavaScript 编写的脚本程序，被浏览器调用后，其运行结果是根据客户端计算机的系统时间显示不同的问候语。

```
<script language="JavaScript">
<!--
var mess1="";
var mess2= "欢迎光临我的个人主页！"
document.write("<center><font color='#FF0000' size=3><i><b>")
day = new Date()
hr = day.getHours()
if ((hr >= 0 ) && (hr <= 4 ))
    mess1= "晚上好，深夜了，注意身体 "
if ((hr >= 4 ) && (hr < 7))
    mess1="清晨好，起得真早：)"
if ((hr >= 7 ) && (hr < 12))
    mess1=" 早上好 "
if ((hr >= 12) && (hr <= 17))
    mess1= "下午好"
if ((hr >= 17) && (hr <= 23))
    mess1= "晚上好 "
document.write("<blink>")
document.write(mess1)
document.write("</blink>")
document.write(mess2)
document.write("</b></i></font></center>")
//---></script>
```

目前，JavaScript 在各种网站的网页设计中被广泛使用，这可以通过查看网页的源代码来看到。由于脚本语言的使用在客户端实现了与客户的交互，因此这种设计技术又被称为客户端的动态网页设计技术。

4. 动态网页设计技术

这里所说的动态网页是指服务器端的动态网页。如前文所述，是指服务器上的 HTML 文档通过接口程序与应用程序和数据库实现交互，从而使客户通过浏览器和服务器端的应用程序和数据库之间实现信息的交互。这是一种非常重要的功能，例如在电子商务中，用户可以通过该功能来实现在客户端的浏览器中搜寻某公司提供的商品。

动态网页设计技术发展很快，较先出现的是 CGI，目前 ASP、JSP、PHP 等都在被广泛地使用。

CGI（Common Gateway Interface）被译为通用网管接口，实际上是运行在服务器端的一个可执行程序。其作用就是接收从客户端传送过来的请求信息，然后运行服务器端的应用程序或数据库，最后再把结果转换为 HTML 代码并传送到客户端。CGI 程序可以实时执行，动态地输出信息。为了保证安全，一般将 CGI 程序放置在由网络管理员直接控制的特殊目录中，这样可以阻止普通用户在服务器上创建 CGI 程序。CGI 可以由许多编程语言来设计，如 C/C++、Java、Delphi、Visual Basic、Perl 等，但必须遵守一定的规则。CGI 由于设计复杂、移植性差、功能有限等原因，现在已经较少使用。

ASP（Active Server Pages）程序可以说是 CGI 的改进版，它与 CGI 程序一样是在服务器端被执行的。ASP 由微软公司推出，实际上是一种在服务器端开发脚本语言的环境。利用它可以开发动态、交互、高性能的 Web 服务器端的应用。ASP 中可以使用 ActiveX 对象。除了 ASP 本身提供的对象外，凡是在 Windows 下的 ActiveX 对象也都是 ASP 网页制作中可以引用的资源。因此，ASP 能够使用 ADO（ActiveX Data Objects）来存取数据库。

使用 ASP 编写的网页的源代码实际上包括两部分，一部分是标准的 HTML 代码，另一部分是嵌在 HTML 代码中的 ASP 代码，并由<%～%>将其和 HTML 代码隔开。下面是一个 ASP 的简单例子。ASP 编写的源文件以扩展名 asp 的形式保存在服务器的相关目录中。

```
<html>
<head>
<title>example1</title>
</head>
<body>
您叫：<%=Request.Querystring("name")%><p>
您是：<%=Request.Querystring("sex")%>
</body>
</html>
```

在本例中，如果在浏览器的地址栏中输入形如“……/*.asp?name=John&sex=Mr.”的 asp 网页地址和相关信息，那么在浏览器中将显示如下信息：

您叫：John

您是：Mr.

也就是说，客户在浏览器中输入的信息被发送到服务器端，然后经过 ASP 解释程序的解释后，转换为 HTML 格式，又传到客户端。

JSP（JavaServer Pages）是由 Sun Microsystems 公司倡导、许多公司参与一起建立的一种动态网页技术标准。与 ASP 一样，采用 JSP 编写的网页的源代码也是在 HTML 代码中嵌入 JSP 部分，包括 Java 程序片段（Scriptlet）和 JSP 标记（tag）。JSP 网页的扩展名为 jsp。Web 服务器在接收到 JSP 网页的请求时，首先执行其中的程序片段，然后将执行结果以

HTML格式返回给客户。程序片段可以操作数据库、重新定向网页及发送E-mail等。ASP只能用于Windows平台，而JSP可以用于各种平台。此外，与ASP和PHP(Hypertext Preprocessor，超文本预处理语言)不一样，JSP不是解释执行的。JSP通过一个JSP Servlet(服务器小程序)读取编译成为Java源文件，再用javac编译成class文件来执行。

与ASP类似，PHP编写的也是在服务器端执行的程序，并且可以嵌入HTML文档中。PHP的语言风格类似于C语言，其语法混合了C、Java、Perl及PHP自创的语法。PHP与众不同之处是开放源代码，所有的PHP源代码事实上都可以免费得到。PHP是跨平台的，可以运行在UNIX、Linux、Windows之下。

5. XML简介

随着Internet的发展，基于Web的应用越来越广泛和复杂，人们逐渐觉得HTML不够用了。比如，HTML不具备扩展性，不允许用户自己定义标志和属性，这使用户的应用受到了限制。再如，HTML中对数据内容的描述与其显示方式是整合在一起的，缺乏对数据结构的描述，这样就很难将同样的数据内容以不同的风格显示出来，也很难从网页上直接抽取数据信息。尽管HTML推出了一个又一个新版本，但受其自身语法的限制，始终满足不了不断增长的Web应用的需求。

另一方面，近年来计算机技术发展迅速，目前在PC上使用的浏览器已经比当初HTML刚出现时复杂得多，能够使用更复杂的功能，因此，开发一种新的网页编写语言是必要的，也是可能的。

在这样一种背景下，XML(Extensible Markup Language)应运而生。与HTML一样，XML也是一种标记语言，属于标准通用标记语言SGML(Standard Generalized Markup Language)的子集。

SGML是一个国际性的标准语言，用来描述和定义结构化的电子文档，早在1980年就已经制定。SGML包含了一系列的文档类型定义DTD(Document Type Definition)。DTD中定义了标记的含义，因此SGML的语法是可以扩展的。SGML过于复杂和详细，既不容易学，也不容易在计算机上实现。鉴于这些因素，欧洲核子物理研究中心的研究人员在发明Web这种新型的信息结构时，根据当时(1989年)计算机技术的能力，提出了HTML。HTML只使用了SGML中很小一部分标记，如HTML 3.2定义了70种标记。为了便于在计算机上实现，HTML规定的标记是固定的，即HTML语法是不可扩展的，它不包含DTD。

HTML的简单性使其既好学，又便于在计算机上实现，从而很快在互联网上得到了广泛应用，推动了互联网技术的发展。以HTML编写的Web页面，使全球千千万万的普通用户了解到了互联网的巨大魅力。可以说，正是HTML的简单性，为Web应用的推广普及打下了基础。但是，这种简单性也限制了其进一步的发展。

在感觉到HTML不够用后，有人曾经提出直接使用SGML作为Web网页的编写语言。这固然能解决HTML遇到的困难，但是SGML太庞大了，其复杂性显然不利于Web技术的广泛应用。于是，人们自然想到仅仅使用SGML的子集，使新的语言既能解决HTML所遇到的问题，又不太难。在这种情况下，Web标准化组织W3C建议使用一种精简的 SGML 版本——XML。

XML 将 SGML 的丰富功能与 HTML 的易用性结合到了 Web 应用中，以一种开放的自我描述方式定义数据结构，在描述数据内容的同时能突出对数据结构的描述，从而体现数据之间的关系。这样所组织的数据对于应用程序和用户都是友好的、可操作的，这是 HTML 无法较好解决的问题。

与 HTML 相比，XML 的一个重要优势是它支持用户根据自己的需要定义标记，并且这些标记可以迅速地投入使用，这就使得 XML 在描述信息时更加灵活和实用。比如，在电子商务网站网页的设计中，设计者可以定义<用户>、<价格>等特殊标记。

XML 的另一重要优势在于它的数据存储格式不受显示格式的制约。一般来说，一篇文档包括三个要素：数据、结构及显示方式。对于 HTML 来说，显示方式内嵌在数据中，这样在创建文本时，要时时考虑输出格式，如果因为需求不同而需要对同样的内容进行不同风格的显示，则要从头创建一个全新的文档，重复工作量很大。此外，HTML 缺乏对数据结构的描述，对于应用程序理解文档内容、抽取语义信息都有诸多不便。

XML 的灵活性和对数据的处理特性决定了其在基于 Web 的商务活动中具有辉煌的应用前景。

(1)商务信息的自动化处理

XML 的丰富标记完全可以描述不同类型的单据，如信用证、保险单、索赔单及各种发票等。结构化的 XML 文档发送至 Web 的数据可以被加密，并且很容易附加上数字签名。因此，XML 有望推动基于互联网的 EDI 技术得到大规模应用。

(2)信息发布

信息发布在企业的商业活动中起着重要作用。服务器只需发出一份 XML 文件，客户就可以根据自己的需求选择和制作不同的应用程序以处理数据。加上可扩展格式语言 XSL(Extensible Style Language)的帮助，使广泛的、通用的分布式计算成为可能，因为 XSL 可以将 XML 数据翻译为 HTML 或其他格式的语言。

(3)智能化的 Web 应用程序和数据集成

XML 能够更准确地表达信息的真实内容，其严格的语法降低了应用程序的负担，也使智能工具的开发更为便捷。来自不同应用程序的数据也能够转化到 XML 这个统一的框架中，进行交互、转化和进一步的加工。

XML 众多的优点意味着它是网页设计语言的发展方向。但需要指出的是，XML 并不是用来取代 HTML 的，而是用于补充 HTML 的不足，在较长的一段时间里，HTML 仍将被继续使用，一些新的技术标准则允许在文档中混合使用 HTML 和 XML。

4.3 网络互联技术

4.3.1 内联网

近年来，Internet 技术已经发展成为以 TCP/IP 和 WWW 技术为核心的信息技术。特别是 WWW 技术的发展和普及，使得 Internet 技术更加成熟和完善。在局域网内部，同一网络连接不同类型的计算机已成为许多机构必须面对并要着手解决的问题，只有解决了这一问题，才能使各个机构共享信息并保护自己已经拥有的投资。由于这些计算机可能是个人计算机、Macintosh 和运行 UNIX 操作系统的小型机或大型机，而且硬件的体系结构不同，操作系统也可能不一样，因此网络系统要处理复杂的硬件和软件，就导致了管理员的负担加重。为了解决这一问题，许多单位不得不指定使用统一的硬件和软件平台，以保证顺利地建立和管理网络。Internet 技术的出现和发展给这些问题的解决带来了新的希望和转机，将 Internet 技术和产品引入企业或机构内部网络，创造出一种全新的内部网络，即内联网(Intranet)。

内联网也叫企业内部网，是指利用互联网技术构建的一个企业、组织或部门内部的提供综合性服务的计算机网络。

内联网是基于 WWW 的专用网络，它在局域网中使用 Internet 应用软件。从技术角度讲，内联网和 Internet 没有太大的差别，只是访问内联网需要授权。一般来说，Intranet 是局限于企业或机构内部的 Internet，与 Internet 相比，Intranet 具有如下优点：在网络安全方面提供了更加有效的控制措施，克服了 Internet 安全保密方面的缺点；Intranet 为具体的企业或机构所有，对外界的开放是有限制的，可防止外来的入侵和破坏，适用于金融、保险、政府机构等对安全要求严格的单位；为了确保安全，有些 Intranet 同 Internet 在物理上是隔离的，有些则连入 Internet，但利用防火墙技术保护内部网络的安全。在确保安全的同时，Intranet 在企业或机构内部同样具有开放性和易操作性。

Intranet 作为用于企业内部信息建设的重要组成部分，它主要利用 Internet 上的服务方式为企业内部提供服务，主要有 WWW、电子邮件技术、BBS 和新闻组、FTP 和 Gopher 等。

Intranet 主要应用于领导决策的多媒体查询；远程办公；无纸公文传输；公告、通知发布；专题讨论；人事管理或人力资源管理；财务与计划；企业动态与企业刊物；形象宣传与联机服务等。

4.3.2 外联网

如果一个公共网络连接了两个或两个以上的贸易伙伴，则一般被称为企业的外联网(Extranet)，它是内联网的一种延伸。

外联网给企业带来的好处有：提高了生产效率，信息可以以各种形式体现，降低了生产费用，实现了跨地区的各种项目合作，可为客户提供多种及时有效的服务。

外联网有以下几种实现方式。

(1) 公共网络

如果一个组织允许公众通过任何公共网络(如互联网)访问该组织的内部网，或两个及更多的企业同意用公共网络把它们的内部网连在一起，这就形成了公共网络外部网。

(2) 专用网络

专用网络是两个企业间的专线连接，这种连接是两个企业的内部网之间的物理连接。

(3) 虚拟专用网络(VPN)

VPN 是一种特殊的网络，它采用一种叫作“IP 通道”或“数据封装”的系统，用公共网络及其协议向贸易伙伴、顾客、供应商和雇员发送敏感的数据。

4.3.3 互联网、内联网、外联网三者的区别

互联网实际包括三种互联的形式：内联网(Intranet)、外联网(Extranet)和国际互联网(Internet)。从纯技术角度来讲，这三种类型的网络都建立在同样的基础设施上，但是它们的应用是很不相同的。

内联网(Intranet)用于公司内部的信息交换，库存信息、财务信息、销售信息、人事信息等都可以通过内联网从一个部门传送到另一个部门，从而减少了很多纸上作业，也缩短了信息周转周期，大大提高了公司内部的工作效率。而且，欧美的很多企业都以内联网作为发展电子商务的第一步。

外联网(Extranet)由一些经营范围相关的公司组织在一起，共同分享彼此的产品、价格、库存等信息，同时也进行着买和卖的交易，这种形式是人们常说的B2B的一种。由于网络的作用，降低了经济学中所称的“搜寻成本”(Search Cost)，从而达到提高效率的目的。

与内联网和外联网对等的国际互联网(Internet)则是一个开放的系统，通常实现一对多的交换，如现在的网上售货。

互联网、内联网、外联网三者的区别如下。

① 在操作权限上，互联网提供的服务基本上对用户没有权限控制或很少控制，而内联网对权限的控制是很严格的。

② 在内容上，互联网提供信息的页面以静态为主，而内联网提供的信息内容大部分与数据库有关，即内联网提供的信息内容是动态的，随着底层数据库的变化而变化。

③ 在服务对象方面，互联网服务的对象是全世界用户，而内联网服务的对象是企业员工。

④ 在联结方式上，互联网强调各个组织网站之间的联结，无交易的企业、消费者都是它的业务范围；外联网强调各个企业间的联结，业务范围包括交易伙伴、合作对象、相关公司、销售商店及主要客户；内联网强调企业内部各部门的联结，业务范围仅限于企业内。

4.4 电子商务网站建设

网站是指一个企业或机构在互联网上建立的站点，其目的是宣传企业形象、发布产品信息、提供商业服务等。电子商务网站是企业从事电子商务活动的基本平台，通过Internet浏览器访问有关的电子商务网站，进行信息交互，进而完成商务活动过程。对从事电子商务的企业来说，上网建站有利于树立企业形象，改进企业的业务流程，提高企业的管理水平，更好地为客户服务。网站建设已经成为衡量一个企业综合素质的重要标志。

电子商务网络体系结构一般都由数据库服务器、客户端或Web服务器等部件组成。随着采用技术的不同，业务的需求也不一样，一般来讲，建站过程主要分为以下步骤。

4.4.1 域名的申请、注册

注册域名是电子商务网站规划的第一步。域名是互联网上的一个企业或机构的名字，是企业的网络商标，因为国际域名具有全球唯一性，因此它的价值要高于企业传统的名

字或商标。从技术上讲，域名是 Internet 中用于解决地址对应问题的一种方法。一个企业如果想在互联网上出现，只有通过注册域名，才能在互联网里确立自己的一席之地。好的域名与企业形象相辅相成，相互辉映，域名的重要性和价值已经被全世界的企业所认识，现在每 30 秒就会有一个域名被注册成功。

由于国际互联网起源于美国，因此，通用的是英文域名。域名由若干个英文字母、数字、中横线组成，由“.”分隔成几部分。国际域名由 InterNIC 审批和维护。随着互联网的发展，许多国家纷纷采用自己国家文字的域名，因此在我国出现了中文域名，而且有繁体和简体两种。中国互联网络信息中心(CNNIC)是我国域名注册管理机构和域名根服务器运行机构。国内域名和国际域名在互联网的使用上是没有本质区别的。注册域名时用户向指定的域名注册服务机构提交域名申请表和有关证件等，由代理机构替用户进行域名注册工作即可。

4.4.2 选择主机

当然，光有域名还远远不够。就像注册了一个名字响亮的公司，但还无法立即开始业务，因为必须要有办公场地。与此类似，拥有了网上招牌之后，还必须要有网上的经营场地——服务器空间。

目前解决服务器空间的方式有三种：虚拟主机方式、主机托管方式和自建站点方式。

1. 虚拟主机方式

虚拟主机方式是指使用特殊的软硬件技术，把一台计算机主机分成若干台“虚拟”的主机，每一台虚拟主机都具有独立的域名和 IP 地址，有完整的 Internet 服务器功能。其优点为：一是无须购置机器，费用低廉；二是快捷方便，能使不同的部门拥有自己的域名及专属网站；三是有专业的技术支持，而且不需要租用专线，通过 FTP 方式，可以随时更新主页的内容。目前，一些大型网站为了吸引客户，扩大自身的影响力，往往会提供免费的网站空间服务。

虚拟主机提供商就是以向企业提供虚拟主机空间为主要业务的网络服务商，有人也将其称为“Internet 平台提供商”(Internet Presence Provider，IPP)。实际上，虚拟主机提供商向企业提供的服务不仅仅是虚拟主机，而且还包括域名注册、网页设计、网站推广，一直到电子商务的企业建网全流程服务。

各个虚拟主机提供商大多依据空间大小、服务器的性能、服务器的存放位置(中国或美国)、用户操作系统等把虚拟主机划分为不同的级别或类型。不同级别或类型的虚拟主机，其租用价格、硬件配置、网络速度、提供服务都不相同。一般虚拟主机提供商都能向用户提供 10MB、30MB、50MB、100MB 直到一台服务器的虚拟主机空间。用户可视网站的内容设置及其发展前景来选择。一页网页所占的磁盘空间为 20～50KB，10MB 可以放置 200 ～ 500 页。但如果用户对网站有特殊的要求，如图片较多、动画较多、需要文件下载或有数据库等，就需要多一些空间。所以，一般用户有 50～100MB 的虚拟主机空间就够了。图 4-8 所示为中国万网虚拟主机服务。

图 4-8　中国万网虚拟主机服务

2. 主机托管方式

主机托管是在具有与国际 Internet 实时相连的网络环境的公司放置一台服务器，或向其租用一台服务器，客户可以通过远程控制，将服务器配置成 WWW、E-mail、FTP 服务器。

拥有一个良好的企业站点是企业发展、展示自己的重要手段。如果企业想拥有自己独立的 Web 服务器，同时又不想花费更多的资金进行通信线路、网络环境、机房环境的投资，更不想投入人力进行 24 小时的网络维护，则可以尝试主机托管服务。主机托管的特点是投资有限、周期短、无线路拥塞之忧。

3. 自建站点方式

规模较大的企业，如 Yahoo、IBM 等，都有自己的信息部门。自建站点要求企业有专业技术人员和专门的设备，并拥有一定的财力的支持，通过企业自身的力量，按照电子商务站点的计划书，设计、开发、维护和推广站点。这种方法可以实现企业想要的方案，但是投资极大，技术要求也比较高。优点是企业可以建立独特和有竞争力的特征与功能。

从价格角度看，这三种方式的成本投入是依次增加的。虚拟主机最为经济，每月只需支付几百元的租用费，采取远程登录的方式就可以实现对站点的维护和更改，自己的网站就可以被访问，而且速度与浏览互联网中的其他网站没有区别。主机托管的价格介于虚拟主机和自建站点之间，一般月租金几千元，而自建站点的费用每个月要上万元。

4.4.3　Web 服务器的选择

服务器是在网络环境下提供网上客户机共享资源(包括查询、存储、计算等)的设备，具有性能较强、可靠性高、吞吐能力强、内存容量大、联网功能强、人机界面友好等特点，是当代网络计算机系统的主设备，也是电子商务网站建设的核心，在整个网站建设过程中起着极为重要的作用。

1. 服务器选择原则

市场上服务器产品种类繁多，档次高低不同，性能各有千秋，应用领域和应用范围也有差异。在选购网站服务器时，应选择适合实际需要的高效可靠的服务器。对于服务器的性能，通常可以根据以下几个指标来衡量。

(1) 综合性能

服务器的综合性能主要包括运行速度、内存容量、外存容量、存取速度、总线带宽、容错能力、扩展能力，以及稳定性、安全性、监测功能等。此外，还应关注网卡的自适应能力、相关部件的冗余设计和纠错能力。

(2) 可管理性

可管理性是指服务器的管理是否方便、快捷，界面是否友好，应用软件是否丰富等。在这方面，基于 Windows NT/2000 平台的 PC 服务器要优于 UNIX 服务器。

(3) 可用性

可用性指的是服务器在一段时间内可供用户正常使用的时间的百分比。服务器的故障率越低或维修故障的时间越短，其可用性也就越高。因此，提高可用性可从两方面考虑，即减少硬件平均故障时间和利用专用故障处理机制。专用故障处理机制可在出现故障时自动执行系统或部件的切换，从而避免或减少意外停机。

(4) 安全性

安全性是指不管服务器工作在什么环境中，都必须提供安全可靠的各种服务。电子商务网站服务器作为整个网络的核心，必须具有高度的安全性。服务器部件冗余是消除系统错误、保证系统安全和维护系统稳定的重要手段。冗余是衡量服务器安全性能的重要指标。

(5) 可扩展性

可扩展性是指服务器在遇到突发事件时的可扩展能力，是选择服务器的重要因素。由于网站内部工作站的增加或客户机数量的增加，或者因为网站访问量的日益增多，为了保证网站系统的安全稳定运行，就需要对服务器做相应的升级，这就必须考虑服务器的可扩展能力。通常可以在机架上为硬盘和电源的增加留有充分的空间；另外，主机的插槽不但要种类齐全，而且要有一定的余量。

(6) 可维护性

服务器硬件的可维护性与服务器的模块化设计的程度密切相关。如果服务器的电源、网卡、SCSI 卡、硬盘等部件都为模块化结构，且都具有热插拔功能，则可以在线维护，使系统停机的可能性大大减小。

2．网站服务器的分类

根据在网站中所起的作用和工作方式不同，网站中的服务器可以分为 WWW 服务器、数据库服务器、文件服务器、邮件服务器、打印服务器等。根据用作网站服务器的计算机的不同，可以将其分为两大类，即传统的采用 UNIX 操作系统的服务器和 PC 服务器。其中 UNIX 服务器又可分为大型机和小型机。从目前使用情况看，高端应用大多采用 UNIX 系统的小型计算机，而中、低端应用则大多采用 PC 服务器。

从性能角度考虑，UNIX 服务器占有极大优势，也成为高端系统的首选。在 SMP 技术、总线技术、I/O 性能等方面，UNIX 服务器要比 PC 服务器更先进一些，但其价格也不低。而随着 PC 技术突飞猛进的发展，PC 的性能大幅提高，而成本却只有前者的几分之一。在提高 CPU 速度的前提下，目前高档的 PC 服务器能配到 8GB 的内存容量、100MB 以上的系统总线，有些 PC 服务器还专门优化了系统的 I/O 性能，使之更适合于网站的发布。

4.4.4 系统软件的选择

1. 网络操作系统

网络操作系统是网站软件系统的核心，在网站建设过程中，选择网络操作系统是最关键的工作之一。网络操作系统将决定网站的整体性能，使用什么样的应用软件，采取什么样的解决方案。目前，能够胜任电子商务网站的操作系统主要有 UNIX 及类 UNIX、Microsoft 公司的 Windows NT 和 Novell 公司的 NetWare。不同的网络操作系统是建立在不同的网络体系基础之上的。例如，UNIX 网络操作系统是建立在 TCP/IP 网络体系之上的，而 NetWare 网络操作系统则以 Novell NetWare 为基础。

在选择网络操作系统时，应从以下几个方面加以考虑。

- 操作系统必须是成熟的，能提供一个高效、安全、可靠、灵活且基于开放标准的计算环境；
- 支持多种网络协议，首先必须支持事实上的工业标准 TCP/IP 协议集和 SNMP 协议；
- 支持国际通用的大型分布式网络数据库管理系统和多媒体数据库，如 Oracle、Informix、Sybase、DB/2 等；
- 支持所有的计算机开发语言和图形工具；
- 支持强大的网络管理功能；
- 支持现有的用户系统，与现有的各种用户环境相连接；
- 支持 Internet 互联网络技术和 Web 技术。

下面介绍几种常用的网络操作系统。

(1) UNIX 操作系统

UNIX 操作系统产生于 20 世纪 60 年代末 70 年代初，是一个面向多用户、多任务的操作系统，该操作系统具有以下特点。

① 安全性强，可靠性高。UNIX 操作系统在预防病毒入侵方面比其他任何操作系统都具有明显的优势。在用户权限、文件和目录权限、内存管理等方面都具有严格的规定，保证系统的安全可靠。此外，UNIX 操作系统在网络信息的保密性、数据安全备份等方面也有很好的保护措施。

② 结构简练，便于移植。UNIX 操作系统不仅可用于微机上，而且还可以运行于大、中、小型机上，并能在所有体系结构上运行。

③ 开放性。这是 UNIX 操作系统最重要的本质特性。UNIX 操作系统是开放系统的先驱和代表，它从一开始就为软件开发人员提供了丰富的开发工具，成为工程工作站的首选和主要的操作系统及开发环境。UNIX 操作系统提供了强大的数据库支持能力和良好的数据库系统开发环境，主要数据库厂商，包括 Oracle、Informix 和 Sybase 等，都把 UNIX 操作系统作为其数据库开发和运行平台。

④ 网络功能强大。Internet 的基础是 UNIX，Internet 中运行的 TCP/IP 协议也是随着

UNIX 的发展而不断发展和完善起来的。TCP/IP 是所有 UNIX 系统不可分割的组成部分。

⑤ 支持网络通信所需要的协议。UNIX 操作系统支持 NFS、DCE、IPX/SPX、SLIP 和 PPP 等网络通信协议，这使得 UNIX 操作系统能很方便地与现有的各种主机系统及各种广域网和局域网相连接。

UNIX 操作系统有多种不同的版本，主要有 SUN 公司的 Solaris、SCO 公司的 OpenServer 和 UNIX Ware、HP 公司的 HP-UX 及 IBM 公司的 AIX 等。用户可以依据产品特性调查的结果选择适合自己的版本。

(2) Linux 操作系统

1991 年，芬兰赫尔辛基大学的学生 Linus Torvalds 利用 Internet 发布了他在 80386 个人计算机上开发的 Linux 操作系统内核的源代码，开创了 Linux 操作系统的历史，也促使了自由软件 Linux 的诞生。

Linux 操作系统是所有类 UNIX 操作系统中最出色的一个。在计算机操作系统市场，Linux 是增长率最快的操作系统，而且也是唯一市场份额尚在增加的非 Windows 操作系统，目前已经占领了 20%左右的操作系统软件市场。

Linux 的意义不仅仅在于增加了一种操作系统，更重要的是它创建了自由软件的新天地。它是 GNU (Gnu's Not UNIX，一个非常著名的自由软件联盟) 的一员，遵循公共版权许可证 (General Publication License，GPL)，并秉承"自由的思想，开放的源码"的原则，使众多热心的专家和爱好者通过 Internet 维护并完善它，很快使 Linux 成为一个稳定可靠、功能完善的操作系统。现在，Linux 操作系统不但受到全球众多个人用户的认可，还赢得了一些跨国大企业客户的喜爱，如波音公司在一些项目的设计中就使用了 Linux。

1998 年下半年，Informix、Netscape、Oracle 等公司宣布了对 Linux 的支持，并已推出基于 Linux 的软件产品。Oracle 公司在 1998 年年底完成 Linux 使用的数据库 Oracle 8，1999 年又推出 Linux 版本的各种企业应用软件和 Web 服务器程序。Informix 已经推出了面向中小型应用的 Linux 版数据库 InformixSE。Netscape 的 Communicator 4.5 浏览器也有 Linux 版本，1999 年还推出了基于 Linux 的报文和目录服务器。一些计算机供应商还在自己销售的计算机中为用户预装了 Linux。

(3) Windows NT 操作系统

Windows NT 操作系统是 Microsoft 公司在 20 世纪 90 年代出品的具有很强联网功能的真正的 32 位操作系统，支持多种硬件平台。由于它对各种流行的计算机应用软件和 Internet 的广泛支持，加之易于使用和管理，使其在市场上的占有率越来越大。其特点主要有：

① Windows NT 是一种面向分布式图形应用程序的平台系统，它继承了 Windows 操作系统友好易用的图形用户界面，使 Windows 用户产生信任感，有一见如故的效应。统一的界面风格是 Windows 系列开拓市场强有力的武器。简单的操作使用户一上手就可以使用，并且更为重要的是，Windows NT 所提供的功能和开发工具绝不逊于其他任何操作系统。

② Windows NT 具有强大的内置网络功能。以往的网络操作系统都是作为原有机器操作系统上的一个附加层来实现对网络的管理的，而 Windows NT 则将网络管理功能作

为嵌入操作系统的一部分，使得网络管理功能与基本的PC操作系统功能完美地结合，更便于应用与管理。

③ Windows NT 支持多任务、多线程。它能在不同平台上运行，内部采用多线程(thread)管理与抢先式(preemptive)多任务的策略，使得应用程序更为有效地运行。

④ Windows NT 具有优良的安全性。Windows NT 的安全防护符合美国政府 C2 级标准，这一级安全标准被美国国防部定义为“无条件保护”，这意味着网络管理人员可以为每个用户规定不同的服务器操作权限与用户审计，并可为每个单独的文件设置不同的访问权限，从而防止未经授权的使用者访问数据或软件。

相对于 UNIX 操作系统而言，Windows NT 比较简单，易于配置和使用，但其对硬件要求较高，所需内存较大，稳定性、成熟性需要进一步考验。

2000 年，Microsoft 公司在 Windows NT 的基础上又隆重推出了新一代操作系统 Windows 2000。它不但继承了 Windows NT 的先进技术，而且提供了更高层次的安全性、稳定性和可操作性，并且主要针对各种规模的商业应用。Windows 2000 产品家族共包括四个成员，分别是 Windows 2000 Professional、Windows 2000 Server、Windows 2000 Advanced Server 和 Windows Data Center Server。其中 Windows 2000 Professional 是一个对于商务桌面系统和笔记本电脑可靠的操作系统；Windows 2000 Server 作为多目的网络操作系统，适应于工作组和小型商务环境；Windows 2000 Advanced Server 是为电子商务和在线商务应用程序开发的，它包含了 Windows 2000 Server 中的一切，并加上了支持更多容量用户和更复杂应用程序的有效性与可伸缩特性；而 Windows Data Center Server 包含 Windows 2000 Advanced Server 的特性，并加上了更高的处理和存储能力以满足集中的在线交易处理(OLTP)、巨大数据仓库及大的 Internet 服务提供商(ISP)的需求。

2．Web 服务器软件

Web 服务器软件的选择对于电子商务网站至关重要。选择 Web 服务器软件时，不仅要考虑当前的需要，还应考虑将来可能需要的功能。因为更换 Web 服务器软件通常要比安置标准软件困难得多，会带来一系列的问题。在选择 Web 服务器软件时，一般要考虑以下几个方面。

(1) 操作系统

大多数 Web 服务器软件主要是为一种操作系统进行优化的，有的只能运行在一种操作系统上，所以，选择 Web 服务器软件时，要考虑所使用的操作系统。例如，Microsoft 的 IIS 只能在 Windows NT 或 Windows 2000 上运行。

(2) 响应能力

响应能力是指 Web 服务器软件对多个用户请求信息的响应速度。响应速度越快，单位时间内支持的访问量就越多，用户请求信息的响应速度也就越快。

(3) 与后端服务器的集成能力

Web 服务器软件除直接向用户提供信息外，还担负着与后端各种数据资源应用系统集成的任务，这样客户机就只需用一种界面来浏览所有后端服务器的信息。它能将不同来源、不同格式的信息转换成统一格式。

(4) 管理的难易程度

管理的难易程度是指 Web 服务器软件是否简单易行。易管理的 Web 服务器软件应具有图形用户界面和完善的向导系统或帮助文档，方便用户使用。相反，复杂的管理界面可能会引起问题而且浪费时间，还可能导致系统参数配置错误和安全漏洞。

(5) 信息开发难易程度

信息是 Web 服务器的核心，信息是否丰富直接影响 Internet 的效能。信息开发是否简单对 Web 信息是否丰富影响很大，即它所支持的开发语言是否满足要求。

(6) 稳定可靠性

Web 服务器的性能和运行都需要非常稳定。

(7) 安全性

选择 Web 服务器软件时，要从两方面考虑安全：一是要防止 Web 服务器的机密信息泄露，二是要防止黑客的攻击。

下面就来介绍一下几种常用的 Web 服务器软件。

(1) Apache

Apache 源于 NCSAhttpd 服务器，经过多次修改，成为世界上最流行的 Web 服务器软件之一。Apache 是自由软件，所以不断有人来为它开发新的功能、新的特性、修改原来的缺陷。Apache 的特点是简单、速度快、性能稳定，并可做代理服务器使用。本来它只用于小型或试验 Internet 网络，后来逐步扩充到各种 UNIX 系统中，尤其对 Linux 的支持相当完美。Apache 成功之处主要在于它的源代码开放、有一支开放的开发队伍、支持跨平台的应用(可以运行在几乎所有的 UNIX、Windows、Linux 系统平台上)及它的可移植性等方面。

(2) Microsoft IIS

Microsoft 公司推出的 Web 服务器产品 IIS 是目前最流行的 Web 服务器软件之一。IIS 是一种 Web 服务组件，其中包括 Web 服务器、FTP 服务器、NNTP 服务器和 SMTP 服务器，分别用于网页浏览、文件传输、新闻服务和邮件发送等方面，它使得在 Intranet 或 Internet 上发布信息成了一件很容易的事。它提供 ISAPI(Intranet Server API)作为扩展 Web 服务器功能的编程接口；同时，它还提供一个 Internet 数据库连接器，可以实现对数据库的查询和更新。IIS 安装简单、操作方便、负载能力较强，很多著名的网站都是建立在 IIS 的平台上的。

(3) IBM Web Sphere

Web Sphere 是一组专门为商务网站设计的套件，它能帮助客户在 Web 上创建自己的业务或将自己的业务扩展到 Web 上，为客户提供一个可靠、可扩展、跨平台的解决方案。作为 IBM 电子商务应用框架的一个关键组成部分，Web Sphere 软件平台为客户提供了一个使其能够充分利用 Internet 的集成解决方案。

3. 数据库管理系统

数据库技术是电子商务的核心技术之一。在电子商务活动中，存在着海量的数据与信息，因而每一个商务站点的后台必须有一个强大的数据库在支撑其运转，并保证数据存取的速度、安全、稳定和可靠。通常，选择数据库管理系统时应考虑以下几个方面。

(1) 易用性

易用性是指数据库管理系统的语句应符合通用标准，要便于系统的维护、开发和移植，有面向用户的简易开发工具，支持多媒体数据类型等。

(2) 并发性

数据库管理系统可能面临多个用户在同一时刻对同一数据进行读或写操作，加重了数据的负担。为了保证数据的一致性，需要由系统的并发控制功能来完成。

(3) 稳定性

数据的稳定运行对网站的使用效率有很大影响。对于电子商务网站而言，用户对其访问的时间和同一时间对网站访问的用户数量均具有不确定性，这就要求网站数据库管理系统具有稳定性，特别是数据库巅峰性能要稳定。例如，在当当网店庆期间，由于网站流量过大，就导致许多用户不能正常访问网页和下订单购物，这不但给用户带来了不便，也会影响商家的经济利益。

(4) 数据完整性

数据完整性是指数据的正确性和一致性，包括实体完整性、参照完整性、复杂的事务规则等。

(5) 可扩展性

电子商务网站的一大特点是网站信息数据随时发生变化，如随时可能有顾客购物，随时可能有新登录的商品，因而要求数据库具备良好的扩展功能，能利用原有信息基础开发新信息，能保证用户以前的投资和系统，对数据库进行更新。

(6) 安全性

数据库的安全性主要指其安全保密程度，如账户管理、用户权限管理、网络安全控制等。网站中，数据库保存着网站内部最重要、最核心的信息，不允许丢失、修改或复制。因此，数据库的安全性尤为重要。

(7) 容错性

数据库系统不可能不出错，但应消除或减小出错产生的影响，容错性是对数据库的基本要求。它是指在异常情况下系统对数据的容错处理能力，评价标准主要包括硬件的容错——有无磁盘镜像处理功能；软件的容错——有无软件方法异常情况的容错功能。

4.4.5 网站设计与维护

1. 网站布局设计

建立一个网站好比写一篇文章，首先要拟定好提纲，文章才能主题明确、层次清晰。如果网站结构不清晰，目录庞杂，内容东一块西一块，结果不但让浏览者看得糊涂，自己扩充和维护网站也会相当困难。因此，网页的布局设计变得越来越重要。访问者不愿意再看到只注重内容的站点，虽然内容很重要，但只有网页布局和网站内容成功结合的网站才有生命力，才会受人喜欢。

设计网站的第一步就是设计首页，它就是网站的主页。可将网页看作一张报纸、一本杂志来进行排版布局。所谓网页布局，就是以最适合浏览的方式将图片和文字排放在页面的不同位置上。

(1) 整体造型

整体造型就是创造出来的网页整体形象，这种形象应该是一个整体，图形与文本的结合应该是层叠有序的。虽然显示器和浏览器都是矩形的，但对于网页的造型，可以充分运用自然界中的其他形状及它们的组合，如矩形、圆形、三角形、菱形等。

对于不同的形状，它们所代表的意义是不同的。比如，矩形代表着正式、规则，很多 ICP 和政府网页都是以矩形为整体造型的；圆形代表着柔和、团结、温暖、安全等，时尚网站都喜欢以圆形为网页整体造型；三角形代表着力量、权威、牢固、侵略等，许多大型的商业网站为显示它们的权威性常以三角形为网页整体造型；菱形代表着平衡、协调、公平，一些交友网站常用菱形作为网页整体造型。虽然不同形状代表着不同意义，但目前的网页制作多数是结合多个图形加以设计的，其中某种图形的构图比例可能占得多一些。

(2) 网页布局的方法

网页布局的方法有两种，一种为纸上布局，另一种为软件布局。

① 纸上布局。许多网页制作者不喜欢先画出网页布局的草图，而是直接在网页设计器里边设计布局边加内容。这种不打草稿的方法很难设计出优秀的网页来。所以在开始制作网页时，要先在纸上画出网页的布局草图来。制作时，先在白纸上画出象征浏览器窗口的矩形，这个矩形就是网页布局的范围。选择一个形状作为整个网页的主题造型，如选择圆形，它代表着柔和，与时尚流行比较相称，然后在矩形框架里随意画出来，你可以试着再增加一些圆形或其他形状。这样画下来，你会发现很乱。其实，如果你一开始就想设计出一个完美的布局是比较困难的，你要在这看似很乱的图形中找出隐藏在其中的特别的造型来。此外，还要注意一点，你不要担心设计的布局不能实现。事实上，只要是你能想到的布局，都能靠现今的 HTML 技术实现。

② 软件布局。如果你不喜欢用纸来画出你的布局意图，则还可以利用软件来完成这些工作。这个软件就是 Photoshop。利用 Photoshop 所具有的图像编辑功能设计网页布局更让人得心应手。不像用纸来设计布局，利用 Photoshop 可以方便地使用颜色、图形，并且可以利用层的功能设计出用纸张无法实现的布局。

(3) 网站栏目的策划

网站栏目策划是一项比较专业的工作，包括了解客户需求、客户评估、网站功能设计、网站结构规划、网页设计、内容编辑、撰写网站功能需求分析报告、提供系统硬件和软件配置方案，以及整理相关技术资料和文字资料等内容。

网站建设中，如何对网站栏目进行更好的策划，以使网站能呈现给用户更清晰和简便的访问方式，让用户更快捷地找到自己需要的东西，以改善网站的用户访问体验，最大限度地留住用户，成为摆在网站栏目策划者面前的重要问题。

网站栏目的策划，其实也是对网站内容的高度提炼。即使是文字再优美的书籍，如果缺乏清晰的纲要和结构，恐怕也会被淹没在书本的海洋中。网站也是如此，不管网站的内容有多精彩，如果缺乏准确的栏目提炼，那么也难以引起浏览者的关注。

因此，网站的栏目规划首先要做到“提纲挈领，点题明义”，用最简练的语言提炼出网站中每一部分的内容，清晰地告诉浏览者网站在说什么，有哪些信息和功能。

网站的内容越多，浏览者也越容易迷失。除了“提纲”的作用之外，网站栏目还应该为浏览者提供清晰直观的指引，帮助浏览者方便地到达网站的所有页面。网站栏目的导航作用通常包括以下四种情况。

① 全局导航。全局导航可以帮助用户随时到网站的任何一个栏目，并可以轻松跳转到另一个栏目。通常来说，全局导航的位置是固定的，以减少浏览者查找的时间。

② 路径导航。路径导航显示了用户浏览页面的所属栏目及路径，能帮助用户访问该网页的上下级栏目，从而更完整地了解网站信息。

③ 快捷导航。对网站的老用户而言，他们需要快捷地到达所需栏目。快捷导航能为这些用户提供直观的栏目链接，减少用户的点击次数和时间，提升浏览效率。

④ 相关导航。为了增加用户的停留时间，网站策划者需要充分考虑浏览者的需求，为页面设置相关导航，让浏览者可以方便地到达所关注的相关页面，从而增进对企业的了解，提升合作概率。

当然，所有的策划，最终还是要落实到网站建设中对用户需求的理解及对目标用户群访问习惯的准确把握上，理解和把握得越准确、越深入，越能更好地增强用户的访问体验感。

2. 网站推广与维护

网站要最大限度地发挥其效用，只有为人所知和拥有大的访问量，因此推广与维护工作也是必不可少的。网站推广的方式是多种多样的，一切广告手段都可用于网站推广。当然，最基本、最有效的推广方式就是搜索链接。

建立网站是一个长期性的工作，在完成了设计和建设后，需要经常地维护和更新。没有信息更新的网站，就算建设得再好，也不可能长久地吸收客户，所以在设计网站时，就应当考虑更新问题，并为之做出必要的准备。网站维护是整个网站存续期间都需要的工作，只要网站还有存在的必要，就会不断地产生维护的问题。网站的维护不仅是通常所指的对网站设计中的错误进行纠正，还包括对网站内容、外观的持续变动，甚至包括对网站目标、规模的修正。

本章小结

本章简单叙述了互联网的产生、发展、接入方式、IP 地址和域名及互联网的应用层协议；详细讲解了计算机网络系统的组成、网络拓扑结构和互联网协议等内容；介绍了内联网、外联网与互联网的区别和联系，总结了电子商务网站建设的内容。

思考题

1．简述网络的各种拓扑结构。

2．TCP/IP 的网络体系结构是如何与 ISO 的体系结构相对应的？

3．简述浏览网页时系统的工作过程。

4．电子商务网站建设的步骤有哪些？

上机实验

1．将http://www.263.net设置为可信站点。

2．将网页保存在历史记录中的天数改为 15 天。

3．设置使用磁盘的空间为 170MB。

4．使用浏览器上搜狐网站，下载首页顶部的搜狐 logo 图片保存到 D:\自己姓名目录下。点击教育栏目，再点击大学城，把浙江大学的介绍文字复制到记事簿或写字板文件，保存到 D:\自己姓名目录下。

5. 网上搜索杭州旅游网站，写出一篇关于杭州旅游行业电子商务状况的调研报告(不少于 800 字，可从网站数量、规模、网站结构与栏目、网站提供信息量及点击率等多方面进行说明)，保存到 D:\自己姓名目录下。

6．登录电子商务模拟实验室，完成邮件信息发布管理相关模拟实验。

案例分析

强生网络公司网站建设分析

今天，强生已发展成为拥有 180 多个公司、近 10 万雇员的世界大家庭，生产婴儿护理用品、医疗用品、家庭保健产品、皮肤护理用品、隐形眼镜和妇女卫生等系列产品。著名的“邦迪”牌创可贴更是人人居家外出的必备品。

显然，策划这类企业网站比策划通用汽车、德尔和高露洁之类的企业网站要难得多。因为设计单一产品企业网站时，当以纵横捭阖为旨；而建立多种产品企业网站时，则以聚敛收缩为要。这有点类似于书法要诀中“小字贵开阔，大字贵密集”的辩证关系。面对旗下众多的企业、产品和品牌，强生网站如果不厌其烦地一味穷举，就可能做成“医疗保健品大全”之类。当然，“大全”本身并非不好，问题是互联网生来就是“万类霜天竞自由”的寥廓天地，人们稀罕的不是遍地“山花烂漫”，而是在寻觅哪边“风景独好”。今日网上谁主一方沉浮，谁就为一方豪杰，可谓英雄割据正当时。

所以，强生以“有所为，有所不为”为建站原则，以企业“受欢迎的文化”为设计宗旨，明确主线，找准切入点后便“咬定青山不放松”，将主题做深做透，从而取得极大成功。

1．站点主题及创意

管理学者素来对强生公司的“受欢迎的文化”推崇备至。该企业文化的内涵体现在公司信条中。这是自其成立之初就奉行的一种将商业活动与社会责任相结合的经营理念：第一，公司需对使用其产品和服务的用户负责；第二，对公司员工负责。明确这些边界条件后，强生就选择其婴儿护理品为其网站的形象产品，选择“您的宝宝”为站点主题，整个站点就成了年轻网民的一部“宝宝成长日记”，所有的营销流程自然就沿着这本日记悄然展开。将一家拥有百年历史，位居《财富》500强企业的站点建成什么“您的宝宝”网站？变成一部“个人化的、记录孩子出生与成长历程的电子手册”？这一创意是否太滑稽、太离谱了？但请慢下结论，任何人只要客观地顺其网站走上一遭，就会发现这的确是个“受欢迎”和充满“育儿文化”气息的地方。

在这里，强生就像位呵前护后、絮絮叨叨的老保姆，不时提醒着年轻父母们该关注宝宝的睡眠、饮食、哭闹、体温及如何为他洗澡……年轻父母们会突然发现，在这奔波劳顿、纷乱繁杂的世道中，身边倒确实需要一个这类角色来不断指点。尽管随着孩子的成长，这老保姆会时不时递来“强生沐浴露”“强生安全棉”“强生尿片”“强生围嘴”“强生2合1爽身粉”“强生Ve保湿蜜”……

虽然如此，但这份育儿宝典会告诉您这些用品正是孩子现在所必需的。而且这时的网站又成了科学与权威的代言人，每种产品都是研究成果的结晶，还有各项最新研究报告为证，您按吩咐去做准没错！所以人们也不会觉得它比街头推销员惹人烦。一个站点做到这样，能说它不成功吗？

2. 内容与功能

进入强生网站，左上角著名的公司名称下是显眼的“您的宝宝”站名。每页可见的是各种肤色婴儿们的盈盈笑脸和其乐融融的年轻父母，这种亲情是化解人们对商业站点敌意的利器。首页上“如您的宝宝××时，应怎样处理？”“如何使您的宝宝××？”两项下拉菜单告诉来访者，这是帮人们育儿答疑解难的地方。

整个网站页面色调清新淡雅、明亮简洁，设有“宝宝的书”“宝宝与您及小儿科研究院”“强生婴儿用品”“咨询与帮助中心”“母亲交流圈”“本站导航”“意见反馈”等栏目。

“宝宝的书”由电子版的“婴儿成长日记”和育儿文献交织组成。前者是强生在网上开设的日记式育儿宝典，任何用户登录后，站点就生成一套记录册，并可得到强生“为您的宝宝专门提供的个性化信息服务”。具体为：

- 育儿日记(网上电子版)；
- 记事及提醒服务(重要数据与预约项目)；
- 可打印的格式化婴儿保健记录；
- 成长热线(提供与年龄相关的成长信息)；
- 研究文献(输入婴儿的周、月数，站点就提供相应内容的育儿文章，也可按主题查询)。

事实上，育儿宝典的服务是从孕期开始的，其中有孕期保健、孕期胎儿发育、娱乐与情绪控制、旅行与工作、产前准备、婴儿出生、母婴保健……然后是初生婴儿的1周、2周、3周……4个月、5个月……使用者按此时序记录婴儿发育进展时，站点就不断提供各类参考文章，涉及婴儿的知觉、视觉、触觉、听力系统，对光线的反应，如何晒太阳及疾病症状等。各项操作指导可谓细致周全。如教人如何为婴儿量体温，居然分解出6个步骤进行。至于如何为孩子洗澡，更是先论证一番海绵浴和盆浴不同的道理，然后再要求调节室内温湿度，再分解出浴前准备6步骤和浴后处理6步骤。一个网站认真到了这个地步，不由你不叹服其“对服务负责”信条的威力，相信其进入《财富》500强绝非偶然。

网站还为年轻父母提供了心理指导，这对于某些婴儿的父母来说具有特别重要的意义。如“我的宝宝学得有多快？”栏目就开导人们，不要将自己的孩子与别人的孩子做比较，“将一个婴儿与其兄弟姐妹或其他婴儿比较是很困难的，只有将他的现在和他的过去做比较；而且你们的爱对婴儿来说是至关重要的。因此，无条件地接受他、爱他，就会培养出一个幸福、自信的孩子来。”

促进人们的交流是互联网的主导功能，强生参与运作了一个“全美母亲中心协会”的虚拟社区。它是分布于各州的妇女自由组织，目的是“使参加者不再感到孤立无助，能展示其为人之母的价值，切磋夫妇在育儿方面的经验，共同营造一个适合孩子生长的友善环境”。如今，强生助其上网并归入自己的网站中，除保留原来交流作用外，还从相关科研动态与信息方面来帮助她们解决问题。

强生网站提供服务时，客户输入的数据也进入其网站服务器。这是一笔巨大的资产，将对企业经营起着不可估量的作用，这也是对其认真服务的回报。当然，网站对任何登录的客户数据均有保密的承诺，但这些信息对该公司却是公开的。它需要登录者提供自己与婴儿的基本信息，并说明其与婴儿间的关系(母亲、父亲、祖父、祖母……)。对于愿意提供“婴儿皮肤类型”“是否患尿布疹”“如何喂养(母乳、牛乳、混合、固体食品)”者，就可获得皮肤保健、治疗尿布疹和喂养方面的专项信息服务。当然，对于顾客主动从“反馈”栏发来的求助与问询，网站的在线服务自会给予相应解答。同样，凡参加“母亲中心”论坛的妇女在被正式接纳前，也需按“极感兴趣”“有兴趣”“不太感兴趣”“不感兴趣”的选项，对各种讨论题做出回答，如“母亲工作”“残疾儿童”“抚养婴儿”“取名字”“孩子出生前后家庭关系变化”“孕期保健”“婴儿用品”“我的宝宝做得如何”“趣闻轶事”等。

上述这些客户登记及回答信息到了公司营销专家、心理学家、市场分析家等手中，自然不久就会形成一份份产品促销方案来，至少对企业与顾客保持联系起相当重要的作用。并且由于这些方案具有极强的家庭服务需求针对性，故促销成功率应当不低。

3．网站点评

面对庞大的企业群和无数产品，强生网站若按一般网站设计，可能就会陷入“前屏页面查询+后台数据库”的检索型网站的流俗格局。从网络营销角度看，这类企业站点已呈“鸡肋”之颓势。这就如同各种典籍类工具历来都有，但任何时候都不会形成阅读热潮和建立起忠实的顾客群体，且对强生来说，那样做还无助于将其底蕴深厚的企业文化传统发挥出来。

如今，企业站点在设计上做了大胆的取舍，毅然放弃了所有品牌百花齐放的方案(当然，强生为旗下每家公司注册了独立域名，并能从站点“Websites”目录中方便地查到)，只以婴儿护理用品为营销主轴线。选择“您的宝宝”为站点主题，精心构思出“宝宝的书”作为其与客户交流及开展个性服务的场所，力求从护理层、知识层、操作层、交流层、情感层、产品层上全面关心顾客痛痒，深入挖掘每户家庭的需求，实时跟踪服务。

于是，借助于互联网络，强生开辟了丰富多彩的婴儿服务项目；借助于婴儿服务项目，强生建立了与网民家庭的长期联系；借助于这种联系，强生巩固了与这一代消费者间的关系，同时又培养出新一代的消费者。

“强生”这个名字，必然成为最先占据新生幼儿脑海的第一品牌，该品牌可能将从其记事起，伴随其度过一生。网络营销做到这一境界，已是天下无敌。

思考题：

1. 强生公司网站的体系结构如何？
2. 强生公司网站建设的特点是什么？
3. 你从强生公司网站建设中获得了哪些启示？

第 5 章　电子商务安全

学习目标

1. 了解电子商务对安全的基本需求。
2. 掌握各种加密方法及特点。
3. 理解 SSL、SET 协议的工作过程。

引例

淘宝网等各大电商网站大促即将到来。可是，这时候，木马病毒也出来凑热闹，把目标直接放在热门电商网站。该病毒被命名为“阿里旺旺木马病毒”，淘宝卖家是其下手的目标，多个店主已经被黑了。

目前淘宝网等各大电商迎来了一年之中最为关键的黄金销售期。与此同时，木马病毒也盯上了热门电商网站。近日，有组织截获一种新型“阿里旺旺木马病毒”，该木马病毒主要以淘宝卖家为下手目标，已有多家淘宝店主沦为黑客手中的“肉鸡”。

淘宝卖家“碧琼芬芳”近期就遭遇了“阿里旺旺木马病毒”袭击，“碧琼芬芳”在通过旺旺和买家交流后，买家发来一个压缩版宝贝清单文件，“碧琼芬芳”在对该宝贝清单解压后，发现不是 Excel 或 Word 文档，而是一个程序文件，警觉的“碧琼芬芳”迅速结束谈话，并将买家拉入黑名单，这才避免了中毒和损失。

据了解，“阿里旺旺木马病毒”不同于以往只针对买家的木马病毒。首先，该木马病毒伪装性极高，通过身披白签名降低一般杀毒软件的警惕性，并通过加载恶意 DLL 达到免杀的效果，同时通过远程控制实现增大，以此逃脱云查杀。

其次，该木马病毒主要以淘宝卖家为下手目标，贪心极大。通过以订单、报价表、商品图片等方式向卖家发送木马病毒文件，得手后即盗取用户的淘宝账号和密码等信息，从而盗取网银和支付宝信息。此外，卖家计算机更可能被黑客控制，成为其作恶工具。

随着互联网电子商务业务的红火发展，黑客已经不甘心仅从买家那里骗得少量金钱，而是将作恶的范围扩大到“有钱”的卖家。因此，广大卖家同样需要增强安全意识，如交易过程中不要通过旺旺、QQ 等聊天工具接收不明文件，为计算机安装可靠的杀毒软件和防护全面、彻底的安全管理软件。

（资料来源：http://china.findlaw.cn/）

5.1　电子商务安全概述

5.1.1　电子商务安全

随着 Internet 的发展，电子商务已经成为人们进行商务活动的新模式。电子商务的发展给人们的工作和生活带来了新的尝试和便利，也带来了无限商机，前景十分诱人。但是，很多商业机构对网上运作的安全问题存在忧虑。在竞争激烈的市场环境下，电子商务的一些信息可能属于商业机密，一旦信息失窃，企业的损失将不可估量。因此，在运用电子商务模式进行贸易活动的过程中，安全问题就成为最核心的问题，也是电子商务得以顺利进行的保障。电子商务安全包括有效保障通信网络、信息系统的安全，确保信息的真实性、保密性、完整性、不可否认性和不可更改性等。

1. 电子商务安全体系的概念

(1) 电子商务系统物理安全

物理安全是保护计算机网络设备、设施和其他媒体免遭地震、水灾、火灾等环境事故及人为操作错误和各种计算机犯罪行为导致的破坏过程，主要包括三个方面：环境安全、设备保护和媒体安全。

(2) 网络安全

网络安全主要是指网络的运行安全，包括系统安全(如主机、服务器等)、网络安全检测、审计分析、访问控制、备份与恢复等方面。

(3) 电子商务信息安全

电子商务信息安全主要涉及鉴别、信息传输、信息存储的安全及对网络传输信息内容的审计等方面。

(4) 电子商务系统软件安全

电子商务系统软件安全是指保护软件和数据不被篡改、破坏和非法复制。

(5) 电子商务安全立法

电子商务安全立法是对电子商务犯罪的约束，它是利用国家机器，通过安全立法，体现与犯罪斗争的国家意志。

(6) 安全管理

面对网络安全的脆弱性，除了在网络设计上增加安全服务功能，完善系统的安全保密措施外，还必须花大力气加强网络的安全管理，因为诸多的不安全因素都反映在组织管理和人员使用等方面，而这又是计算机网络安全所必须考虑的基本问题。

2. 电子商务系统面临的安全问题

(1) 系统瘫痪

系统瘫痪是指计算机网络故障、操作错误、应用程序错误、硬件故障、系统软件错误、黑客攻击、计算机病毒等原因导致系统不能正常工作。

(2) 信息被泄露

电子商务系统是用于商业贸易的一种手段，商务信息在网络上传输必须保证信息传输的机密性，即要保证交易双方进行交易的内容在传输过程中不被非法用户所窃取和使用，使信息失去机密性。

(3) 信息被篡改

信息被篡改是指商务信息在传输过程中由于信息丢失、信息重复或信息传输次序的差异而导致贸易各方所得到的信息不同，或者是信息在传输时由于意外差错或恶意的欺诈行为，导致贸易各方的信息出现偏差或差异，使信息失去真实性和完整性。

(4) 信息传输的抵赖行为

信息传输的抵赖行为是指在交易过程中交易的一方不承认已发送或接收到某信息，或对已签订的合同、契约、单据等进行否认。交易过程中的抵赖行为会破坏交易的可靠性。

由于电子商务是在开放的网络上进行的，支付信息、订货信息、谈判信息、机密的商务往来文件等大量商务信息在计算机系统中存放、传输和处理，因此，导致了对电子商务安全的需求，保证商务信息的安全是进行电子商务的前提。

5.1.2 电子商务系统的安全需求

电子商务是建立在 Internet 基础上的，其安全问题特别重要，也是制约电子商务发展的一个重要因素。电子商务应用对安全的需求如下。

1. 信息的完整性

信息的完整性是指信息传输到接收方时，保持信息未被修改过，发送方和接收方都希望确保接收到的信息同发送方发送的信息没有任何出入。数据在录入时的意外差错或欺诈行为、传输过程的丢失、次序的改变都可能导致交易双方的信息不同。因此，保持信息的完整性是电子商务交易的基础。

2. 信息的保密性

信息的保密性是指信息在以电子化方式发送时，应防止将信息泄露给除了发送方和接收方以外的其他非法用户。电子商务是建立在一个开放的网络环境上的，维护商业机密是电子商务全面推广应用的重要保障。因此，要防止信息在传输过程中被非法窃取，信息的保密性通常是通过加密技术来隐藏数据项而实现的。但信息仍可能通过其他方式泄露出去，如某个观测人员可以监听发送给某个特定地址的消息数目、大小、频率，而不需要看到这些信息的内容。

为了实现信息的保密性，可以采用加密技术手段对信息进行加密。

3. 信息的验证性

信息的验证性是指能提供对身份的确认，也就是说，当某人或某事声称具有某个特别的身份(如姓名)时，验证服务能够保证其正确性。验证服务主要针对伪装入侵威胁。

身份的确定通常通过认证机构和数字证书来实现，也可以使用口令。经常变换的口令甚至是一次性的口令是抵御攻击的一种方法。此外，使用难以复制的物品如智能卡来作为身份证明也比较有效。利用人类的生物特征也可以进行身份验证，这些生物信息有指纹、声带的频谱、眼睛虹膜的图形等。

4. 信息的不可否认性

信息的不可否认性主要用于防止发送方发送数据后否认自己发送过数据，或接收方接收到数据后否认自己曾经接收过数据。

在传统贸易中，贸易双方通过在合同或贸易单据等书面文件上手写签名或印章来鉴别对方身份，确定合同、单据的可靠性，并预防抵赖行为的发生。采用电子商务后，用电子方式谈判、签约、结算，因此要在交易信息的传输过程中为交易主体提供可靠的标识，防止抵赖行为的发生。可通过对发送的消息进行数字签名来解决这个问题。

5. 对信息的访问控制

信息的访问控制是指只有授权用户才能访问某些特定信息。为了实现信息的访问控制，可以采用防火墙技术。

6. 可用性

可用性是指当用户需要使用网络时，网络能够及时地提供服务。可用性是网络信息系统面向用户的安全性能。网络信息系统最基本的功能是向用户提供服务，而用户的需求是随机的、多方面的，有时还有时间要求。

7. 有效性

有效性是指对网络故障、操作错误、应用程序错误、硬件故障、系统软件错误及病毒产生的威胁进行控制和预防，以保证贸易数据在确定的时间和地点是有效的。

5.1.3 电子商务安全技术

1. 防火墙技术

如图 5-1 所示，防火墙(Firewall)是 Internet 上广泛应用的一种安全措施的形象说法。它是指两个网络之间执行访问控制策略(允许、拒绝、检测)的一系列部件的组合，包含硬件和软件，目的是保护网络不被他人侵扰。

图 5-1 防火墙的概念

防火墙是不同网络之间信息的唯一出口，能根据企业网络安全策略控制出入网络的信息流且本身具有较强的抗攻击能力。防火墙可通过检测、限制、更改跨越防火墙的数据流，尽可能地对外部屏蔽内部的信息、结构和运行状况，以此来实现网络的安全。它作为一种访问控制机制，通常采用以下两种准则进行设计。

- 一切未被允许的就是禁止的;
- 一切未被禁止的就是允许的。

前者是在默认情况下禁止所有服务，后者是在默认情况下允许所有服务。

在逻辑上，防火墙是一个分离器、一个限制器、一个分析器，有效地监控了内部网和 Internet 之间的任何活动，保证了内部网络的安全。

防火墙有多种类型，大体上可以分为两类：一类基于分组过滤(Packet Filter，或称为包过滤)，如分组过滤路由器和应用层网关；另一类基于代理服务(Proxy Service)，如应用层代理服务器。二者的区别在于，基于分组过滤的防火墙通常直接转发报文，对用户完全透明，速度较快；而基于代理服务的防火墙则通过代理服务来建立连接，它有更强的身份认证和日志功能。

2．虚拟专用网技术

虚拟专用网(Virtual Private Network，VPN)是一项非常适合电子数据交换的技术，它可以在不同地理位置的两台计算机之间建立一个按需的连接，以此达到在公共的 Internet 上或个别企业局域网之间实现安全的电子交易的目的。VPN 通过一个公用网络建立一个临时的、安全的连接，是一条穿过公用网络的安全、稳定的通信隧道。

所谓虚拟是指用户并没有拥有一个物理网，而是采用数字数据网(Digital Data Network，DDN)的部分网络资源所形成的一个用户可以管理监控的专用网络。用户通过 VPN 管理站对所属网络各部分的端口进行状态监视、数据查询、端口控制和测试，以及告警、计费、统计信息的收集等网络管理操作。

VPN 的主要功能有以下三点。

① 加密数据，以保证通过公用网络传输的信息即使被他人截获也不会泄露。

② 信息认证和身份认证，保证信息的完整性、合法性，并能鉴别用户的身份。

③ 提供访问控制，不同的用户有不同的访问权限。

3．病毒防范技术

计算机病毒是一种具有破坏力和感染力的计算机程序，它具有自我复制、相互传染和再生的能力，能破坏已有的信息和程序的正常运行。计算机病毒在网络环境下具有更强的传染性，对网络交易的顺利进行和交易数据的妥善保存造成极大的威胁。

计算机病毒具有传染性、隐蔽性、未经授权性、潜伏性、破坏性、可触发性、不可预见性等特点。计算机病毒的分类方法很多，按工作机理可以把病毒分为引导区病毒、文件型病毒、入侵型病毒、外壳型病毒等。

计算机病毒的防治主要从防毒、查毒和杀毒三个方面进行。

① 防毒是指根据系统的特性和网络的性能要求，采取相应的系统安全措施预防病毒入侵计算机。

② 查毒是指利用病毒软件在指定的环境里进行病毒的排查，该环境包括内存、文件、引导区和网络等。查毒的方法主要有特征代码法、校验和法、行为监测法、软件模拟法，这些方法依据的原理不同，实现时所需开销不同，检测范围不同，各有所长。

③ 杀毒是指病毒软件根据不同类型的病毒对感染对象进行修改，并按照病毒的感染性进行恢复。该恢复过程不能破坏未被病毒修改的内容，感染对象包括内存、引导区、可执行文件、文档文件和网络等。

病毒防治的根本目的是保护用户的数据安全，因此病毒的防治策略可以从以下三个方面入手：一是数据备份；二是封堵漏洞、查杀病毒；三是灾难恢复。在必要时进行数据备份。

4．网络入侵检测技术

网络入侵检测技术也叫网络实时监控技术，它通过硬件或软件对网络上的数据流进行实时检查，并与系统中的入侵特征数据库进行比较，一旦发现有被攻击的迹象，立刻根据用户所定义的动作做出反应，如切断网络连接，或通知防火墙系统对访问控制策略进行调整，将入侵的数据包过滤掉等。

5. 黑客攻击防范技术

① 扫描技术是利用 TCP/IP 协议标准和 TCP/IP 协议在各种操作系统中不同的实现，通过向被扫描的对象发送含有不同信息的数据报，根据被扫描对象的不同响应来获得被扫描对象系统信息的一种信息采集技术。黑客入侵网络的最初阶段就是利用扫描工具搜索被攻击对象或网络的详细信息，进而发现目标系统的漏洞或弱点，从而进行正式攻击。

② 拒绝服务 DoS 攻击技术是攻击者通过各种手段来消耗网络带宽及服务器的系统资源，最终导致服务器瘫痪而停止提供正常的网络服务。

③ 缓冲区溢出是一个非常普遍、非常危险的漏洞，在各种操作系统、应用软件中广泛存在。产生缓冲区溢出的根本原因在于，将一个超过缓冲区长度的字符串复制到缓冲区。溢出带来两种后果，一是过长的字符串覆盖了相邻的存储单元，引起程序运行失败，严重的可引起死机、系统重新启动等后果；二是利用这种漏洞可以执行非授权指令，甚至可以取得系统特权。

④ 嗅探器(sniffer)是一种常用的收集有用数据的工具，这些数据可以是用户的账户和密码，也可以是一些商用机密数据等。一般来说，用户主机中的网络适配器负责 TCP/IP 层中的物理层和数据链路层。当主机的网络适配器收到和自己物理地址不相匹配的数据帧时，网络适配器直接将该数据帧丢弃，而不交给上层协议处理。如果将网络适配器设置为混杂模式，网络管理员就可监视网络和查询网络中的错误，这时网络适配器将与自己物理地址不相匹配的数据帧直接交给应用层处理而不经过正常的 TCP/IP 协议栈通路。此时，设置了混杂模式的主机就成了一个嗅探器，它就可以监听所有流经本机的数据报，获取机密信息。

5.2 常用加密技术

加密的过程是将数据通过某种算法进行编码，使之成为一种杂乱无章的难以识别的形式，从而阻止非法用户获取和理解原始数据。这种难以识别的形式称为密文。加密前的数据称为明文。加密是由加密过程和解密过程组成的。一般来说，发送方在发送消息前先用加密算法将明文加密成密文，接收方在接收到消息后，用解密算法将密文再解密成明文。

加密信息时需要两个输入要素：明文和加密密钥。这二者通过某个加密算法进行运算得到密文。同样，解密过程则需要密文和解密密钥。密钥从表面上来看就像一串随机的二进制位串，密钥的长度随加密算法的不同而有所差异。

加密的主要作用是提供机密性。明文一般是未经保护的敏感数据。

数据加密是保护数据传输安全唯一实用的方法和保护存储数据安全的有效方法。早在公元前 50 年，古罗马的凯撒在高卢战争中就采用过加密方法。我们用最简单的凯撒密码来说明一个加密系统的构成。它的原理是把每个英文字母向前推 x 位，如 x=3，即字母

a,b,c,d,⋯,x,y,z 分别变为 d,e,f,g,⋯,a,b,c。例如，发送的明文为 Caesarwasagreatsolider，则对应的密文为 Fdhvduzdvdjuhdwvroglhu。这个简单的例子说明了加密技术的构成：明文被 character+3 算法转换成密文，解密的算法是反函数 character−3，其中算法为 character+x，x 是起密钥作用的变量，此处 x 是 3。

加密技术从原理上可分为两类：对称密钥加密技术和非对称密钥加密技术。它们的主要区别在于，加密时和解密时所使用的密钥是否相同。如果加密和解密时所使用的密钥相同，则称为对称密钥加密技术；如果不同，则是非对称密钥加密技术。

5.2.1 对称密钥加密技术及其典型算法

对称密钥加密技术也称为私有密钥加密技术。对称密钥加密的算法是公开的，信息的接收方和发送方采用相同的算法和同一个密钥。图 5-2 所示是采用对称密钥加密和解密过程的示意图。

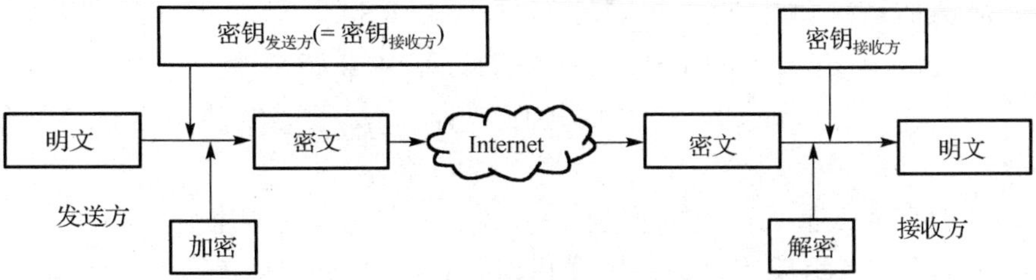

图 5-2 采用对称密钥加密和解密过程的示意图

DES (Data Encryption Standard) 是一种典型的“对称式”加密法，即加密与解密的密钥及流程完全相同，区别仅仅是加密与解密使用的密钥序列的施加顺序刚好相反。DES 是一个分组加密算法，它将数据划分成 64 位的分组，其中有 8 位奇偶校验位，有效密钥长度为 56 位。

该算法在 1998 年前没有被公开破解过。1998 年，Electronic Frontier 基金会耗资 250000 美元建造了一个包含 180 个 Deep Crack 芯片的破解机器，可以在几天内暴力破解 DES 算法的密钥。

除此之外，对称加密算法还包括 IDEA、AES、3DES 等。

3DES 采用 3 个 56 位密钥，它的安全性比 DES 要高。

AES (Advanced Encryption Standard) 是美国基于替代 DES 算法的思想而提出的，它的密钥可以是 128 位、192 位和 256 位，相对 DES 算法而言，明显地提高了加密的安全性。

IDEA (International Data Encryption Standard) 算法中明文和密文分组长度都是 64 位，密钥长 128 位，最初由瑞士联邦技术学院的学者于 1990 年提出，后在 1991 年进行了改进。

对称密钥加密技术的主要优点是加密和解密速度快，加密强度高，且算法公开，而最大的缺点是实现密钥的秘密分发困难，在拥有大量用户的情况下密钥管理复杂，且无法完成身份认证等功能，不适于在开放式网络环境中应用。例如，有 10 个用户，两两之间采用对称加密算法进行信息交换，都需要使用其他人不知道的唯一密钥，则整个系统需要 10×9/2=45 个密钥。随着用户数量的增加，密钥的数量会急剧增加。因此，密钥的管理、分发都将成为很麻烦的问题。

对称加密算法还有一个不足之处是交易双方都使用同样的密钥，安全性得不到保证，在分布式网络系统上使用较为困难。

5.2.2 非对称密钥加密技术及其典型算法

非对称密钥加密技术也称为公有密钥加密技术。它所使用的加密密钥和解密密钥是配对使用的，这两者是不一样的，并且很难从其中一个推断出另一个。通常将其中一个密钥公开，称为公钥(public key)；另一个密钥由用户自己保存，称为私钥(private key)，分别用于对数据的加密和解密。加密时采用公钥还是私钥，要根据具体的应用来决定。

非对称密钥加密技术中最具代表性的算法是 RSA，算法是以三个发明者的名字(R.Rivest、A.Shamir 和 L.Adleman)来命名的，它从公布至今，一直是加密算法中的主要算法之一。但在数学上还未找到最佳破译方法，安全性也未能得到理论上的证明。

RSA 算法加密强度很高，它的安全性基于分解大整数的难度，即将两个大的质数合成一个大数很容易，而相反的过程则非常困难。RSA 算法简单表示如下。

① 选取两个足够大的质数 P 和 Q。

② 计算 $P\times Q=n$。

③ 找一个小于 n 的数 e，使 e 与 $(P-1)\times(Q-1)$ 互为质数。

④ 另找一个数 d，使其满足 $(e\times d)\bmod[(P-1)\times(Q-1)]=1$。

⑤ (n, e) 为公开密钥，(n, d) 为私有密钥。

⑥ 用 m 代表明文，c 代表密文，加密和解密的运算方式为密文 $c=me(\text{mod}n)$，明文 $m=cd(\text{mod}n)$。

1999 年，由 RSA 算法的创始人 R.Rivest、A.Shamir 和 L.Adleman 提出 RSA-155 数字，通过国际协作，由许多科学家在近 300 台工作站和个人计算机及一台超级计算机上通过共享处理，最终被分解了出来。分解工作总共花了 5.2 个月。

只要增大 RSA 的模数，将大大增加分解因数所需要的代价。目前可以使用 1024 位或 2048 位的模数，模数越大，其安全性越好。

RSA 算法也有其不足，加密、解密速度较慢，RSA 最快的情况也比对称密钥加密技术 DES 慢上几个数量级，因此 RSA 更多地被用于加密少量数据。RSA 算法产生密钥也很麻烦。

5.2.3 非对称密钥加密技术的使用

根据加密时是使用公钥还是私钥，非对称密钥加密技术可以分为两种基本的使用模式，即加密模式和签名模式。

1. 加密模式

在加密模式中，加密和解密过程为：

① 发送方用接收方的公钥对要发送的信息进行加密。

② 发送方将加密后的信息通过网络传送给接收方。

③ 接收方用自己的私钥对接收到的加密信息进行解密，得到明文。

这样，发送方只要拥有接收方的公钥，就可以给接收方发送加密信息，这个加密信息接收方可以解密。

2. 签名模式

在签名模式中，加密和解密过程为：

① 发送方用自己的私钥对要发送的信息进行加密。

② 发送方将加密后的信息通过网络传送给接收方。

③ 接收方用发送方的公钥对接收到的加密信息进行解密，得到明文。

这样，接收方只要拥有发送方的公钥，就可以验证该信息是否确实来自发送方。这个过程有些类似于生活中的盖私章。

一般来说，用于加密和签名模式的两对密钥应该不一样，这样有利于增强安全性。

对非对称密钥加密技术来说，如果明文是与公钥运算得到密文的，则解密应该是与私钥运算来得到明文，这对应于加密模式。如果明文是与私钥运算得到密文的，则解密应该是与公钥运算来得到明文，这对应于签名模式。

5.2.4 对称与非对称加密技术的结合使用

由于对称密钥加密算法具有运算速度快的优点，而非对称密钥加密算法安全性更好，也易于管理，为了提高效率，可以同时采用对称与非对称密钥加密技术。

举例说明如下，为了发送信息给用户 B，用户 A 和 B 都生成一对自己的密钥对。密钥对中的公钥是公开的，但各自的私钥则由用户 A 和 B 分别妥善保管。用户 A 和 B 进行信息传输的过程如下。

① 用户 A 生成一个对称密钥，该密钥用来对要发送的信息加密，同时，该对称密钥要安全地传送给用户 B。

② 用户 A 用用户 B 的公钥对要传输的对称密钥进行加密。

③ 用户 A 把加密后的信息和加密后的对称密钥通过网络传输到用户 B。

④ 用户 B 用自己的私钥对用户 A 传送过来的对称密钥进行解密，得到发送方产生的对称密钥。

⑤ 接收方用解密得到的对称密钥对接收到的加密信息进行解密，得到用户 A 发送的信息的明文。

这样，采用非对称密钥加密算法仅需要对发送的对称密钥这一小部分信息加密，而采用运算速度快的对称密钥加密算法对大部分要传输的信息加密。

5.3 加密技术的应用

5.3.1 数字签名

传统的书信或文件是根据亲笔签名或印章来证明其真实性，防止其抵赖行为的。在网络中传送的报文又如何签名盖章呢？这就是数字签名所要解决的问题。数字签名技术是实现交易安全的核心技术之一，它的实现基础就是公开密钥加密技术。数字签名是以加密技术为基础的，通过数字签名来实现身份认证、数据的保密性、数据的完整性、信息传输的不可抵赖性等。

数字签名必须保证以下几点：接收方能够核实发送方对报文的签名；发送方事后不能抵赖对报文的签名；接收方不能伪造对报文的签名。发送方 A 用其私钥 SKA 对报文 X 进行运算，将结果 DSKA(X) 传送给接收方 B，B 用已知的 A 的公开密钥得出 EPKA(DSKA(X))=X。因为除 A 外没有别人能有 A 的私钥 SKA，所以除 A 外没有别人能产生密文 DSKA(X)，这样，报文 X 就被 A 签名了。假如 A 要抵赖曾发送报文给 B，B 可将 X 及 DSKA(X) 出示给第三者，第三者很容易用 EPKA 去证实 A 确实发送过消息 X 给 B。反之，如果是 B 将 X 伪造成 X′，则 B 不能在第三者面前出示 DSKA(X′)，这样就证明 B 伪造了报文。

数字签名的原理及发送方和接收方的加密、解密处理过程如下。

① 报文的发送方从报文文本中用 Hash 编码加密生成一个 128 位的报文摘要。

② 发送方用自己的私有密钥对这个报文摘要进行加密，形成发送方的数字签名。

③ 这个数字签名作为报文的附件和报文一起发送给报文的接收方。

④ 报文的接收方从接收到的原始报文中用同样的 Hash 算法加密得到一个报文摘要。

⑤ 再用发送方的公开密钥来对报文附加的数字签名进行解密。

⑥ 将解密后的摘要和接收方重新加密产生的摘要进行对比，如果相同，那么接收方就能确认该数字签名是发送方的，传送过程中信息没有被破坏、篡改。

数字签名原理示意图如图 5-3 所示。

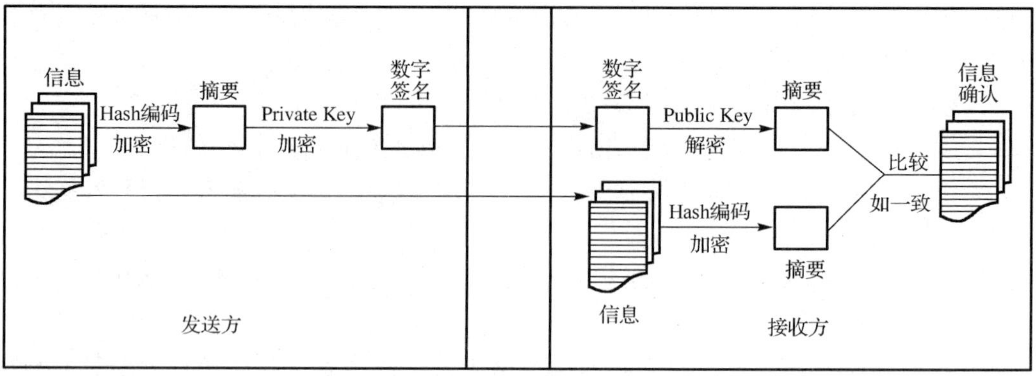

图 5-3 数字签名原理示意图

5.3.2 数字时间戳

数字时间戳技术是数字签名技术的一种变种应用。在电子商务交易文件中，时间是十分重要的信息。在书面合同中，文件签署的日期和签名一样均是十分重要的防止文件被伪造和篡改的关键性内容。而在电子交易中，同样需要对交易文件的日期和时间信息采取安全措施。数字时间戳服务(Digital Time Stamp Service，DTS)就能提供电子文件的日期和时间信息的安全保护，是由专门的机构提供的网上电子商务安全服务项目之一。

时间戳(Time-Stamp)是一个经加密后形成的凭证文档，它包括以下三部分。

- 需加时间戳的文件的摘要；
- DTS 收到文件的日期和时间；
- DTS 的数字签名。

时间戳产生的过程为：用户首先将需要加时间戳的文件用 Hash 编码加密形成摘要，然后将该摘要发送到 DTS，DTS 在加入了收到文件摘要的日期和时间信息后，再对该文件用其私钥加密形成 DTS 的数字签名送回用户。

值得注意的是，书面签署文件的时间是由签署人自己写上的，而数字时间戳则不然，它是由认证单位 DTS 来加的，以 DTS 收到文件的时间为依据。

5.3.3 数字证书

所谓数字证书，就是用电子手段来证实一个用户的身份及用户对网络资源的访问权限。运用它可以唯一确认安全电子商务交易双方身份，这样在电子交易中，双方就可不必为对方身份的真伪担心。

数字证书一般由认证中心(CA)签发，认证中心会在数字证书上做相应的数字签名。CA 是具有权威性和公正性的第三方，通常是企业性的服务机构。其主要任务是受理数字证书的申请、签发及对数字证书进行管理。

数字证书的内部格式是由 CCITT 的 X.509 国际标准规定的，它必须包含以下内容。

- 数字证书的版本号(目前已有四个版本)；
- 数字证书的序列号；
- 证书拥有者的姓名；
- 证书拥有者的公钥；
- 公钥的有效期；
- 签名算法；
- 颁发数字证书的单位；
- 颁发数字证书单位的数字签名。

在浏览器 Internet Explorer 中已经内置了许多数字证书，如图 5-4 所示。

单击图 5-4 中的“详细信息”可以查看浏览器中内置数字证书的相应内容。网络上有不少商业性的 CA 公司提供试用版的数字证书申请，读者可以申请并且导入计算机中。

导入的办法很简单，下载相应的数字证书到本地后，单击“导入”按钮，按照提示进行操作即可。

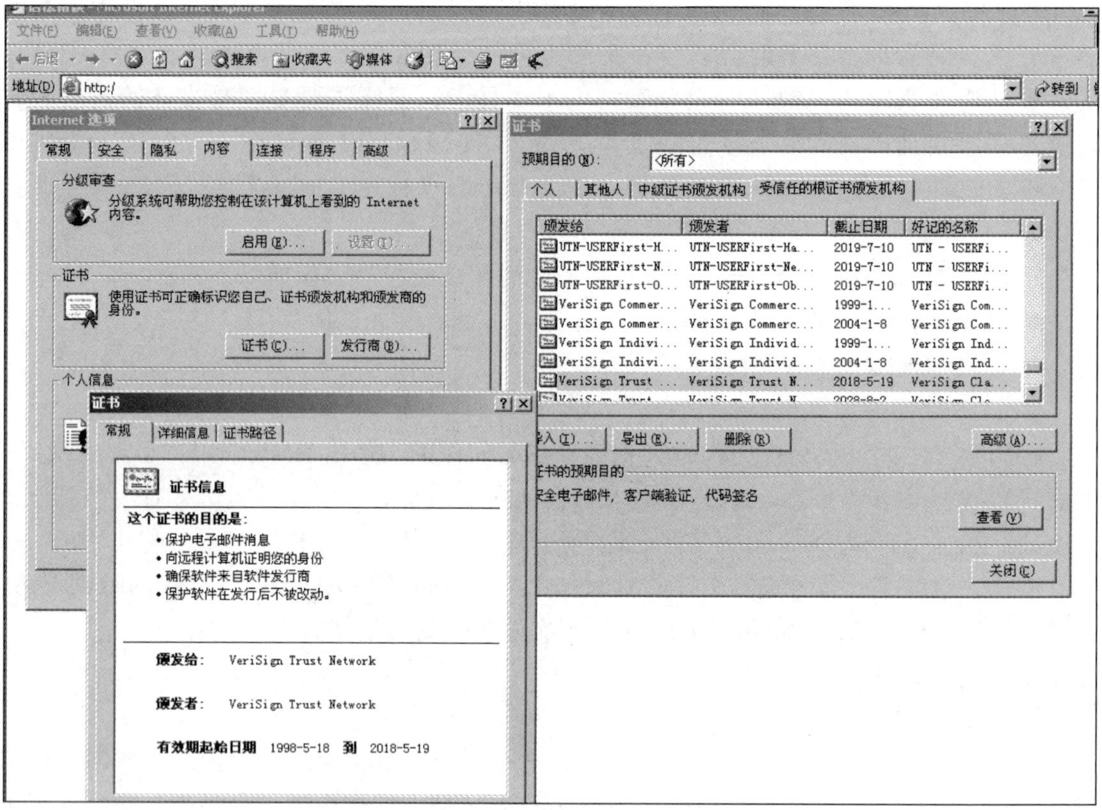

图 5-4 Internet Explorer 中内置的数字证书

从数字证书的格式可以看出证书中包含了数字证书的公钥。那么对应的私钥在哪里呢？私钥是由数字证书的持有者保存的。

数字证书是一种公开信息，而且数字证书的持有者想让所有人都方便地访问到他的证书。任何篡改证书的行为都很容易被发现，则因为使用该证书的软件总要对数字证书进行签名验证，如果数字证书被恶意修改过，则签名验证得出的结果就会和证书上的不匹配。

在电子商务中，数字证书一般有四种类型：客户证书、商家证书、网关证书及 CA 系统证书。

① 客户证书：它为某一个用户提供凭证，一般该类数字证书安装在客户端的浏览器中，并通过安全的电子邮件来进行交易操作。

② 商家证书：为网上的某个 Web 服务器提供凭证，有证书的 Web 服务器会自动将其与客户端浏览器通信的信息加密。

③ 网关证书：支付网关用于证明自己的身份时使用。

④ CA 系统证书：CA 机构通常为各类用户颁发证书，但 CA 也需要拥有相应的数字证书来证明自己的身份。

5.3.4 CA认证中心

CA认证中心承担网上安全电子交易的认证服务，主要负责产生、分配并管理用户的数字证书。创建证书时，CA系统首先获取用户的请求信息，其中包括用户公钥(公钥一般由用户端产生，如电子邮件程序或浏览器等)，CA将根据用户的请求信息产生证书，并用自己的私钥对证书进行签名。其他用户、应用程序或实体将使用CA的公钥对证书进行验证。对于一个大型的应用环境，CA往往采用一种多层次的分级机构，各级的CA类似于各级行政机关，上级CA负责签发和管理下级CA的证书，最下一级CA直接面向最终用户。CA是一个负责发放和管理数字证书的权威机构，主要有以下几种功能。

1．证书的颁发

CA接收、验证用户数字证书的申请，将申请的内容进行备案，并根据申请的内容确定是否受理该数字证书申请。如果CA接受该数字证书申请，则进一步确定给用户颁发何种类型的证书。新证书用CA的私钥签名以后，发送到目录服务器供用户下载和查询。为了保证信息的完整性，返回给用户的所有应答信息都要使用CA的签名。

2．证书的更新

CA可以定期更新所有用户的证书，或者根据用户的请求来更新用户的证书。

3．证书的查询

证书的查询可以分为两类，其一是证书申请的查询，CA根据用户的查询请求返回当前用户证书申请的处理过程；其二是用户证书的查询，这类查询由目录服务器来完成，目录服务器根据用户的请求返回适当的证书。

4．证书的作废

当用户的私钥由于泄密等原因造成用户证书需要申请作废时，用户需要向CA提出证书作废请求，认证中心根据用户的请求确定是否将该证书作废。另外一种情况是证书已经过了有效期，CA自动将该证书作废。CA通过维护证书作废列表(Certificate Revocation List，CRL)来完成上述功能。

5．证书的归档

证书具有一定的有效期，过了有效期之后就将作废，但是不能将作废的证书简单地丢弃，因为有时可能需要验证以前的某个交易过程中产生的数字签名，这时就需要查询作废的证书。基于此类考虑，认证中心还应当具备管理作废证书和作废私钥的功能。

5.3.5 安全交易认证技术的综合应用

数字摘要、数字签名、数字时间戳、数字信封、数字证书、认证中心及信息加密，是保证电子商务交易安全的一些常用手段。在现实中常常将这些手段进行综合应用，从而构建起安全的电子交易体系。安全交易认证技术的综合应用流程如图5-5所示。

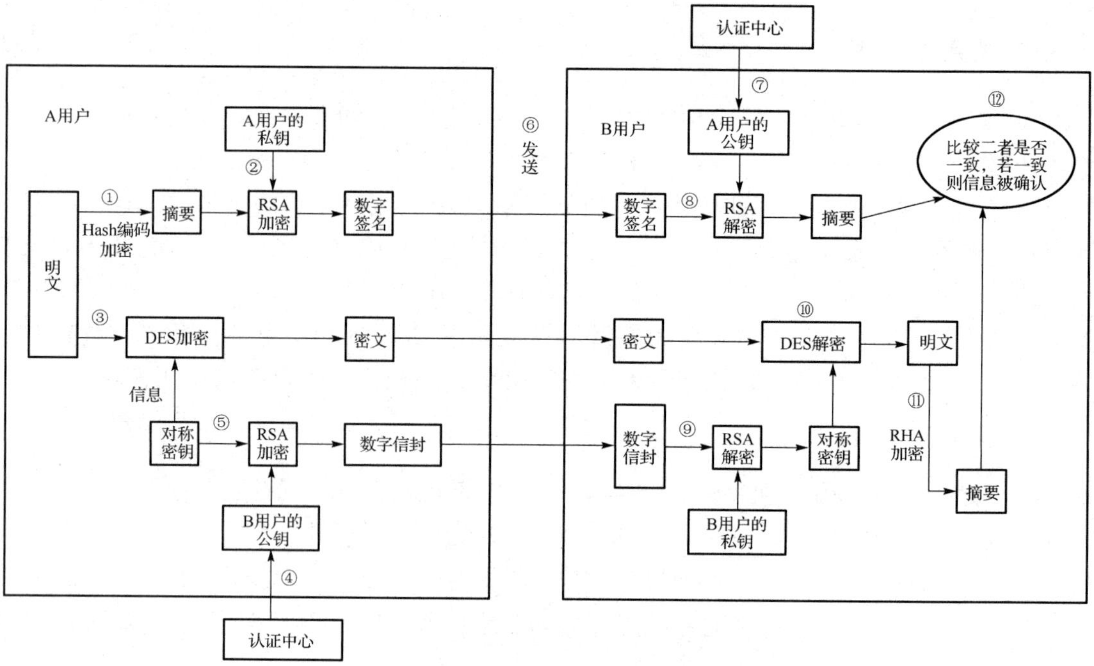

图 5-5　安全交易认证技术的综合应用流程

5.4　SSL 与 SET 安全协议

为了保障电子商务的安全性，人们制定了一些安全协议，其中比较著名的有 SSL 安全协议和 SET 安全协议。

5.4.1　SSL 安全协议

安全套接层(Secure Socket Layer，SSL)协议是由 Netscape 公司于 1994 年研究制定的安全通信协议，它能够对信用卡和个人信息提供较强的保护，在浏览器和服务器之间建立一个安全通道，加密浏览器与服务器之间的通信数据。

1. SSL 安全协议的主要目标

① 将对称密钥加密技术和非对称密钥加密技术相结合，在浏览器与 Web 服务器之间建立一条安全通道，保证在 Internet 中传输文件的保密性，防止非法用户进行破译。

② 利用认证技术和第三方 CA，识别浏览器与 Web 服务器之间的身份，确认用户和服务器的合法性，确信数据确实被发送到想要发送的客户机和服务器上。

③ 利用 Hash 函数和数字签名技术，保证所有经过 SSL 处理的信息在传输过程中能准确无误地到达目的地。

2. SSL 安全协议的结构

SSL 安全协议主要用于传输密码和信用卡号等敏感信息，SSL 安全协议工作在 TCP 层之上，可以实现浏览器和服务器相互的身份认证。它由两层协议构成，共包含四个子协议。高层的应用协议可以透明地工作于 SSL 层之上，其协议栈结构如图 5-6 所示。其中比较重要的是 SSL 握手协议和 SSL 记录协议。

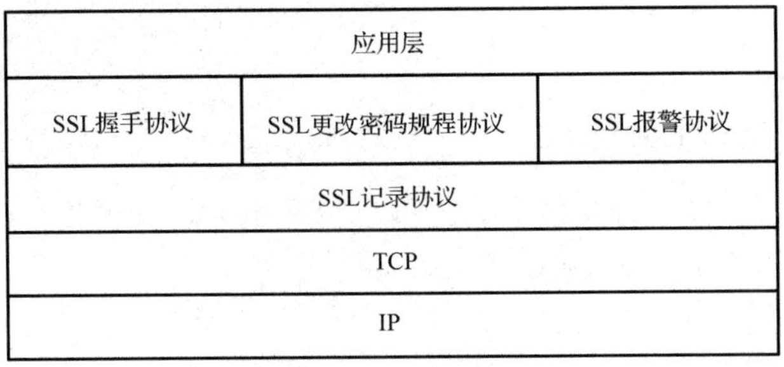

图 5-6　SSL 协议栈结构

SSL 握手协议位于 SSL 记录协议之上。它用于数据传输前进行服务器和浏览器之间的身份认证，同时双方协商采用的协议版本、加密算法等参数，确定加密数据所需的对称密钥，采用公钥加密技术产生共享机密。

SSL 记录协议定义要传输的数据格式，它位于 TCP 层之上，从高层的 SSL 子协议接收数据进行封装，同时用对称密钥加密，通过 TCP 层进行传输。

3．SSL 安全协议的运行过程

SSL 握手协议利用 SSL 记录协议，在支持 SSL 的客户端和服务器之间建立安全传输通道之后提供一系列消息，一个 SSL 传输过程需要先握手，这个过程通过以下步骤进行。

① 接通阶段。客户通过网络向服务商打招呼，服务商回应。

② 密码交换阶段。客户与服务器之间交换双方认可的密码，一般选用 RSA 密码算法。

③ 产生会谈密码阶段。客户与服务商间产生彼此交谈的会谈密码。

④ 检验阶段。检验服务商取得的密码。

⑤ 客户认证阶段。验证客户的可信度。

⑥ 结束阶段。客户与服务商之间相互交换结束的信息。

当上述动作完成之后，两者间传送的资料就会被加密后再传输，另外一方收到资料后再解密。

在电子商务交易过程中，由于有银行参与，按照 SSL 安全协议，客户购买的信息首先发往商家，商家再将信息转发给银行，银行验证客户信息的合法性后，通知商家付款成功，商家再通知客户购买成功，将商品寄送客户。在流程中可以看到，SSL 安全协议有利于商家而不利于客户。客户的信息首先传到商家，商家阅读后再传至银行，这样客户资料的安全性便受到威胁。在电子商务的开始阶段，由于参与电子商务的公司大都是一些大公司，信誉较高，这个问题没有引起人们的重视。随着电子商务参与厂商的迅速增加，SSL 安全协议的缺点完全暴露出来。SSL 安全协议逐渐被新的电子商务协议(如 SET)所取代。

5.4.2　SET 安全协议

SET(Secure Electronic Transaction)协议是为了解决客户、商家和银行之间通过信用卡支付的交易安全问题，由 VISA 和 MasterCard 两大信用卡公司于 1997 年合作制定的。

它是为在线交易而设立的开放的、以电子货币为基础的电子付款系统规范。SET 在保留对客户信用卡认证的前提下，又增加了对商家身份的认证。由于设计合理，SET 安全协议得到了许多大公司和消费者的支持，已成为全球网络的工业标准，其交易形态将成为未来电子商务的规范。

1. SET 安全协议的主要目标

SET 安全协议的主要目标是保证支付信息的机密性、支付过程的完整性、商家及持卡人身份的合法性及交易的不可抵赖性。

(1) 机密性

SET 安全协议采用非对称密钥加密技术来保证信息传输的机密性；还可以通过双重签名的方法将信用卡信息直接从客户方通过商家发送给商家的开户行，而避免商家窥探客户的账号信息。

(2) 完整性

通过 SET 安全协议发送的所有报文加密后，将产生一个数字摘要，利用数字摘要的唯一性保证信息传输的完整性。

(3) 身份的合法性

SET 安全协议可使用数字证书来确认交易各方的身份，包括商家、持卡客户、受卡行和支付网关，为在线交易提供完整的可信赖的环境。

(4) 不可抵赖性

SET 交易中数字证书的发布过程也包括商家和客户在交易中存在的信息。

2. SET 安全协议的运行过程

SET 安全协议的运行过程如图 5-7 所示。

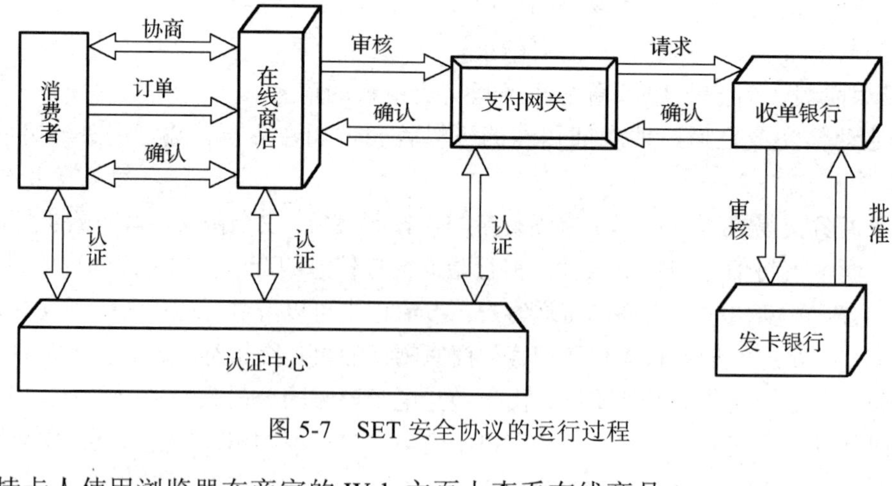

图 5-7　SET 安全协议的运行过程

① 持卡人使用浏览器在商家的 Web 主页上查看在线商品。

② 持卡人选择要购买的商品。

③ 持卡人填写订单。

④ 持卡人选择付款方式。当选择用 SET 方式进行付款时，SET 开始起作用。

⑤ 持卡人发送给商家一个完整的订单及要求付款的指令。在 SET 中，订单和付款指令由持卡人进行数字签名。同时，利用双重签名技术保证商家看不到持卡人的账号信息。

⑥ 商家接受订单后，向持卡人的金融机构请求支付认可。通过支付网关到银行，再到发卡机构确认，批准交易。然后返回确认信息给商家。

⑦ 商家发送订单确认信息给顾客。

⑧ 商家给顾客装运货物或完成订购的服务。

⑨ 商家从消费者的金融机构请求支付。

SET 标准中定义了第 4～9 步这些步骤中使用的通信协议、请求信息的格式、数据类型等。在上述操作的每一步，持卡人、商家、支付网关都通过 CA 来验证通信主体的身份，以确保通信的对方不是冒名顶替的。

SET 对商家提供了保护自己的手段，使商家免受欺诈的困扰，降低运营成本；对消费者而言，SET 保证了商家的合法性，并且用户的信用卡不会被窃取，SET 替消费者保守了更多的秘密使其在线购物更加轻松；对银行和发卡机构及各种信用卡组织来说，SET 使得信用卡网上支付具有更低的欺骗概率，这使得它比其他支付方式具有更大的竞争力，从而帮助它们将业务扩展到互联网这个广阔的空间；SET 对于参与交易的各方定义了互操作接口，一个系统可以由不同厂的新产品构建。SET 安全协议存在的主要问题是：SET 要求在银行网络、商家服务器、顾客的 PC 上安装相应的软件，同时，SET 还要求必须向各方发放证书，因此，SET 要比 SSL 昂贵得多，从而阻碍了 SET 的发展。

5.4.3 SSL 与 SET 安全协议的比较

SET 定义了银行、商家、持卡人之间交换的报文的标准，SSL 只在通信的两方之间建立了一条安全通道。SSL 是面向连接的，而 SET 允许各方之间的报文交换不是实时的。SET 报文能够在银行内部网或其他网络上传输。

从费用上看，SET 协议过于复杂，处理速度慢，支持 SET 系统的费用很高，它需要持卡人、商家、支付网关等计算机系统上均安装相应的软件；而使用 SSL 安全协议成本很低，大部分浏览器都内置了支持 SSL 的代码。

SET 安全协议也可以用在系统的一部分或全部。

从认证方面看，SET 的安全需求较高，持卡人、商家、支付网关都必须先申请数字证书来识别身份；而在 SSL 中，只有商家的 Web 服务器需要认证，客户认证则是可选的，也可以选择不使用客户认证。

从安全性方面看，一般认为 SET 的安全性较 SSL 高，在整个交易过程中，持卡人到商家、商家到支付网关再到银行网络的通信都受到严密的保护。

从市场占有率来看，由于 SET 的设置成本较 SSL 高很多，并且进入国内市场的时间不如 SSL 早，目前普及率还不如 SSL 高。SSL 由于简洁通用，因此在长时间内，这两个安全协议都会有自己的用户群存在。

本章小结

本章阐述了电子商务安全及其所涉及的主要技术和电子商务安全协议。电子商务安全的现状是不容乐观的，导致了对电子商务安全的需求。加密技术主要包括对称密钥加密和非对称密钥加密技术。数字签名技术的实现基础就是公钥加密技术，它是实现交易安全的核心技术之一。数字时间戳技术能提供电子文件的日期和时间信息的安全保护。数字证书提供了一种在 Internet 上验证用户身份的方式，它是由认证中心发行的。电子商务安全协议有 SSL 安全协议和 SET 安全协议。

思考题

1. 简述常见的加密算法及其分类。
2. SSL 与 SET 对比，有哪些差异？
3. 简述数字证书的作用。

上机实验

在http://www.verisign.com或http://www.itrus.com.cn上完成网上数字证书的申请、安装，并相互发送签名和加密邮件。

案例分析

网站安全是根本

1．综述：垃圾邮件泛滥 神秘黑客攻击美五大网站

2 月 8—10 日，一伙神通广大的神秘黑客在三天的时间里接连袭击了互联网上包括雅虎、美国有线新闻等在内的五个最热门的网站，并且造成这些网站瘫痪长达数个小时。接二连三的大规模网络袭击行动现在已经引起世界各大网络公司和网站主持者的高度警觉，就连美国司法部、美国联邦调查局也被惊动了，已决定介入对这几起网络袭击事件的调查。

网络袭击导致世界五大网站连连瘫痪。美国东部时间 2 月 7 日上午 9 时 15 分(北京时间 2 月 8 日)，全世界各地成千上万的国际互联网用户跟平常一样打开计算机，准备登录雅虎网站。雅虎网站是继美国在线之后排名第二的大网站，现有注册用户 1 亿个，平均每天传送的资料多达 4.65 亿页，每月吸引的访问者多达 4200 万人。

遭到袭击后，雅虎的技术人员大惊失色，赶紧采取紧急措施一边查明黑客的袭击手段，一边立即进行紧急补救。技术人员知道，现在正是一年中网上购物最活跃的时期，如果不能及时恢复服务的话，那么就意味着数百万美元的交易将落空。

技术人员很快发现，黑客使用了一种名为“拒绝服务”的入侵方式，在不同的计算机上同时用连续不断的服务器电子请求来轰炸雅虎网站。说白了，这种方式类似于某人通过不停拨打某个公司的电话来阻止其他电话打进，从而导致公司通信瘫痪。在袭击进行到最高峰的时候，网站平均每秒要遭受一千兆字节数据的猛烈攻击，这一数据量相当于普通网站一年的数据量！面对如此猛烈的攻击，雅虎的技术人员却束手无策，只能眼睁睁地看着泛滥成灾的电子邮件垃圾死死地堵住了雅虎用户上网所需的路由器。

10时15分，汹涌而来的垃圾邮件堵死了雅虎网站除电子邮件服务等三个站点所有的路由器，雅虎公司大部分网络服务均陷入瘫痪，公司不得不将网站入口关闭。此时，美国的雅虎用户根本无法登录雅虎的任何站点，而世界各地其他的用户也只能登录雅虎59%的站点。

13时25分，雅虎公司的技术人员终于设法识别出了电子请求的数据类型，并且加上新的邮件过滤器将其滤去，这才部分恢复了正常的服务，有70%的网站重新为用户提供服务。

美国东部时间2月8日，也就是雅虎网站遭袭后的第二天，尽管世界各著名网站已经高度警惕，但还是再次遭到这些神秘黑客的袭击。世界最著名的网络拍卖行eBay因神秘客袭击而瘫痪了整整两个小时，以致任何的用户都无法登录该站点；赫赫有名的美国有线新闻网CNN随后也因遭神秘客的袭击而瘫痪近两个小时；风头最劲的购物网站Amazon.com也被迫关闭一个多小时！

eBay网站发言人罗宾-佐恩在接受记者采访时透露说，该网站实际上瘫痪了整整3个小时零10分钟，跟雅虎的瘫痪时间一模一样。当时，神秘的袭击者以每秒800兆字节的数据猛攻网站，这一数据量相当于正常数据量的24倍，不堪重负的网站终于在美国东部时间下午5时45分彻底瘫痪。网络公司赶紧向其客户发出了一份紧急通知，坦言网站正在遭受黑客的袭击，但有关客户的机密数据却丝毫未损。这份紧急通知还给其客户吃定心丸说：“我们正在采取多种措施反击黑客的袭击，并且与当地和联邦政府有关部门、互联网服务商及我们的合作伙伴紧密协作。”CNN网站也在长达1小时45分钟的时间内无法登录。不过，该网站后来由服务商提供了一道“防火墙”，之后用户才可以重新登录；而Amazon.com网站也有1小时不能为顾客提供购物服务。

2月9日(北京时间2月10日)，澳大利亚悉尼一家公司的网站也遭到了同样的网络袭击。这家名叫“比蒂有限公司”的网站在过去三个星期的时间内接连20多次遭受黑客用“拒绝服务”软件的袭击，每次都导致整个网站瘫痪，而且一瘫就长达数小时。

五起袭击事件给全世界敲响警钟。三天内发生的这五起网络大规模袭击事件有着惊人的相似之处：首先，袭击者用数以亿万计的垃圾邮件猛烈袭击目标网站，从而导致该网站网路堵塞，最终因不堪重负而彻底瘫痪，从而使全世界各地的用户都无法登录该网站；其次，袭击者似乎分布在世界各地，因为这些垃圾邮件是从世界各地的多个互联网连接点发出的。以雅虎网站遭遇袭击为例，当时互联网50处不同的节点一起向雅虎发起袭击，袭击者显然是经过严密协调的。

网站瘫痪事件发生后，尽管这几家世界著名的网络公司高层官员在接受记者采访时均表示，目前还不知道这几起神秘客袭击事件是否相互联系，但美国的网络安全专家却一致认为：从网络袭击事件发生的时间和袭击手法来看，这数起严重的网络袭击事件是相关的。美国网络安全公司的主管埃里亚斯表示：“这数起网络袭击事件跟雅虎网站遭袭击事件相隔仅一天，所以能发动这种袭击的幕后指使绝非无名小辈，他或他们肯定有一大帮的盟友分布在世界各地共同对网站发起袭击。我敢说，他或他们还会袭击更多的目标。”雅虎网站的发言人表示：“此前，雅虎也发生过类似的事件，因此安装了专门的垃圾邮件过滤器，但我们这次仍再次遭到袭击，看来，我们的邮件过滤器也不是万能的。”

专门研究如何对付黑客破坏活动的美国卡内基梅隆大学的“计算机紧急反应小组”则对这几次网络袭击进行了更深入的分析。该小组在一份紧急报告中认为：“早在去年年底，计算机安全专家就对一种名为‘分发系统入侵工具’的软件感到不安，因为这种软件能让黑客轻而易举地‘遥控’致瘫一个网站。最近几个月来，黑客借助‘分发嗅探器’、‘扫描器’和‘拒绝服务器’等软件频频对世界各地的网站发起袭击。最可怕的是，多名黑客可以借助同样的软件在不同的地点‘集中火力’对一个或多个网站发起攻击，黑客还可以把这些软件神不知鬼不觉地通过互联网安到别人的计算机上，然后在计算机主人根本不知道的情况下借别人的计算机为平台对网站发起攻击！”

还有一些不愿意透露姓名的计算机安全专家披露说，实际上，类似的网络袭击事件早在三四年前就开始了，光是本月初，同样的袭击事件就曾使美国地方、地区和全国的数个网站无法提供服务。然而，出于对网站名声、信誉和其他因素的考虑，这些遭袭击的网站都不愿意曝光自己遭袭击的事实，甚至根本不承认自己的网站遭到黑客的袭击。

对于这五起袭击事件造成的损失，各大网络公司都讳莫如深。尽管所有遭袭击的网络公司都一再强调这次袭击没有损害用户的利益，但公司本身的损失却相当惨重。

雅虎公司发言人在袭击事件发生后一再强调说，由于雅虎公司使用先进保密技术，所以数据库没有受到侵袭，用户的机密数据没有被破坏或者丢失，公司的损失也不算大。从表面上看，雅虎的损失确实不大，袭击事件发生的当天，华尔街股市上雅虎的股值并没有下跌。然而，网络专家却认为，由于现在正是网上购物的活跃时期，3 小时的无法服务就意味着数百万美元的交易落空。此外，对于给广告用户造成的损失，雅虎表示会在今后的几天时间里设法加排广告以示补偿。

对于 eBay 公司来说，这次袭击事件无疑是雪上加霜。1999 年 6 月，eBay 网站因遭黑客袭击而瘫痪了整整 22 个小时，从而使公司的股值在五天的时间内损失了 26%！去年 11 月，该网站在三天的时间内因遭黑客袭击再次瘫痪 4 个多小时。此后，公司被迫投资 1800 万美元用于改善网络的安全运作。即便如此，eBay 网站在此次袭击中仍未能逃脱瘫痪的噩运。

袭击事件惊动美国司法部和联邦调查局。网络袭击事件立即引起了美国的安全专家和互联网公司的高度警觉，因为这股网络袭击浪潮看起来没有停止的意思。

美国一家互联网公司的经理列维不无担忧地说：“如果连世界头号网站雅虎都避免不了瘫痪的结局的话，那么其他的网站对于神秘袭击者来说更是小菜一碟了。”

专门跟踪全世界网络运行情况的美国硅谷的 Keynote 系统公司的公务服务部总管唐-托德感叹地说：“雅虎是互联网世界最可靠的网站之一，因此，这次袭击事件给所有依靠互联网开展商务的人都提了一个醒：就连最可靠的网站也可能遭受袭击、中断服务。依我看，这次袭击事件还给我们这么一个警示：不管你事先准备得多么完善，不管你有多少套应急方案，不管你系统设计得多么完美，都仍有可能因遭到攻击而出错。”

雅虎公司的发言人也坦言:“我们以前也碰到过类似的袭击事件,但由于袭击的规模要小得多,所以公司的技术人员只需稍稍修改一下数据进出路径,就能避免网络瘫痪,但这次袭击却是一次非常非常严重的网络袭击:袭击者来自如此之多的地点,时间如此地协调一致,以至于将雅虎公司打个措手不及,所以我们当时确实无法阻止袭击。不幸的是,我们还无法保证将来就再也不会发生类似的袭击事件。我们可以给自己的网站安装邮件过滤器,但这些黑客却能想方设法绕过过滤器。所以谁也无法保证100%解决这道难题。这不能不让人感到遗憾!”

美国司法部和联邦调查局对这几起网络袭击事件表示高度关注。联邦调查局率先与第一个受害者雅虎公司联系,表示联邦调查局准备调查这起严重的网络袭击事件。雅虎公司的发言人丹尼尔-哈特透露说:“我们现在正在跟美国联邦调查局进行接洽,打算在今后几天时间里搜集更多的材料,以便供双方进行讨论。”

不过,到目前为止,美国司法部和联邦调查局的代表都承认,他们目前还没有掌握任何有关这次袭击事件的线索,不知道谁是这些袭击事件的幕后指使,有多少台计算机卷入这些袭击事件,袭击的原因和袭击的地点也不知道。就连美国司法部长雷诺也在新闻发布会上承认:“我们不清楚这些袭击事件的动机,但美国政府有关各部将与受害公司密切合作,想方设法揪出幕后的指使。”美国联邦调查局也扬言,如能揪出幕后黑手的话,那么他或者他们将被判五年至十年的监禁,并课以25万美元或者受害者损失的双倍罚款。

(资料来源:2000年2月11日,半岛晨报)

2. 美国90%的IT企业表示对黑客攻击准备不足

美国的IT企业团体ITAA(Information Technology Association of America),就最近频繁发生的针对著名站点的集中攻击(Denial of Service,DoS),听取了6000人的意见。此次调查以该团体的机关杂志的读者为对象,使用因特网进行,被调查者43%是IT技术人员,24%是管理人员。结果如下。

被调查者的90%感到,电子商务服务对类似DoS攻击还没有充分的防止对策。另外,其中55%认为该问题已明显成为电子商务的危机。

59%的被调查者支持这样的观点,即2月份的DoS攻击在美国的电子商务中已成为一个转折点。65%的被调查者表示今后上网进行交易时要谨慎留意。

(资料来源:2000年3月7日,日经BP社)

3. 克林顿认为电子商务安全问题影响网络发展

克林顿日前在加州圣何塞向硅谷高级管理人员发表谈话,要求在线公司制定更加严格的安全政策,以保护网上消费者的利益。

克林顿在硅谷公司高级管理人员参加的“通信与社会论坛”上说,电子商务安全是个大问题,提供电子商务的公司如果没有严格的安全措施,将阻碍因特网的进一步发展。他认为,在线公司应保证消费者信息在网上传送和储存过程中的安全性;在线公司应向消费者声明收集了他们的哪些个人信息及将如何使用;消费者信息被在线公司之外的第三方使用前,在线公司应该先征得消费者的同意;一些涉及消费者利益的信息如医疗和金融数据应得到重点保护。

克林顿希望在线公司在保护消费者隐私方面做出令人满意的决策。他表示，网络空间的开放性应该继续得到保证，因为只有这样才能激励创新。他同时指出，还应认识到网络空间是一个责任共担的“社区”。

迄今，美国有 60%以上的网站制定了消费者隐私保护政策，而去年这一比例只有15%。调查表明，对网络安全缺乏信心是越来越多消费者不愿在网上购物的主要原因。在线公司在提供网上交易服务的时候能够获得消费者的信息，而黑客入侵导致的一系列客户资料泄露事件致使许多消费者担心网上交易会危及他们的金融安全。

（资料来源：2000 年 3 月 8 日，InfoWeb）

思考题：

1. 看完第一篇报道后，你对网络安全有何感想？
2. 你是否同意克林顿的看法？
3. 你对我国电子商务站点安全有何建议？

第三篇 商 务 篇

第6章　网 上 支 付

学习目标

1. 了解网上支付的概念、运作流程。
2. 掌握电子现金、电子支票的基本概念。
3. 熟悉网上银行、第三方支付操作流程。

引例

招商银行提供的网上个人银行专业版是基于互联网平台开发的网上个人银行理财软件，采取严密的 X.509 标准数字证书体系，通过国家安全认证。运用数字签名技术和基于证书的强加密通信管道，确保客户身份认证和数据传输及密码输入的安全。该软件建立在严格的客户身份认证基础上，对参与交易的客户发放证书，交易时验证证书。

网上个人银行专业版建立在“数字证书”的存储、使用基础上，专业版采用“数字证书 + 密码”的登录方式。数字证书分为文件数字证书和移动数字证书两种，文件数字证书可保存在计算机、移动介质中，并可进行复制，安全性较大众版大幅提升；移动数字证书是一个带智能芯片、形状类似于 U 盘的硬件设备，并应用了智能芯片信息加密技术的一种数字签名工具，不可查看、复制，具有唯一性。客户进行登录交易需同时持有移动数字证书和客户密码方可登录专业版，任何人都无法利用您的身份信息和账户信息通过互联网盗取您的资金。“移动数字证书”为最安全的交易方式，我们建议客户使用“移动数字证书”这种最为便捷安全的网上交易方式。

（资料来源：招商银行网上银行　www.cmbchina.com）

6.1　网上支付概述

电子商务是一种全新的商务模式，对传统支付结算模式的冲击很大。传统的支付结算系统以手工操作为主，以银行的金融专用网络为核心，通过传统的信道(邮递、电报、传真等)来进行凭证的传递，从而实现货币的支付结算。其中使用的支付工具不论是现金还是票据，都是有形的，在安全性、认证性、完整性、不可否认性上有较高的保障，形成一套比较成熟的管理运行模式，但存在效率低下、成本高等缺点。在电子商务环境下，这种传统的支付方式已不适应商务活动电子化的要求，而必须由全新的电子支付方式来代替。由于使用的传输网络、传输协议和支付程序等方面的不同，在实践中衍生出了各种各样的电子支付方式。

6.1.1 传统支付方式

传统的支付方式主要有现金支付、票据支付和银行卡支付三种类型。

1. 现金支付方式

传统的现金支付工具具有举足轻重的作用。有的国家甚至 70%～95%的交易都是使用现金来支付的，其他支付工具的使用也是建立在能与现金自由兑换的基础上的。之所以如此，是因为现金具有以下特点。

① 现金(特指某国的法定货币)以国家强制力赋予的信用为后盾，是法律规定的最终的支付手段，具有普遍的可接受性。

② 现金支付具有分散、匿名、使用方便、无交易费和灵活等特点。

③ 现金支付具有技术上的“离线处理”的特性，收、付款双方通过亲身参与鉴定现金的真伪，不需任何机构的联网确认和支持。

④ 现金发行上的有限性(稀缺性)维持了人们对现金价值的信任。

在传统支付方式中，现金支付过程比较简单，最适合于低价值的交易，常用于企业(主要是商业零售业)对个人消费者的商品零售过程，这种支付方式的缺陷在于：

① 受时间和空间的限制，对于某些不谋面的交易活动，就无法采用现金支付。

② 大宗交易必须携带大量的现金，携带不便及不安全因素在一定程度上限制了现金作为支付方式的采用。

目前在商贸实务过程中普遍使用的支付方式还是所谓的“三票一卡”，即汇票、本票、支票和银行卡。

2. 票据支付方式

这是一种以银行存款作为支付手段的非现金结算方式，也称转账支付方式，多用于企业之间的商贸过程。

票据是按票面记载的金额在一定期限内完成支付行为的书面约束凭证，是国际通行的结算和信用工具。票据支付实质上就是一种数据的交换，票据不过是信息的具体载体而已。各类单证、票据上的信息反映了商贸实务处理过程中的金融行为，反映了资金在买卖双方账户之间的流动，最后通过买卖双方代理银行之间的资金清算系统来兑现各种金融行为、票据等。票据分为汇票、本票、支票三大类。票据支付过程中有三个当事人，即出票人、收款人和付款人。支票的付款人为银行。

票据支付方式是以票据的转移代替实际的资金的转移，这样可大大减少现金在保管、携带、输送中的麻烦和风险，而且在支付日到来之前，付款人在这段时间内可充分运用资金。票据支付方式在异地交易中已经成为代替现金支付方式的最佳工具。

票据的使用过程如下。

① 出票人(债务方，在银行须存入足够的资金)签发支票或其他票据交给收款人(债权方)以结清债务。

② 约定的日期到来时，持票人将该票据原件提交给付款人(银行)，办理现金支付或转账业务。

③ 银行代理承兑票据，在票据审核无误后，按出票人的委托，无条件按提示的金额支付给收款人或持票人。

票据支付方式涉及资金清算系统。资金清算系统实质上用于结算各金融机构之间相互欠下的应兑付的各种票据金额。当票据积累到一定程度时，各金融机构就要进行资金清算。在电子票据数据交换条件下，资金清算的周期一般都是24小时。纸质支票一直是传统银行业务中大量采用的支付工具。

3. 银行卡支付方式

银行卡是由银行等金融机构发行的，主要有信用卡、借记卡、现金卡、支票卡和电子钱包卡等。目前世界各地有上万家银行发行了银行卡，银行卡已经成为人们金融活动的常用工具；银行为持卡人和特约商户提供高效的结算服务，十分灵活方便，这使得消费者乐于持卡购物和消费。

银行卡的传统支付流程如下。

① 客户在特约商家持卡消费，商家现金出纳系统将顾客的消费金额输入POS终端。

② 读卡器读取信用卡磁条或芯片中的认证数据，顾客输入密码。

③ 将前两步输入的数据送往信用卡机构。

④ 信用卡机构基于收到的数据验证信用卡的合法性、顾客密码及信用额度，更新顾客数据库文件，并将处理结果数据实时送回POS终端。

⑤ 现金出纳系统对处理结果数据进行确认后，将商品及收据交给顾客。

⑥ 信用卡机构计算机中心将处理过的申请支付数据通过网络传送给相应的银行。

⑦ 银行收到申请支付数据后，从顾客的账户支出该款项，同时存入特约商家的账户。

在信用卡支付过程中，信用卡金融信息系统将特约商家、信用卡发行机构及银行的计算机系统联网。在顾客利用信用卡消费时，款项的支付过程通过联机系统实时处理。利用信用卡机构的计算机中心使银行在非营业时间段也能支持顾客的交易。先将产生的转账数据存储在信用卡机构的计算机中心，待银行开始营业后再处理。利用信用卡机构的顾客数据库使得诸如信用卡的挂失、停止使用和合法性的确认等业务的处理更加容易。

银行借记卡的支付流程与上述信用卡支付流程的区别在于，客户在特约商家持卡消费时，商家现金出纳系统将顾客的消费金额输入POS终端，读卡器读取客户借记卡磁条或芯片中的认证数据，客户输入密码。客户的支付信息不经过信用卡机构，而是通过银行的金融专用网络直接传送给银行，再由银行认证处理支付信息，进行划账。

6.1.2 网上支付方式

1. 电子支付方式的发展历程

电子支付方式的发展经历了以下五个阶段。

(1) 第一阶段

银行利用计算机及网络处理银行之间的业务，办理结算。

(2) 第二阶段

银行计算机与其他机构计算机之间资金的结算，如代发工资等业务。

(3) 第三阶段

利用网络终端向客户提供各项银行服务，如为客户在自动柜员机(ATM)上提供的取存款服务等。

(4) 第四阶段

利用银行销售点终端（POS)向客户提供自动的划账服务，这是现阶段电子支付的主要方式。

(5) 第五阶段

通过因特网进行直接转账结算，这是电子支付发展的最新阶段。

电子支付方式可以分为非因特网环境下的电子支付和因特网环境下的电子支付。电子支付发展的前四个阶段属于非因特网环境下的电子支付，而第五阶段属于因特网环境下的电子支付，它形成了电子商务的环境，也称为电子商务的网上支付。网上支付是电子商务的关键环节之一。

2. 网上支付的概念

电子商务的网上支付是指电子交易的当事人使用安全电子支付手段通过因特网进行的货币支付或资金流转。它是一种在金融电子支付体系的基础之上发展起来的、主要依托于因特网的实时支付方式。

3. 网上支付的特点

与传统的支付方式相比，网上支付具有以下特点。

(1) 网上支付在开放的网络系统中以先进信息技术来完成信息传输，其各种支付方式都是采用数字化的方式进行款项支付的，而传统的交易支付方式则以传统的通信媒介通过现金流转、票据转让和银行的汇兑等物理实体来完成款项的支付。

(2) 网上支付的工作环境是基于一个开放的系统平台(互联网)，而传统支付则是在较为封闭的系统中运作。

(3) 网上支付对软、硬件设施的要求很高，一般要求有联网的微机、相关的软件及一些配套设施，而传统的交易支付方式对设施没有什么特殊的要求。

(4) 网上支付具有方便、快捷、高效、经济的优势，用户只要拥有一台联网的微机，便可足不出户，在很短的时间内完成整个支付过程。支付费用仅相当于传统支付方法的几十分之一，甚至几百分之一。

(5) 由于电子支付工具、支付过程具有无形化的特征，它将传统支付方式中面对面的信用关系虚拟化。例如，对支付工具的安全管理不是依靠普通的防伪技术，而是通过用户密码，软硬件加、解密系统及路由器等网络设备的安全保护功能来实现的；为保证支付工具的通用性，需制定一系列标准。

6.1.3 网上支付系统的基本构成

电子商务的网上支付系统基本构成包括活动参与的主体、支付方式及遵循的支付协议等几个部分。活动参与的主体包括客户、商家、银行和认证中心四部分。

网上支付系统的基本构成如图 6-1 所示。

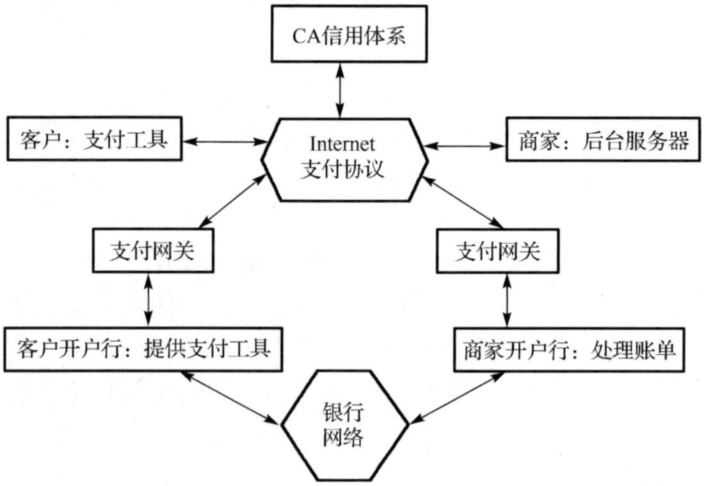

图 6-1　网上支付系统的基本构成

1．客户

客户一般是指商品交易中负有债务的一方。客户使用支付工具进行网上支付，是支付系统运作的原因和起点。

2．商家

商家是商品交易中拥有债权的另一方。商家可以根据客户发出的支付指令向金融体系请求资金入账。

3．银行

电子商务的各种支付工具都要依托于银行信用，没有信用便无法运行。作为参与方的银行方面会涉及客户开户行、商家开户行、支付网关和银行专用网等方面的问题。

① 客户开户行：指客户在其中拥有自己账户的银行，客户所拥有的支付工具一般就是由开户行提供的，客户开户行在提供支付工具的同时也提供银行信用，保证支付工具的兑付。在信用卡支付体系中把客户开户行称为发卡行。

② 商家开户行：指商家在其中拥有自己账户的银行。商家将客户的支付指令提交给其开户行后，就由商家开户行进行支付授权的请求及银行间的清算等工作。商家开户行依据商家提供的合法账单(客户的支付指令)来操作，因此又称为收单行。

③ 支付网关：因特网和银行专用网之间的接口，支付信息必须通过支付网关才能进入银行支付系统，进而完成支付的授权和获取。支付网关的主要作用是完成两者之间的通信、协议转换和进行数据加密、解密，以及保护银行专用网的安全。

支付网关的建设关系着支付结算的安全、银行自身的安全，以及网上支付结算的安排及金融系统的风险，必须十分谨慎。因为电子商务交易中同时传输了两种信息：交易信息与支付信息，必须保证这两种信息在传输过程中不能被无关的第三者阅读，包括商家不能看到其中的支付信息(如卡号信息、授权密码等)，银行不能看到其中的交易信息

(如商品种类、商品总价等)。这就要求支付网关一方面必须由商家以外的银行或其委托的信用卡组织来建设，另一方面网关不能分析交易信息，对支付信息也只是起保护与传输的作用，即这些保密数据对网关而言是透明的。

④ 银行专用网：是银行内部及银行间进行通信的网络，具有较高的安全性，包括中国国家现代化支付系统(CNAPS)、中国人民银行的全国电子联行系统、我国各商业银行的电子汇兑系统、银行卡授权系统等。

4．认证机构

网上支付系统使传统的信用关系虚拟化，代表支付结算关系的参与者只不过是网络上的电子数据。如何确认这些电子数据所代表的身份及身份的真实可信性，就需要建立CA认证体系来确保真实的信用关系。认证机构为参与的各方(包括客户、商家与支付网关)发放数字证书，以确认各方的身份，保证网上支付的安全性。认证机构必须确认参与者的资信状况(如通过其在银行的账户状况、与银行交往的历史信用记录等来判断)，因此也离不开银行的参与。

需要说明的是，在网上交易中，消费者发出的支付指令，在由商户送到支付网关之前，是在因特网上传送的，这一点与持卡POS消费有着本质的区别，因为从商户POS到银行之间使用的是专线。而因特网交易就必须考虑公用网上支付信息的流动规则及其安全保护，这就是支付协议的责任所在。

6.1.4 网上支付的种类

虽然网上支付系统发展的方向是兼容多种支付工具，但现有情况并非如此，因为各种支付工具之间有着较大的差距，在支付流程上也各不相同。从目前已开发出来的各种支付系统来看，一般也只是针对某一种支付工具设计的。因此，根据支付工具不同，网上支付系统大致可分为三类，即信用卡支付系统、电子转账支付系统和电子现金支付系统。

6.2 电子现金

电子现金也称数字现金，它把现金数值转换为一种表示现金的加密序列数，可以用来表示现实中各种金额的币值，它是以数字化形式存在的电子货币。电子现金带来了纸币在安全和隐私性方面所没有的计算机化的便利。

电子现金既具有现钞所拥有的基本特点，又由于和网络结合而具有互通性、多用途、快速简便等特点，已经在国内外的网上支付中广泛使用。数字签名技术的推广应用又使得电子现金的安全性大大提高。在网上交易中，电子现金主要用于小额零星的支付业务，使用起来比借记卡、信用卡更为方便和节省。不同类型的电子现金都有其自己的协议，每个协议由后端服务器软件(电子现金支付系统)的客户端软件(电子现金软件)执行。目前，国外有两种典型的电子现金实用系统：Digicash和Netcash。

6.2.1 电子现金的使用过程

电子现金的使用过程分为以下五步。

1．开立账户，预存普通现金

用户在电子现金发行银行开立账户，在此账户中存入足量的普通现金。需要购买电子现金时，用户需要运行相应的电子现金软件。

2．产生并存储电子现金

用户使用计算机电子现金软件，输入相应的金额，该软件随机产生一个代表一定金额的序列号，套上数字信封，并发往开户银行，要求制作电子现金。银行接收到请求后，将用户的账户上扣除相应的金额，并对这串序列号进行签名。加工后将数据发回用户端，用户即可将用数据表示的电子现金存在本地硬盘上。

3．用电子现金购买商品或服务

用户在同意接收电子现金的商家购买商品或服务，用卖方的公钥加密电子现金后，传送给卖方。

4．资金清算

接收电子现金的商家与电子现金发放银行之间进行清算，电子现金发放银行将买方购买商品的钱支付给卖方。

5．确认订单

卖方获得付款后，向买方发送订单确认信息。

6.2.2 电子现金的特点

电子现金是纸币现金的电子化，它具有以下特点。

1．安全性

电子现金使用了现代密码技术，提供了加密、认证等机制。纸币有遗失、失窃的风险，而电子现金没有介质，不用携带，没有遗失、失窃的风险。

2．匿名性

电子现金可以实现匿名消费。买方用电子现金向卖方付款，除了卖方以外，没有人知道买方的身份或交易细节。在使用中，除了双方的个人记录之外，没有其他关于交易已经发生的记录。因为没有正式的业务记录，连银行也无法分析和识别资金流向，如果电子现金丢失了，就会同纸币现金一样无法追回。

3．成本低

与纸币相比，电子现金的发行成本、交易成本都很低，而且几乎没有运输成本。电子现金易于存储，可以存储在计算机的外存、IC 卡，或者其他更易于传输的标准或特殊用途的设备中。

4. 方便性

电子现金具有现金的特点，可以存、取、转让，也可以申请到非常小的面额，所以电子现金适用于小额交易。另外，电子现金的使用范围比信用卡更广，银行卡支付仅限于被授权的商户，而电子现金支付却不受此限制。

6.2.3 电子钱包

1. 电子钱包概述

在网上购物时使用的电子钱包(Electronic Purse 或 Electronic Wallet)实际上也是一种具有存储值的智能卡，它可以装有银行的或来自家庭中电子钱夹的数字现金，并在正确装配的销售点系统装置上消费。它可以在网络上直接进行小额现金支付，还可以随时通过因特网从银行账号上下载现金以保证电子现金使用的便捷性。它以智能卡为电子钱包的电子现金支付系统，应用于多种用途，具有信息存储、电子钱包、安全密码锁等功能，安全可靠，还可以带密码，保证使用安全。

电子钱包是电子商务中消费者购物时常用的一种支付工具，是在小额购物或购买小商品时常用的新式钱包。在美国，它被设计用于取代现金和许多消费者支付的 10 美元以下的硬币。电子钱包在我国银行的网上服务中已经得到应用。

2. 电子钱包的种类

电子钱包是由位于“英国的硅谷”斯温敦(Swindon)市的西敏寺银行(National-Westminster)开发的一种电子货币“Mondex”，1995 年 7 月首先在斯温敦试用。现在世界上有三种主流开放式电子钱包标准在相互竞争。

(1) Mondex

Mondex 是一种灵活的电子现金，它可以方便地实现资金在一张 Mondex 电子钱包卡和另外一张 Mondex 电子钱包卡之间的划拨。Mondex 还有一个特点，就是它的交易是不被追踪的，这既是 Mondex 最灵活、最优越的地方，因为可以保护持卡人的隐私，但同时又是 Mondex 最具争议的地方，因为银行无法追踪审计每笔交易，会给违法犯罪者进行非法的资金划拨创造条件。而且由于没有银行的审计追踪，这对技术范畴的安全性实现也提出了更高的要求。

目前 Mondex 最大的市场是在亚太地区，澳大利亚、中国香港、中国澳门、中国台湾、日本、印度、印度尼西亚、毛里求斯、新西兰、菲律宾、新加坡、斯里兰卡、泰国、越南都已经得到许可授权。

(2) Proton

Proton 电子钱包由 Proton World 负责其发展。1999 年 1 月，Proton World 与 Verifone、安智、斯伦贝谢等世界主要 POS 机供应商签署了协议，在这些代表全球 50%以上 POS 机市场份额的 POS 机产品中集成 Proton 技术。针对蓬勃发展的电子商务，Proton World 早在 1998 年年底就宣布基于 Proton 的电子钱包可以通过因特网实现安全的资金圈存。与 PC 相连接的集成 Proton 技术的智能卡读卡器，提供了 PIN 码校验和交易金额确认的功能。

用户通过读卡器附带的PIN码输入小键盘所输入的PIN码，将直接与智能卡上存储的PIN码进行校验，PIN码不会在网络上传输，也不会被PC读取，这对用户而言，无疑可以增强他们进行网上购物的信心。

Proton与Mondex电子钱包最大的区别是每笔交易都可以被追踪审计，目前已经有4000万张Proton电子钱包在流通中。

(3) Visa Cash

Visa Cash同样很重视移动电子商务应用，1999年，在英国利兹进行了通过GSM网络向Visa Cash电子钱包充值的试验。Visa Cash也在美国的政府智能卡项目中得到应用。Visa Cash电子钱包在阿根廷、澳大利亚、巴西、加拿大、哥伦比亚、德国、中国香港、爱尔兰、以色列、意大利、日本、墨西哥、挪威、波多黎各、俄罗斯、西班牙、中国台湾、英国、美国等国家和地区得到应用。

6.2.4 电子现金支付方式存在的问题

电子现金在使用中存在以下一些主要问题。

1. 目前的使用量小

只有少数商家接受电子现金，而且也只有少数几家银行提供电子现金开户服务，使用不够普及。

2. 技术要求比较复杂

电子现金对于硬件和软件的技术要求都较高，需要一个大型的数据库存储用户完成的交易和电子现金序列号以防重复消费。因此，尚需开发软硬件成本低廉的电子现金。

3. 存在货币兑换问题

由于电子货币仍以传统的货币体系为基础，因此各国银行只能以各国本币的形式发行电子现金，因此从事跨国贸易就必须使用特殊的兑换软件。

4. 风险较大

如果某个用户的硬盘出现故障并且没有备份的话，电子现金会丢失，就像丢失钞票一样，钱无法恢复，这个风险许多消费者都不愿承担。

5. 不排除出现电子伪钞的可能性

一旦电子伪钞获得成功，那么发行人及其客户所要付出的代价则可能是毁灭性的。

尽管存在种种问题，电子现金的使用仍呈现增长势头。

6.3 电子支票

电子支票(Electronic Check)是一种借鉴纸质支票转移支付的优点，利用数字传递将钱款从一个账户转移到另一个账户的电子付款形式。电子支票使得买方不必使用写在纸上的支票，而是用写在屏幕上的支票进行支付活动。电子支票几乎和纸质支票有着同样的功能。电子支票既适合个人付款，也适合企业之间的大额资金转账，因而可能是最有效率的网上支付手段。

6.3.1 电子支票的支付过程

用户可以在网络上生成一个电子支票，然后通过互联网络将电子支票发向商家的电子信箱，同时把电子付款通知单发到银行。像纸质支票一样，电子支票需要经过数字签名，被支付人数字签名背书，使用数字证书确认支付者/接收者身份、支付银行及账户，金融机构就可以根据签名和认证过的电子支票把款项转入商家的银行账户。电子支票的使用过程如下。

1. 申请电子支票

用户首先必须在提供电子支票服务的银行开户注册，申请电子支票。注册时可能需要输入信用卡和银行账户信息以支持开具支票。电子支票应具有银行的数字签名。用户需要下载银行提供的软件用于生成电子支票。

2. 电子支票付款

(1) 用户向商家发出订单，并选择用电子支票支付。

(2) 用户在计算机上填写电子支票，电子支票上包含支付人姓名、支付人账户名、接收人姓名、支票金额等。用自己的私钥在电子支票上进行数字签名，用卖方的公钥加密电子支票，形成电子支票文档。

(3) 用户通过网络向商家发出电子支票，同时向银行发出付款通知单。

(4) 商家收到电子支票后进行解密，验证付款方的数字签名，背书电子支票，填写进账单，并对进账单进行数字签名。

(5) 商家将经过背书的电子支票及签过名的进账单通过网络发给收款方开户银行。

(6) 收款方开户银行验证付款方和收款方的数字签名后，通过金融网络发给付款方开户银行。

(7) 付款方开户银行验证收款方开户银行和付款方的数字签名后，从付款方账户划出款项，收款方开户银行在收款方账户存入款项。

电子支票交易流程如图 6-2 所示。

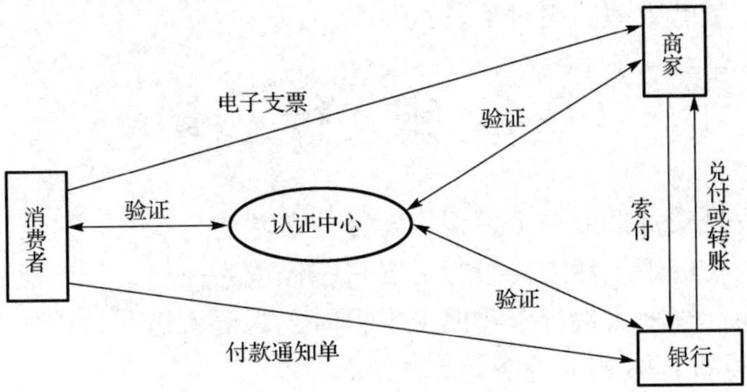

图 6-2　电子支票交易流程

6.3.2 电子支票的特点和优势

1．电子支票的特点

① 电子支票与传统支票工作方式相同，易于理解和接受，简化了顾客的学习过程。

② 加密的电子支票比数字现金更易于流通，买卖双方的银行只要用公开密钥认证确认支票即可，数字签名也可以被自动验证。

③ 电子支票适于各种市场，可以很容易地与 EDI 应用结合，推动 EDI 基础上的电子订货和支付。

④ 电子支票技术将公共网络连入金融支付和银行清算网络，这充分发挥了现有的金融结算基础设施和公共网络的作用。

2．电子支票的优势

与传统的纸质支票和其他形式相比，电子支票具有以下优势。

(1) 处理速度高

电子支票的支付是在与商户及银行相连的网络上高速传递的，整个处理过程完全自动化，这一支付过程在数秒内即可实现。它为客户提供了快捷的服务，减少了在途资金。在支票使用数量很大时，这一优势特别明显。

(2) 安全性能好

电子支票是以加密方式传递的，使用了数字签名或个人身份证号码(PIN)代替手写签名，还运用了数字证书，这三者成为安全可靠的防欺诈手段。

(3) 处理成本低

用电子支票进行支付，减轻了银行处理支票的工作压力，节省了人力，降低了事务处理费用。

(4) 给金融机构带来了收益

第三方金融服务者不仅可以从交易双方处收取固定的交易费用或按一定比例抽取费用，还可以以银行身份，提供存款账目，且电子支票存款账户很可能是无利率的，因此给第三方金融机构带来了收益。而且银行也能为参与电子商务的商户提供标准化的资金信息，因而可能是最有效率的支付手段。

6.4 银 行 卡

银行卡是经中央银行批准的金融机构发行的卡基支付工具，是支付工具和支付凭证虚拟化的第一步。在经济生活中，银行卡支付已经成为应用最为广泛的电子货币支付方式，要求在线使用。当使用银行卡在网上支付时，需要考虑交易成本等因素，因此，比较适合 B2C 及小额的 B2B 电子商务。

尽管银行信用卡发展已有 80 多年历史，但具有因特网上支付功能的银行卡还有待于发展。目前持卡在 POS 终端刷卡消费使用的仍是银行专用网而非因特网。而银行卡的因特网支付与前者的本质区别在于，用户是通过个人计算机与 Web 服务器进行通信的，用户发出的支付指令在送到支付网关前是在开放的因特网上传送的。

6.4.1 银行卡的种类

银行卡的种类较多，从物理特性上分，主要有磁条卡和 IC 卡；从与银行账户的关系上分，主要有借记卡、信用卡和贷记卡；从用途上分，主要有信用卡、转账卡、提现卡；从使用范围上分，有个人卡和单位卡。在此主要介绍借记卡、贷记卡和信用卡。

1．借记卡(储蓄卡)

借记卡是银行卡中的借记卡基支付工具。它的特点是“先存款，后消费”，不允许透支。借记卡用来提取现金的称为现金卡(如在 ATM 上提现)，用来转账、消费的称为转账卡(如在 POS 机上消费)。这两种借记卡都需在发卡行有对应的账户，不允许透支，对存款余额按活期存款计息。我国各商行发行的储蓄卡则集上述两种功能于一身，与对应的活期存折通存通兑，十分灵活方便。

2．贷记卡

贷记卡是银行卡中的贷记卡基支付工具。持卡人享有一定信贷额度的使用权，无须先在发卡机构存款，便可以在信用额度内“先消费，后还款”，且透支消费时一般有不超过 50 多天的免息期。西方国家发行的信用卡，一般都属于贷记卡。

3．信用卡(准贷记卡)

信用卡一般需要持卡人事先存入一定的金额，然后可在银行给予的信用额度内进行透支消费，但透支消费没有免息期。透支后银行按贷款向持卡人收取利息。这种不完全具备贷记卡特点的信用卡又称准贷记卡，是我国金融环境尚不完善时所产生的一种新支付工具方式的一种表现。

无论是信用卡还是贷记卡，透支取现都需要支付每天 0.5%的利息。

6.4.2 银行卡网上支付的几种方式

1．账号直接传输方式

账号直接传输方式即客户在网上购物后把信用卡号码信息加密后直接传输给商家。这种方式在美国应用得非常普遍。但这种方式只适用于信用卡，不适用于借记卡。因为用借记卡付款必须向发卡银行提供密码，而借记卡的密码又必须严格保密。此外，商家还必须具有良好的信誉才能使客户放心地使用信用卡支付。

2．专用账号方式

专用账号方式即商家在银行的协助下核实客户的持卡人合法身份，并为客户建立与银行卡对应的虚拟账户，每个虚拟账户都有独立的账号和密码。当客户使用虚拟账户在因特网上付款时，账号和密码加密后传输到商家系统，避免在网上直接使用银行卡的卡号和密码，保证了银行卡账户的安全。这种方式提供了较高的安全性，但是虚拟账户须由商家建立，建立过程比较复杂，并且同一张银行卡在不同的商家有不同的账号和密码，使得客户使用起来很不方便。

3．专用协议方式

专用协议方式即在客户、商家和银行卡机构之间采用专用的加密协议，对信用卡账号进行加密处理。银行卡机构向客户和商家免费提供客户端软件。这种软件会自动地通知商家把电子订购表格发送给客户，让客户填写姓名和信用卡号码，再通过这种软件加密发送给商家。由于采用这种具有加密功能的软件及特殊的服务器，商家无法从客户的支付数据中得到信用卡账号的任何信息，保证了支付信息的安全性。

4．SET 方式

安全电子交易(SET)协议是用于银行卡网上支付的因特网支付协议。SET 协议的技术标准非常复杂，对信用卡持卡人、商家和银行三方的要求都很高。由于 SET 提供商家和收单银行的认证，确保了交易数据的安全、完整可靠和交易的不可抵赖性，特别是具有保护消费者信用卡账号不暴露给商家的优点，因此它成为目前公认的信用卡/借记卡网上支付的国际标准。

6.5 其他支付方式

目前其他的支付方式有第三方支付账户、网上银行和移动支付等。

6.5.1 第三方支付账户

第三方支付是指一种通过第三方提供的与银行之间的支付接口进行支付的方式，这种方式的好处在于可以直接把资金从用户的银行卡中转账到网站账户中，汇款马上到账，不需要人工确认。

第三方支付账户目前占据的市场份额最大，具有代表性的有支付宝、财付通、快钱、IPS 和首信易等。其本质是一个拥有充值、取现接口的网银网关加一个后台账户系统，并添加上一定的信用、资金担保功能。

1．支付宝

支付宝(alipay)最初是为解决网络交易安全所设的一个功能，该功能为首先使用的“第三方担保交易模式”，由买家将货款打到支付宝账户，由支付宝向卖家通知发货，买家收到商品确认后发出指令让支付宝将货款放于卖家，至此完成一笔网络交易。支付宝(中国)网络技术有限公司是国内领先的独立第三方支付平台，由阿里巴巴集团创办。截至 2008 年 3 月 6 日，使用支付宝的用户已经超过 6900 万，覆盖了整个 C2C、B2C 及 B2B 领域。支付宝日交易总额超过 3.5 亿元，日交易笔数超过 144 万笔。

使用支付宝的付款方式，买家需要注册一个支付宝账户，利用开通的网上银行给支付宝账户充值，然后用支付宝账户在网站上购物并使用网上支付，货款会先付款给支付宝，支付宝公司在收到支付的信息后给买家发货，买家收到商品后在支付宝确认，支付宝公司收到买家确认收货并满意的信息后，最终给卖家付款。

2. 贝宝

贝宝是由上海网付易信息技术有限公司与世界领先的网络支付公司 PayPal 通力合作为中国市场量身定做的网络支付服务。贝宝利用 PayPal 公司在电子商务支付领域先进的技术、风险管理与控制及客户服务等方面的能力，通过开发适合中国电子商务市场与环境的产品，为电子商务的交易平台和交易者提供安全、便捷和快速的交易支付支持。

3. 网银在线

网银在线以"电子支付专家"为发展定位，联合中国银行、中国工商银行、中国农业银行、中国建设银行、招商银行等国内各大银行，以及 VISA、MasterCard、JCB 等国际信用卡组织，致力于为国内中小型企业提供完善的电子支付解决方案。

4. 快钱

快钱是国内领先的独立第三方支付企业，旨在为各类企业及个人提供安全、便捷和保密的综合电子支付服务。目前，快钱是支付产品最丰富、覆盖人群最广泛的电子支付企业，其推出的支付产品包括但不限于人民币支付、外卡支付、神州行卡支付、联通充值卡支付、VPOS 支付等众多支付产品，支持互联网、手机、电话和 POS 等多种终端，满足各类企业和个人的不同支付需求。

5. 财付通

财付通致力于为互联网用户和企业提供安全、便捷、专业的在线支付服务，构建全新的综合支付平台，业务覆盖 B2B、B2C 和 C2C 各领域，提供卓越的网上支付及清算服务。针对个人用户，财付通提供了包括在线充值、提现、支付、交易管理等丰富功能；针对企业用户，财付通提供了安全可靠的支付清算服务和极富特色的 QQ 营销资源支持。

6. 环迅支付

环迅支付是中国银行卡受理能力最强的在线支付平台，环迅支付集成了银行卡支付、IPS 账户支付及电话支付等几大主流功能，并自主研发了酒店预定通、票务通等新产品，为消费者、商户、企业和金融机构提供全方位、立体化的优质服务。

6.5.2 网上银行

1. 网上银行的定义

网上银行又称网络银行、电子银行、在线银行，是指银行利用 Internet 技术，通过 Internet 向客户提供开户、销户、查询、对账、行内转账、跨行转账、信贷、网上证券、投资理财等传统服务项目，使客户可以足不出户就能安全便捷地管理活期和定期存款、支票、信用卡及个人投资等。确切地说，网上银行是在 Internet 上的虚拟银行柜台。

网上银行一般有两个注册地址，一是地理位置上的注册地址，另一个是网上的注册地址(网址)。网上银行利用 Internet 开展金融业务，它直接在 Internet 上建立站点，人们可以通过浏览器等各种方式进入它的主页。网上银行不需要分支机构，通过 Internet 伸向全世界的每个角落，其活动的“空间”更广阔，时间更灵活。

网上银行发展到目前，有两种形式：一种是完全依赖于 Internet 发展起来的全新电子银行，这类银行所有的业务交易都依靠 Internet 进行，如世界第一家全交易型网络银行——美国安全第一网络银行；另一种则是在现有传统商业银行基础上发展起来的，即传统银行开展的网上银行。它实际上是把银行服务业务运用到 Internet 中，开设新的电子服务窗口，即所谓的传统业务的外挂电子银行系统。目前我国开办的网上银行业务都属于这一种形式，如中国银行、中国建设银行、招商银行、中国工商银行等。

2．网上银行的优势

网上银行的发展是建立在计算机和计算机网络与通信技术基础之上的。因此，不管是传统银行开办的网上银行业务，还是全新的 Internet 上的银行，都具有以下优势。

(1) 突破了传统的银行业务操作模式

网上银行是一种把银行的业务直接从店堂柜台前开始的传统服务流程接到 Internet 上的电子交易模式。

(2) 使用简单

客户只要一台计算机、调制解调器、一根电话线就可使用网上银行提供的各种服务，如查询存折账单、信用卡余额、自动定期缴纳各种社会服务项目的费用等。

(3) 服务多样化

目前网上银行可以满足客户各种各样的需求，如网上支票报失、查询服务、维护金融秩序、汇款、交易信息服务、网上购物服务等。

(4) 用户使用成本低廉

使用网上银行，无论在家里还是在旅途中，都可以与银行相连，要求网上银行提供以上的服务，这样可大大节约用户的交通费用、等待与信息获取等时间，减少了银行服务的中间环节，大大降低了成本。

(5) 网上银行交易成本降低

网上银行可以节省建立网点的投资，同时通过网上交易，又可以节省交易的各种费用。建立网上银行无须设立分支机构，不必建造大量固定房舍并雇用大批人力。传统银行网点每一笔交易所需的费用为 1.07 美元，电话银行则为 0.54 美元，ATM 自助银行为 0.27 美元，而网上银行每笔交易的成本是 0.1 美元。

(6) 网上银行可以突破时间、空间限制

网上银行 365 天 24 小时随时随地提供服务，提高了工作效率。网上银行的运行完全数字化、电子化，不需要任何人每天 24 小时的全天候、不间断服务。

(7) 提升银行形象，增强客户对银行的信心

因为使用网上银行开展业务，既显示了银行在科技方面处于领先的地位，又充分说明了银行雄厚的经济实力。

另外，网上银行的客户端由标准 PC、浏览器组成，便于维护。网上 E-mail 通信方式也非常灵活方便，便于用户与银行之间，以及银行内部之间的沟通。

3．网上银行的特点

网上银行业务包含了传统的银行业务，并在此基础上拓宽了服务领域。网上银行业务的处理组成了网上银行服务系统，相比于传统银行的已有应用系统，其功能具有以下一些不同的特点。

(1) 以已有的业务处理系统为基础

网上银行服务系统不是一个单独的业务处理系统，它本身不能独立地处理某项银行业务，必须以已经存在的业务处理系统为基础，所有的业务处理最终都要由现有的业务处理系统来实现。

(2) 采用 Internet/Intranet 技术

因为 Internet/Intranet 技术具有网络分布计算和与系统平台无关的特点，这两个特点特别适合解决银行业务系统分散和系统平台种类多的问题。另外，在采用这种技术后，对系统的开发和维护非常便利，会给企业带来巨大的好处。

特别值得强调的是，网上银行不仅要考虑利用 Internet 向外部客户延伸，还要对内部 Intranet 的建设高度重视起来，在网络基础设施建设、业务系统的联网程度、全行业务的统一规范性等不同层次上，都有要求。

(3) 将现有的业务系统有机地联系起来

国内银行现有的业务系统总的来说都是分散形式的，通过建立网上银行服务系统与传统业务处理系统之间的接口，使分散的不同的业务系统通过网上银行服务系统这个桥梁有机地联系起来。

(4) 提供综合服务

由于网上银行能够把现有的分散业务系统有机地联系起来，打破了地区的限制，也就应该能够从更大的范围为客户提供综合服务。甚至可以说这一系统能够包容国内银行所有的面向外部客户的业务品种，涉及银行所有的业务系统，并利用现有的业务品种，结合新的技术手段，发展出新的服务项目。

4．网上银行的业务模块

目前的网上银行系统仍然离不开传统的银行系统，因为电子货币的价值计算以普通货币为标准，网上银行的经营业务首先是将一定数量的现金与现实中的货币进行价值上的等价交换，然后才可以参与交易活动。虽然电子货币可能在将来完全替代现实货币，但这还需要时间，因为还有许多问题尚未解决，如网上安全性和保密性等。

网上银行主要由以下几个业务模块组成。

(1) 账户申请处理模块

该模块主要负责为客户新建账户，为客户提供电子钱包应用程序，并对客户档案进行管理与维护。

(2) 支付授权处理模块

该模块主要负责客户网上购物、网上投资、网上保险等各种情况下的支付授权、授权记录管理等。

(3) 网上支付处理模块

该模块主要负责客户资金支付过程中的资金转移，并做好日志记录等。

(4) 清算业务模块

该模块主要负责跨行业的资金清算与往来账目的核销等。

(5) 系统管理模块

该模块主要负责各项业务参数管理、安全和风险管理、报表管理等。

5. 网上银行的功能

网上银行的功能一般包括银行业务、商业服务及信息发布等。

(1) 银行业务

主要包括个人银行、对公业务(企业银行)、信用卡业务、多种付款方式、国际业务、信贷及特色服务等功能。例如，中国银行网上银行推出了个人理财服务功能，该功能有通存通兑、定期一本通(一本通是在一个存折上办理多种货币的一种存款方式。特点之一是同城营业机构通存通取)、活期一本通、保管箱、存款证明、外汇携带证、个人购汇、外币兑换、个人国际汇兑等业务。

(2) 商业服务

主要包括投资理财、融资理财、投资银行、资金清算、资本市场、政府服务等功能。银行通过网上投资理财服务，更好地体现了以客户为中心的服务策略。投资理财可以有两种方式：

① 客户主动型方式。该方式的客户可以对自己的账户及交易信息、汇率、利率、股价、期货、金价、基金等理财信息进行查询。

② 银行主动型方式。该方式的银行可以把客户服务作为一个有序进程，由专人跟踪，进行理财分析，提供符合其经济状况的理财建议、计划及相应的金融服务。

(3) 信息发布

通过 Internet 发布的公共信息主要包括国际市场外汇行情、对公利率、储蓄利率、汇率、国际金融信息、证券行情，以及银行的历史背景、机构设置、经营状况、业务品种、国内外经济金融信息、新闻信息等。通过发布信息，为客户提供有价值的信息，更重要的是起到宣传广告的作用，使客户更深入地认识银行，了解银行的业务品种和经营状况，同时通过了解各项业务的规章制度，为客户办理业务提供方便。

另外，在公共信息的基础上，建立客户咨询系统，以 E-mail 为主要手段，为客户提供各种咨询服务，形成网上的信息咨询服务台(Information Desk)。通过收集整理客户的问题，了解客户的需求，更好地为客户服务。

6.5.3 移动支付

1. 移动支付的概念

移动支付(Mobile Payment)是允许用户使用其移动终端(通常是手机)对所消费的商品或服务进行账务支付的一种服务方式。

从 2002 年开始，移动电子支付(简称移动支付)就已经成为移动增值业务中的一个亮点。2002 年，中国移动开始在浙江、上海、广东、福建等地进行小额支付试点，带动了相关兴趣方，尤其是以中国银联为主的金融机构表现出对该业务的极大关注。

2002 年 5 月，中国联通在江苏无锡正式推出“小额支付移动解决方案”试验系统，使得移动支付业务逐渐浮出水面，真正走进手机用户的生活中。移动支付有着在任何时间、任何地点、以任何方式支付的优势，并且随着基于 SMS 的移动内容与应用收费的普及，移动支付已经逐渐被人们普遍接受，拥有了广泛的用户基础。

2. 移动支付的优点和潜力

(1)移动支付的优点

移动支付的最大特色就是操作便捷、过程简化、交易速度快。

手机付费是移动电子商务发展的一种趋势，它包括手机小额支付和手机钱包两大内容。手机钱包就像银行卡，可以满足大额支付。而小额支付可以直接从手机用户的话费中进行付费。

与传统支付手段相比，移动支付操作简单、方便快捷，简单到只要会发短信就会操作，快捷到只用短信把数据传送到各发卡银行，很快就能收到处理结果。有了移动支付，用户再也不用满大街去找 ATM 了，点击键盘即可轻松完成一笔交易。而且，凭借银行卡和手机 SIM 卡的技术关联，用户还可以用无线或有线 POS 机打印消费单据。

(2)移动支付的潜力

目前，我国已成为全球最大的移动市场，有上亿名手机用户，银行卡的拥有量多达 4 亿张，因此这是一个大有可为的巨大市场。

3. 移动支付的交易过程

手机支付系统主要涉及三个方面：消费者、商家及无线运营商。

手机支付流程如下。

① 消费者通过互联网进入消费者前台系统选择商品。

② 将购买指令发送到商家管理系统。

③ 商家管理系统将购买指令发送到无线运营商综合管理系统。

④ 无线运营商综合管理系统将购买信息指令发送到消费者前台消费系统或消费者手机上请求确认，如果没有得到确认信息，则拒绝交易。

⑤ 消费者通过消费者前台消费系统或手机将确认购买指令发送到商家管理系统。

⑥ 商家管理系统将消费者确认购买指令转交给无线运营商综合管理系统，请求缴费操作。

⑦ 无线运营商综合管理系统缴费后，告知商家管理系统可以交付产品或服务，并保留交易记录。

⑧ 商家管理系统交付产品或服务，并保留交易记录。

⑨ 将交易明细写入消费者前台消费系统，以便消费者查询。

随着技术进步和用户需求的发展，网上支付必然会被越来越多的消费者接受，各种新形式的网上支付手段也会层出不穷。

本章小结

电子商务较之传统商务的优越性，成为吸引越来越多的商家和个人上网购物及消费的原动力。网上支付是电子商务中一个极为重要的关键性组成部分。网上支付的工具可以分为三大类：一类是电子货币类，如电子现金、电子钱包等；另一类是银行卡类，包括智能卡、借记卡、购物卡、信用卡等；还有一类是电子支票类，如电子支票、电子汇款(EFT)、电子划款等。网上支付的工具如同早期的计算机一样，随着产生工具的不同有了不同的使用方法。

思考题

1．网上支付的概念是什么？
2．网上支付方式与传统支付方式相比有什么优越性？
3．网上支付系统的基本组成部分有哪些？
4．银行卡网上支付系统有何特点？并简述其业务流程。
5．电子转账网上支付系统有何特点？并简述其业务流程。
6．电子现金网上支付系统的主要特点是什么？并简述其业务流程。

上机实验

完成一次网上购物、网上支付的全过程，写出具体步骤和心得体会。

案例分析

首信易支付——全力打造 B2C 在线支付平台

1．首都电子商城及首都信息发展股份有限公司概况

首都电子商城(www.beijing.com.cn)是一个电子商务虚拟平台，该平台最大范围地整合了电信、银行、政府部门、企业等多方资源，不仅提供安全认证、在线支付、物流配送等完善的电子商务基础支撑服务，而且提供定制、卓越的行业应用服务、网络基础设施、咨询服务等完整的电子商务解决方案。作为国内最大、功能最全的电子商务技术服务平台，首都电子商城从根本上改善了电子商务基础设施(e-Infrastructure)和电子商务生态系统(e-Ecosystem)。

首都电子商城成立三年来，在不断完善各项基础服务功能之外，业已发展成为具有自主开发和继承能力的软件园区；具有会员制和社区效应的虚拟社区；带有 IDC(Internet Digital Center)的 ASP(Application Services Provide)；包含风险投资的新创企业孵化基地。迄今为止，入驻商城或使用商城服务功能的中外企业、网站已达 3500 多家，依托商城开展 B2C、B2B、G2B 等各种电子商务业务。一批最优秀的 IT 跨国公司(HP、Microsoft、IBM、BEA、Sun、Oracle、Broadvision、Viewlocity)都在首都电子商城里建立了各具特色的电子商务解决方案应用示范中心、研发推广中心、新创企业孵化中心，商城据此自主开发了多种适用于 ASP 应用的功能强大的公用 B2B 电子商务平台和企业/行业专用 B2B 电子商务平台，并很好地应用于中粮网、广东核电集团、宅急送总公司、中国国际航空公司等多个信息化和电子商务项目。

首都信息发展股份有限公司(www.capinfo.com.cn)作为首都电子商城的业主，一直致力于中国电子商务概念、实务的普及推广和电子商务发展瓶颈问题的技术攻关，并率先在国内完成了基于首都电子商城的 B2B 大额在线交易，目前交易额已突破亿元。

在创立至今的短短几年里，首都信息发展股份有限公司以扎实的业绩逐步奠定了今天其在业界的领先地位。作为北京市城市信息化建设中的关键环节，首都信息发展股份有限公司一直担当着北京市电子政务、电子商务等一系列重大工程设计者、建设者和运营者的角色。公司业务也逐渐以北京为中心，扩展、辐射到全国范围。

2. 首信易支付概况

首都信息发展股份有限公司的业务核心包括北京数字认证中心、首信宽带信息化社区解决方案、社区热线呼叫系统、首信易支付、网上纳税系统、网上收费系统等，如图 6-3 所示。

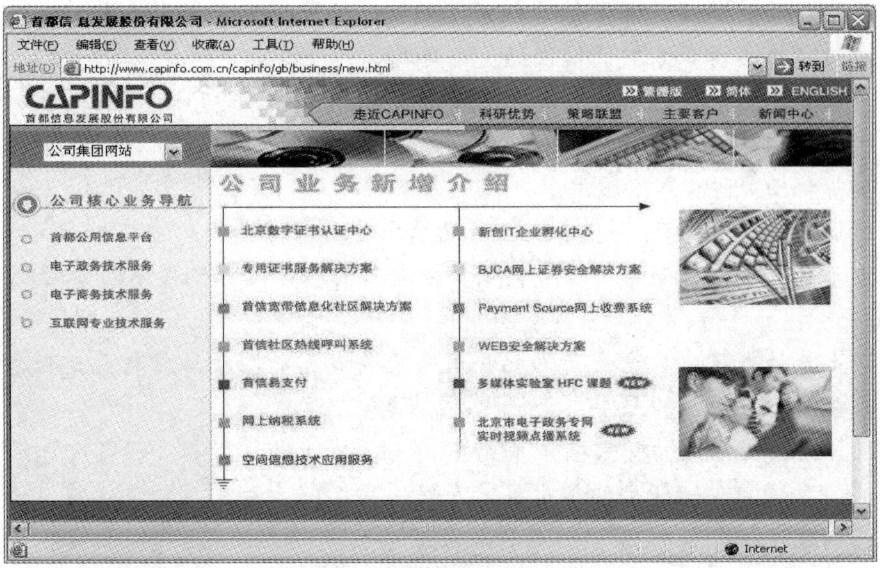

图 6-3 首都信息发展股份有限公司业务介绍页面

其中，首信易支付无疑是公司最优秀的业务之一。首信易支付是首都电子商城的电子商务支付平台。作为国内最早、规模最大的 B2C 支付平台，该支付平台自 1999 年 3 月正式运营以来，积累了丰富的运营经验，面对网上支付业务越来越激烈的市场竞争，始终以领先的技术、鲜明的优势和完善的服务巩固着行业领导者的地位。作为国内电子商务发展的有力推动者，首信易支付最早提出并实践了完整的网上支付解决方案，帮助众多 B2C 网站很好地解决了网上支付问题。

该平台面向的客户范围如图 6-4 所示。

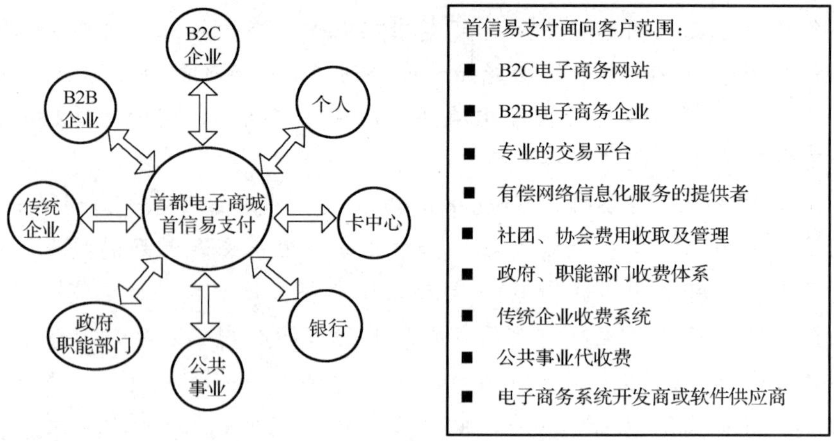

图 6-4　首信易支付的客户范围

可见，首信易支付面向的客户范围非常广，几乎囊括了所有电子商务的参与者，为其业务开展提供了一个安全、便捷、开放的支付平台。

3. 首信易支付的特点

(1) 公正

首信易支付通过独具的二次结算模式，最大限度地避免了拒付和欺诈行为的发生，创造出良好的、使买卖双方彼此信任的交易环境。

在买卖双方发生纠纷时，电子商城可为仲裁机构提供交易存证，保证判决的公正性。

保护商户的利益。在银行扣款成功后，首都电子商城通知 B2C 网站发货，为商户承担买方拒付货款的风险。

保护消费者的利益。只有得到 B2C 网站承诺的发货信息后，首都电子商城才将货款划转到卖方的账户上，从而为消费者提供卖方发货的担保，保证了消费者的利益。

(2) 安全

对于网上支付来说，安全性是网站和用户首要考虑的因素。首信易支付系统实现了网络层、系统层、应用层的层层安全保障。

网络层。系统由强大的防火墙体系支撑。

系统层。系统具有一整套的防止黑客入侵、防止病毒和漏洞扫描措施，最大限度地保障客户的利益。

应用层。由北京数字证书认证中心自主开发的数字证书为客户提供可靠的身份认证，充分保障网上数据的机密性、真实性、完整性和不可抵赖性。

(3) 便捷

首信易支付系统接入简便，升级有保障，自动化程度高。

系统设立了简便安全的接口，用户仅在一个工作日内即可完成接入工作。

支持多家银行实现网上支付，不用逐个与银行对接来实现，免去繁杂的谈判、多接口程序设计和高成本的软硬件购置；支持多种支付协议（SSL、SET、仿 POS）。

支持多种支付工具，只用对一个接口进行管理，即可保证十余种卡种的支付，节约人力和培训成本。

支付平台不断升级。首都电子商城高度重视与银行的合作关系，不断开拓新的支付手段、提供更多银行与卡种的在线支付功能。对所有这些支付功能的扩充，用户的感觉都是无缝透明的。用户端的支付功能随着首都电子商城功能的增强会自动增强。

接口统一、方便易用，用户端实现自动化，可大大提高工作效率，减小差错率，节约管理成本。

(4) 开放

首信易支付系统是一个开放的体系，随着与中国银行、中国工商银行、中国建设银行、浦东发展银行、招商银行等众多银行的不断深入合作，支付平台不断扩展。首都电子商城合作银行如图 6-5 所示。

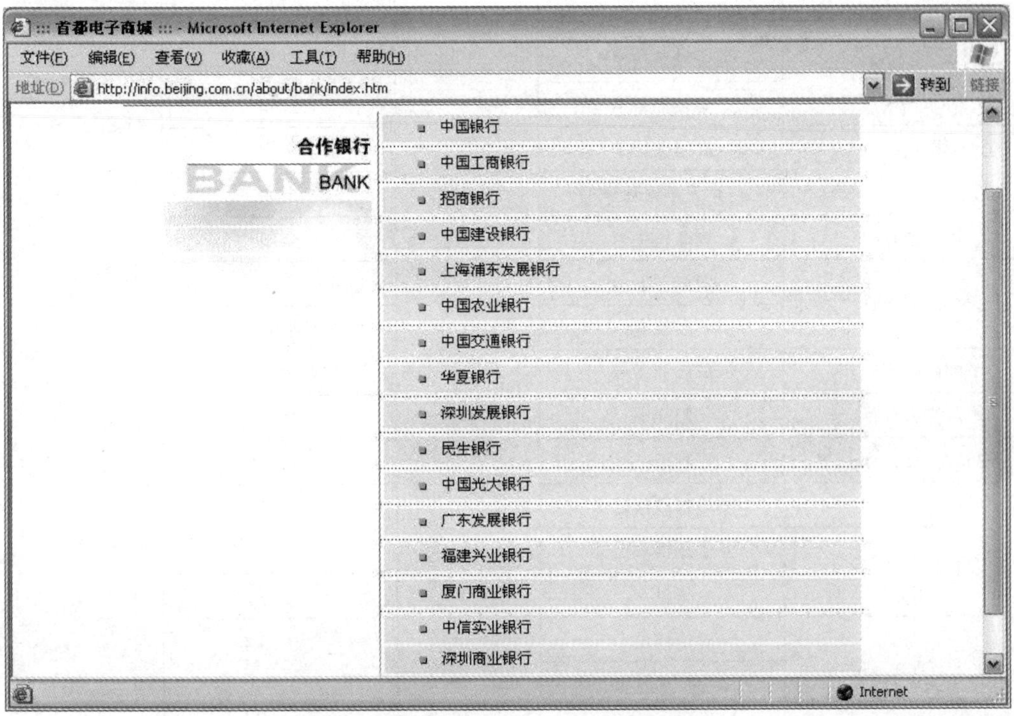

图 6-5 首都电子商城合作银行

首信易支付支持的卡种在国内是最多的，而对多种外卡的支持，为企业真正开辟了走上全球化发展的道路。首信易支付支持的银行和卡种如表 6-1 所示。

表 6-1 首信易支付支持的银行和卡种

银　行	卡　种	币　种	使 用 范 围	扣款确认时间
中国银行	VISA 卡	外币	全球	二次扣款/日
	MASTER 卡			
	美国运通卡			
	JCB			
	长城信用卡	人民币	全国	
	长城借记卡			实时

续表

银　行	卡　种	币　种	使用范围	扣款确认时间
中国工商银行	牡丹信用卡			
	牡丹灵通卡			
招商银行	一卡通			
	支付卡			
中国建设银行	龙卡借记卡		北京、天津、上海、重庆、青岛、大连、厦门、广东、江苏、福建、黑龙江	
	龙卡信用卡			
交通银行	太平洋信用卡		上海、广州、厦门、郑州	
	太平洋借记卡			
中国农业银行	金穗信用卡		全国	
	金穗储蓄卡		广州	
广东发展银行	广发信用卡		全国	
	广发理财通卡		上海	
民生银行	银联民生卡		全国	
深圳发展银行	银联发展卡		广州	
	发展卡		上海	
邮政储蓄	邮政储蓄卡		广东省、厦门	
中国光大银行	阳光卡		全国	
福建兴业银行	顺通卡		广州、厦门	
厦门商业银行	羊城银联借记卡		广州	
华夏银行	华夏银联卡		全国	
	华夏卡		上海	
中信实业银行	中信信用卡		全国	
	中信理财宝			
	中信借记卡		广州	
农村信用社	银联储蓄卡			
上海浦东发展银行	东方卡		北京	一个工作日
	东方银联卡			
	银行存折			
深圳商业银行	万事顺卡		深圳	

首信易支付为客户提供了一个如此开放灵活的支付体系，对于客户来说，开放的支付平台等于开放的市场。

(5) 专业

首信对专业的定义是：经验+技术+实力+开拓进取；专业化的队伍、专业化的企业、专业化的产品。

首信具备强大的技术储备和开发能力，使得支付平台具有强大的发展动力和扩展空间，长期的支付平台经营经验使商户和消费者获得不断完善的支付服务。

(6)服务

首信易支付在基本的支付功能基础上，还提供退款、统计、管理、查询等多种平台增值服务。

4. 首信易支付业务开通流程

首信易支付业务开通流程如图 6-6 所示。

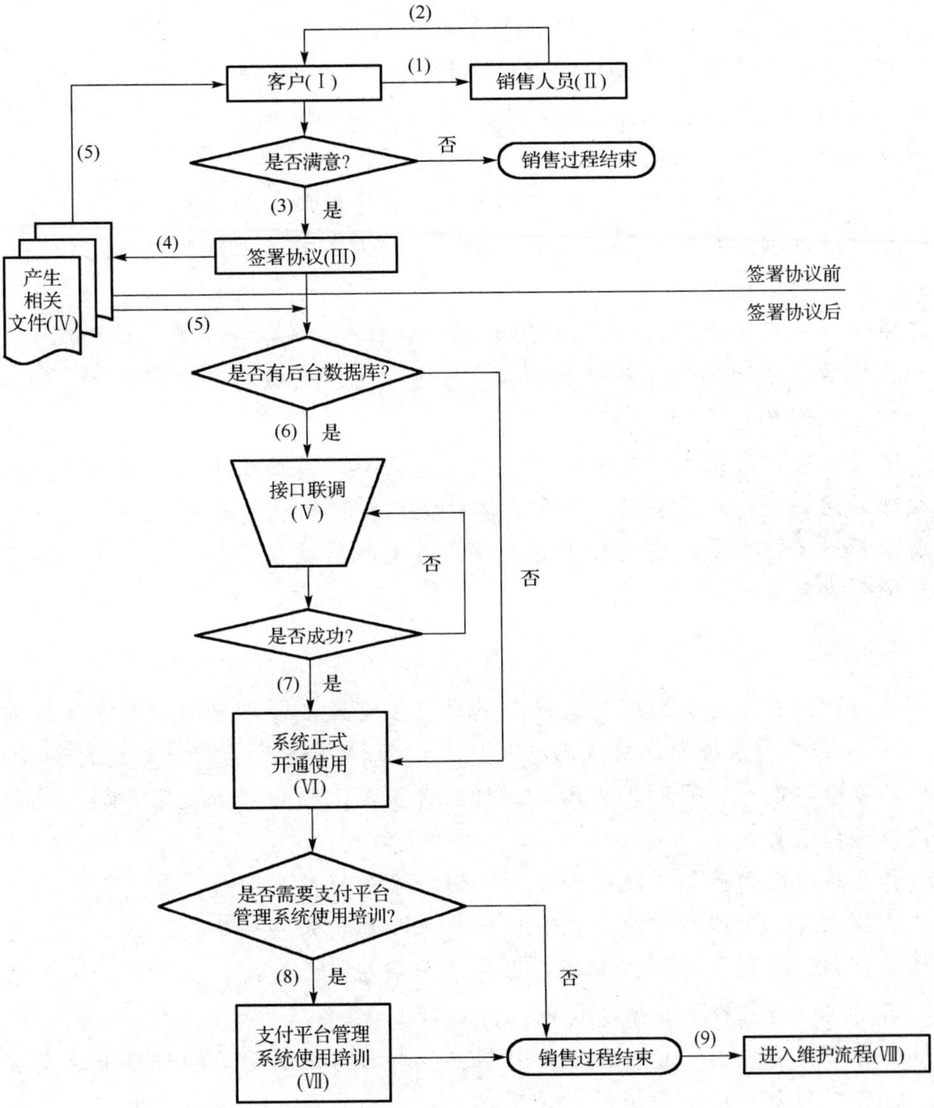

图 6-6　首信易支付业务开通流程

客户：所有对首信易支付平台感兴趣的企业，主要为 B2C 网站。

销售人员：负责向客户介绍支付平台情况及销售相关事宜的人员。

签署协议：在客户同意购买支付平台服务之后，由首都电子商城提供协议范本，客户需具备相关资料，包括营业执照副本复印件、税务登记证复印件及法人身份证复印件。

产生相关文件：在协议签署之后，产生文件包括双方签署的正式合同文本，一式两份，双方各留一份；《首都电子商城清算管理办法》，对客户在网上进行的支付业务清算内容及责任进行界定；《外币结算管理办法》，对客户在网上进行外币结算的内容及双方责任进行界定；首都电子商城商户网上支付操作初始单，由客户和首都信息发展股份有限公司共同填写如公司名称、网站网址、联系方式及支付服务起止时间等必要信息；接口文档，这是一个 Word 文档，主要规定了接口的格式和相关参数，供技术人员参照。

接口联调：由首都电子商城技术人员负责与客户的技术人员对双方接口进行测试，以保证功能的实现，接口联调完成的时间为一周之内。

系统正式开通：在客户将接口调试完毕的确认单返回首都电子商城时，首都电子商城将正式为该客户开通支付服务。

支付平台管理系统使用培训：支付平台管理系统是首都电子商城支付平台后台管理系统，在客户需要培训的情况下，由首都电子商城免费向客户提供。

上门培训：在客户操作人员较多的情况下，由首都电子商城的技术人员上门为客户的操作人员进行专门培训。

定期培训：每周三为首信公司固定的客户培训时间，需要培训的客户可派人到首信公司参加，主要对象为操作人员较少的客户。首都电子商城将在与客户签署协议的一周内与客户联系培训事宜。

维护流程：客户在正式使用首信易支付服务之后，将由技术人员和客服人员对使用过程中出现的问题进行及时解答，并负责客户关系维护的相关事宜。

从整个开通流程来看，首信公司完全将客户的利益放在了第一位，可以说每一步流程都尽力为客户的方便考虑。

5. 首信公司的营销策略

首信公司推销首信易支付服务所采取的营销策略是最简单也是最有效的，即“以优质取胜”。首信易支付系统的优势显而易见：技术、服务一流；支持多家银行和多种卡种；设计合理，安全性高等。同时，申请开通过程又极具人性化，方便客户接入使用，还有免费的操作培训服务。

首信易支付是国内最早、银行和支付卡种最多、覆盖范围最广的支付平台。正因为具有如此多的优点，所以首信公司在宣传时只需将各优势一一举出，客户自然会慕名而来。难怪像网易、搜狐、联想、方正、当当网上书店、卓越网、易趣网、阿里巴巴等国内赫赫有名的网站都选择了首信易支付作为支付平台。

首信公司希望能更进一步，靠不断升级产品和服务吸引更多的客户来使用首信易支付服务。也可以采取一些更积极的营销策略来扩大用户群，比如利用拥有一定社会知名度的老客户来推销产品等。

思考题：

1. 首信公司的网上支付系统的特色体现在哪些方面？
2. 首信公司的网上支付系统取得成功的关键因素是什么？

第7章 网络营销

学习目标

1. 了解网络营销的概念和基本内容。
2. 掌握网络营销的策略和形式。
3. 了解网络广告的种类和发布途径。
4. 掌握网络广告的收费模式。
5. 熟悉网上调研的原则和方法。

引例

Internet的出现对任何一个知名企业的产品和品牌都构成了新的挑战。对可口可乐公司(www.cocacola.com)而言，电子邮件、语音信箱、网络站点等技术不只是传统经营方式的补充，而是成败攸关的重要因素。可口可乐首席执行官艾华士一直认为，接触大量的信息，是进行实时决策必不可少的。“我们要做的事情是与消费者沟通，从我们得到的资料看来，我们与顾客的关系正在变得越来越密切。”这也许就是可口可乐建立网站和网站运行的准则。

可口可乐公司在网络营销上是极其认真的，它在网上的渗透和扩张的意图也是十分强烈的，从与网民的交互中获得信息的欲望也是实实在在的。图7-1所示是可口可乐网站的调查专页，在这里，可口可乐设计了如下一批问题。

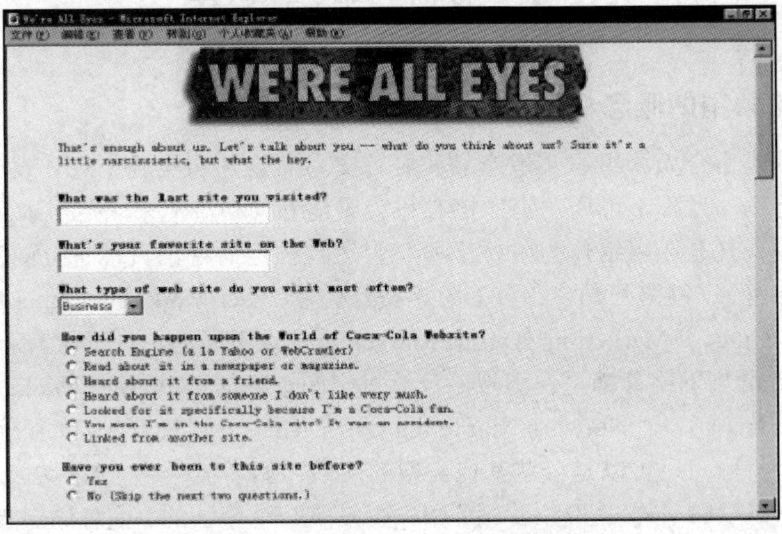

图7-1 可口可乐网站的调查专页

您最常访问哪类站点(科学、商业、政府、卫生、教育、新闻、运动、娱乐、游戏、地理……)?

您是如何找到可口可乐站点的(搜索引擎，从报纸或杂志上看到，从朋友处听到，从一个您本人不太喜欢的人处听到，本人是可乐迷专程找上门来的，只是偶然撞上，从别的站点链接过来的)?

您最后一次访问本站是(昨天、上周、上个月、很久以前)?

您访问过本站几次(1～2 次、3～6 次、6 次以上)?

您最喜欢本站哪些页面或栏目(选择目录……)?

您认为本站点哪些页面或栏目不需要(选择目录……)?

您认为本站还应增加哪些内容(游戏、不同品牌的信息、可下载的新资料/旧素材、其他内容、建站者信息……)?

您认为本站在网上排名第几(您所访问过的前 5%以内、前 10%以内、排名再后些)?

所有这些数据对于任何认真开展网络营销，同时又拥有一支数据分析队伍的企业来说，都是一笔无可估量的财富，它将在站点改进、建立客户数据库、开展精细营销、个性化服务和培养顾客忠诚度、增强品牌竞争力等方面发挥巨大的作用。

(资料来源：www.cocacola.com)

思考与讨论：

1. 网上市场研究与一般市场研究无论在技术、调查方法还是在数据收集和处理等方面都有很大的差异，这些差异将会对调查研究结果产生什么样的影响？是如何影响的？

2. 网上调查使调查对象可以避免调查人员的诱导和提示，在相对轻松的环境中从容答卷，从这个角度看，提高了调查结果的客观性；但从另一方面看，调查对象在无任何压力和责任的情况下答卷，也很容易导致其在回答问题上的随意性，甚至弄虚作假。如何看待这两种结果？怎样才能进一步提高网上市场调查的效果？

7.1 网络营销概述

7.1.1 网络营销的概念

市场营销是为个人和组织实现产品和服务交易而规划和实施创意、设计、生产、定价、促销和分销的过程。市场营销的核心和实质是“有利益地来满足需求”。

宽泛地说，凡是以网络作为主要手段、为达到一定的营销目标进行的营销活动，都可以称为网络营销。网络营销在国外有许多提法，如 Cyber Marketing、Internet Marketing、Network Marketing、e-Marketing、Online Marketing 等，不同的单词词组有着不同的含义。Cyber Marketing 指网络营销是在虚拟的计算机空间进行的；Internet Marketing 是指在因特网上开展的营销活动；Network Marketing 是在网络上开展的营销活动，这里所指的网络不仅仅是因特网，还可以是一些其他类型的网络，如增值网络 VAN 等。

与许多新兴学科一样，“网络营销”同样也没有一个公认的、完善的定义。广义来说，凡是以 Internet 为主要手段并为达到一定营销目标而进行的营销活动，都可以称为网络营销或网上营销。也就是说，网络营销贯穿于企业开展网上经营的整个过程，包括从信息发布、信息收集、网站建设与推广，到开展网上交易为主的电子商务阶段，网络营销一直都是一项重要内容。

网络营销往往使人们想到通过网上进行交易活动和以网络作为销售宣传媒体的功能。事实上，目前由于网上银行和电子货币的限制，主要的网上营销活动并不是“在线交易”，而是网上的宣传活动。然而，网络营销却是一个广泛的概念，就物理手段来讲，它包括 Internet 的信息高速公路、数字电视网、电子货币支付方式等；就所包含的过程来讲，它应包括网上信息收集、网上商业宣传、电子交易、网上客户支持服务等。

为了理解网络营销的全貌，有必要为网络营销做一个比较合理的定义。从“营销”的角度出发，将网络营销定义为：“网络营销是指利用 Internet 技术，最大限度地满足客户需求，以达到开拓市场、增加赢利为目标的经营过程。网络营销是企业整体营销战略的一个组成部分，是建立在 Internet 基础之上、借助于 Internet 特性来实现一定营销目标的一种营销手段。”

7.1.2 对网络营销定义的认识

根据以上的网络营销定义，可以得出下列认识。

1. 网络营销不是网上销售

网上销售是网络营销发展到一定阶段产生的结果，网络营销是为实现网上销售目的而进行的一项基本活动，但网络营销本身并不等于网上销售。这可以从以下两个方面来说明。

① 因为网络营销的效果可能表现在多个方面，如企业品牌价值的提升、加强与客户之间的沟通、作为一种对外发布信息的工具等。因此，网络营销活动并不一定能实现网上直接销售的目的。但是，很可能有利于增加总的销售。

② 网上销售的推广手段也不仅仅靠网络营销，往往还要采取许多传统的方式，如传统媒体广告、发布新闻、印发宣传册等。

2. 网络营销不仅限于网上

因为 Internet 本身还是一个新生事物，在我国，上网人数占总人口的比例还很小，对于已经上网并有意寻找相关信息的人来说，由于种种因素的限制，在 Internet 上通过一些常规的检索办法，不一定能顺利找到所需信息，何况许多初级用户，可能根本不知道如何去查询信息。因此，一个完整的网络营销方案，除了在网上做推广之外，还很有必要利用传统营销方法进行网下推广。这可以理解为关于网络营销本身的营销，正如关于广告的广告一样。

3. 网络营销建立在传统营销理论基础之上

网络营销是企业整体营销战略的一个组成部分，网络营销活动不可能脱离一般营销环境而独立存在，网络营销理论是传统营销理论在 Internet 环境中的应用和发展。

4. 网络营销不等于电子商务

网络营销只是一种手段，无论传统企业还是互联网企业都需要网络营销，但网络营销本身并不是一个完整的商业交易过程。

电子商务的定义强调的往往是电子化交易的基础或形式，也可以简单地理解为电子商务就是电子交易。所以，也可以说，网络营销是电子商务的基础，在具备开展电子商务的条件之前，企业同样可以开展网络营销。

7.1.3 网络营销的特点

1. 市场和营销理念的变迁

(1)时空观念的重组和电子时空的出现

电子商务系统的运作导致人们时空观念的变化，我们将要受到两种不同时空观念的影响，一种是传统意义上的时空观，另一种是信息网络时代的时空观。时空观念的重组对于市场营销策略的制定和商业竞争是十分重要的。

(2)全新的网络信息传播模式

① 双向的信息传播模式。即在信息源通过各种媒体(电视台、电台、报纸、杂志、网络)积极地向用户展现自己信息产品的同时，用户也在积极地向信息源索要自己所需的信息。

② 推拉互动的信息传播模式。第一，个性化的信息需求逐渐增多，即人们不再满足于统一固定的信息传播模式，用户将主动地上网搜寻所需信息。第二，从信息源的角度来看，由于需求模式发生了变化，从而迫使传播模式也要发生变化。

③ 多媒体信息的传播模式。

(3)网络市场的变化

① 生产者和消费者直接网上交易。在网络环境中，生产厂家和消费者可以通过网络直接进行商品交易。

② 市场的多样化、个性化和时代化。传统的商业运作模式将部分地被基于网络的电子商贸所取代，市场将趋于多样化。

③ 市场细分彻底化。随着市场环境和运作方式的发展，目前市场经历了同质市场到市场细分的变化，主要体现在市场的划分越来越细和越来越个性化。

④ 商品流通和交易方式改变。在网络环境下，商品流通和交易方式将发生一系列的改变，主要体现在中间商的地位逐渐弱化、营销活动日益全球化、实物操作的无纸化等。

(4)网络消费观念的变化

① 消费者从大众中分离。网络营销系统为消费者提供了全方位的商品信息展示和多功能的商品信息检索机制，消费者一旦有了需求，就会通过上网主动搜寻有关商品信息。

② 消费者直接参与生产和流通循环。在网络环境下，这种情况将会得到变化，消费者和生产者在网络的支持下直接构成商品流通循环，其结果使得商业机构的部分作用逐渐淡化。

③ 消费者行为的改变。第一，需求导向的消费者行为。在传统社会中，消费者对商品的购买行为主要来自以下两方面的影响：一是实际工作和生活中对某种商品的需求；二是由广告或其他各种信息传媒而引发的对某种商品的需求。然而，在网络环境中，情况会发生变化，传统广告的传播方式和内容发生了改变，必须根据网络市场数据的变化

进行广告策划与推广。第二，大范围的挑选和理性的购买。在电子商务环境下，由于网络和电子商务系统巨大的信息处理能力，为消费者挑选商品提供了空前规模的选择余地。

2. 网络营销的主要特点

(1) 网络营销是一种以消费者为导向，强调个性化的营销方式

网络营销使得消费者将拥有比过去更大的选择自由，他们可以根据自己的个性特点和需求在全球范围内找寻满足品，不受地域限制。通过进入感兴趣的企业网站或虚拟商店，消费者可以获取比产品更多的相关信息，使购物更彰显个性。商家则可以巧妙地将"我生产什么、你购买什么"的传统推销模式，调整为"你需要什么、我生产什么"的营销模式。

这种个性消费的发展将促使企业重新考虑其营销战略，以消费者的个性需求作为提供产品及服务的出发点。此外，随着计算机辅助设计、人工智能、遥感和遥控技术的进步，现代企业将具备以较低成本进行多品种、小批量生产的能力。但要真正实现个性化营销，还必须解决庞大的促销费用问题。网络的利用则提供了一种聚集有关参与者及其信息的环境，顾客和厂商都可以更容易地找到对方，从而减少了搜索费用。例如，一家专门网上营业的零售银行，同传统的零售银行相比，具有30%～40%的成本优势。

(2) 网络营销具有极强的互动性，是实现全程营销的理想工具

网络提供了一种联系顾客与厂商的纽带与桥梁，因此增加了顾客购买倾向。在网络环境中，顾客有的会积极地向自己选择的厂商提供信息，厂商则可获得关于自己现有顾客的信息，信息的获取使厂商能够及时调整顾客需求目标，从而提高了交易双方选中对方的能力，并提高了厂商对顾客需求的理解能力，从而增加了现有产品和服务的价值。

无论是传统的销售管理，还是现代营销管理都追求全程营销，即必须由产品的设计阶段就开始充分考虑消费者的需求和意愿，然而，在实际操作中这一点往往难以做到。原因在于消费者与企业之间缺乏合适的沟通。消费者一般只能针对现有产品提出建议或批评，对尚处于概念阶段的产品则难以涉足。此外，大多数的中小企业也缺乏足够的资本用于了解消费者的各种潜在需求，它们只能凭自身能力或参照市场领导者的策略进行产品开发。而在网络环境下，即使是中小企业也可以通过 BBS、在线讨论区(Discussion areas)、电子邮件等方式，以极低成本在营销的全过程中对消费者进行及时的信息收集，消费者则有机会对产品从设计到定价和服务等一系列问题发表意见。这种双向互动的沟通方式提高了消费者的参与性和积极性，更重要的是它能使营销决策有的放矢，从根本上提高消费者满意度。

(3) 网络营销能使消费者的购物更方便，提高消费者的购物效率

在传统的购物方式中，商品的买卖过程大多数是在销售地点完成的，短则几分钟，长则数小时，再加上购买者去购买场所的路途时间、购买后的返途时间及在购买地的逗留时间，无疑大大延长了商品的买卖过程，使消费者为购买商品而必须在时间和精力上做出很大的付出。然而在现代社会，随着生活节奏的加快，人们越来越珍惜闲暇时间，越来越希望在闲暇时间内从事一些有益于身心的活动，并充分地享受生活。在这种情况下，网络购物是一种良好的解决方案。

(4) 网络营销能满足价格重视型消费者的需求

网络营销能为企业节省巨额的促销和流通费用，使产品成本和价格的降低成为可能。

而消费者则可在全球范围内找寻最优惠的价格，甚至可绕过中间商直接向生产者订货，能以更低的价格实现购买。

总之，网络营销简化了购物环节，节省了交易的时间，提高了交易活动的效率。消费者迫切需要新的快速方便的购物方式和服务，以最大限度地满足自身需求。消费者价值观的这种变革，呼唤着网络营销的产生，而网络营销也在很大程度上满足了企业营销的需求。

7.1.4 网络营销的基本内容

网络营销在发展过程的不同阶段，其内容是有所侧重的。这一方面是因为人们的认识和企业的经营理念在逐步变化，另一方面是因为网络营销所依赖的技术基础也是逐步完善的。

第一阶段，信息发布与收集阶段。企业利用 Internet 网络，建立自己的门户网站，发布产品信息，宣传企业经营理念，展示企业形象等，使消费者多了一个了解企业的途径。同时，企业通过网上调查工具，收集需要的一手和二手资料，用于企业的经营决策。

第二阶段，网络营销阶段。企业以 Internet 为依托，通过虚拟商店、在线交易等手段，重构市场营销组合，将传统的 4Ps 发展为 4Cs 组合（4Ps 是由产品（Product）、价格（Price）、渠道（Place）和促销（Promotion）四个营销要素组合形成的市场营销方式；4Cs 是由顾客（Customer）、成本（Cost）、便利（Convenience）和沟通（Communication）组合形成的市场营销方式），帮助消费者顺利过渡到网络营销时代，并接受这一先进的理念，从而拓展企业的营销活动空间。

第三阶段，电子商务阶段。随着网络技术的普及与成熟，越来越多的企业被纳入由 Internet、Intranet、Extranet 构成的网络世界，交易、结算、提供服务、洽谈等都可以通过网络进行。一些国家还规定电子文书与书面凭证具有同等的法律效力，使网络营销达到了更高的层次。具体内容包括：

1. 网上调研

网上调研可用于收集第一手资料和第二手资料。第一手资料主要利用 Internet 交互式的信息沟通渠道来实施调查活动，重点是如何利用有效的工具和手段实施调查和收集整理资料。网上的第二手资料非常庞杂，鱼目混珠，真假难辨。在 Internet 上获取信息不再是难事，关键是如何在信息海洋中获取想要的资料信息和分析出有用的信息。

2. 消费者行为分析

Internet 用户作为一个特殊的群体，是企业开展有效的网络营销活动的基础，必须了解网上用户群体的需求特征、购买动机、偏好和购买行为模式；也应该了解网上用户的职业、年龄、地域分布、性别等人口统计资料。由此，企业可以主动提供有针对性的产品和服务信息，节约消费者搜索信息的时间，也扩大企业的销售。

3. 制定营销策略

营销策略是根据企业的目标、环境与资源拟定一系列的营销活动，经由提供比竞争者更有价值、更有效率的服务与产品，扩大市场销售规模，进而实现计划的营销目标。

营销策略是依据企业的优势，在适应竞争环境的基础上制定出来的，并应具有一定的超前性，以指导企业的营销活动。企业可以控制的优势体现在其提供的网络产品、价格、网络渠道和网上促销上，这是企业获得竞争优势的基础；在此基础上，企业若善于利用竞争环境中的有利机会，则竞争优势就显示出来了。

4．网上产品和服务策略

网络营销的产品和服务有其特殊性，不是所有的产品和服务都适合。这一方面是由于网络消费群体的特殊性，另一方面是由于产品和服务的属性使然。比如，像理发这种完全需要人工提供的服务，至少在目前是不适合网络营销的。因此，作为网上产品和服务营销时，必须结合网络特点，重新考虑产品的用途、功能、设计、包装等。

5．网上价格策略

由于网络从诞生开始就实行自由、平等和信息免费的策略，使得网络用户更多地期望网络产品和服务的价格低于从传统渠道得到的，这种预期使他们更容易接受价格相对较低的产品和服务。但如果网络产品和服务没有可比性，则企业的价格策略就容易获得成功。无论如何，企业在制定价格时不应忽视消费者的心理预期和特有的心理定势。

6．网上促销与网络广告

网上促销的手段比较单一，因为传统的人员推销、营业推广、公共关系等方式在网络这个虚拟社区中还没有找到理想的实现方式，其促销作用微乎其微，因而网络广告成为主要的促销手段。而网络广告也确实具有独特的优势，表现形式也是创新不断，以适应消费者和企业的需要。充分发挥网络广告的优势，开创其他促销手段在网络上的应用，将有助于企业更好地实现营销目标。

7．网络营销管理

网络营销的开展给企业带来了许多新问题，如网上销售的产品质量保证问题、消费者隐私保护问题，以及信息安全与保护问题等。这些问题都应是网络营销必须重视和进行有效管理的；要采用新思维、新手段和新策略，要用战略眼光去看待和处理由此产生的当前利益与长远利益的矛盾。否则，会影响网络营销的效果，阻碍网络营销的进一步发展。

7.2 网络营销策略

7.2.1 网络营销的产品策略

1．网络营销产品的概念

传统意义上的产品多是一种物理的概念，即实实在在的东西。而信息化社会中产品的概念会发生变化，从“物质”的概念转变为一个综合服务和满足需求的概念。也就是说，企业售出的不光是一些物质性的产品，更是一种综合服务的理念。

市场营销一般把产品定义为：商品交换活动中，企业为消费者提供的能满足消费者需求的所有有形或无形的产品的总和，包括核心产品、有形产品、附加产品三个层次，如图 7-2 所示。核心产品指企业借助实物产品消费形式向消费者提供的基本效用或核心利益；有形产品指核心产品借以存在并传递给消费者的形式与内容，包括品牌、包装、式样、特色与品质等；附加产品指消费者因购买核心产品而得到的附加利益的总和，包括服务、保证、承诺、信贷等。

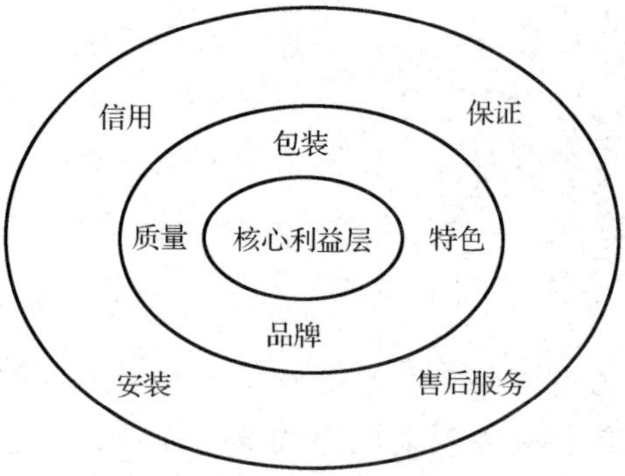

图 7-2　整体产品的三个层次

2．产品的选择策略

这个问题实际上是指什么样的商品适合在网上零售，因为对于企业间购买而言，什么样的产品都比较适合在网上销售。

要知道什么样的商品适合在网上销售，不妨从以下几方面进行考虑。

① 商品的消费对象是否与网民结构一致。以前，上网人口主要是年轻的高收入男性、专业人士和学生。从这个角度讲，计算机软硬件、通信产品、旅游、书籍、音乐、鲜花、教育等产品比较适合上网销售。当然，网民的结构也在随时变化，现在，越来越多的女性开始上网，而且网络也日渐平民化，以前似乎不适合上网销售的一些产品如服饰等也开始在网上热卖。

② 商品的质量标准是否比较单一，消费者无须近距离接触是否就能比较清楚地了解其质量。从这个角度讲，名牌的家电、书籍等可能比较适合上网销售，而过于个性化的服装则不适合。

③ 你的商品以传统方式购买是否特别费事或很难找到。这里，网络就可以发挥其信息收集与检索的优势了。比如，对于网上的二手货买卖，因特网能轻易地把众多的买主与卖主集合在一起交易，能让买方通过检索方便地发现自己所需的商品。

④ 考虑到配送成本，你的商品在目标市场与别的商店，包括网下的商店相比是否还具有价格优势。从这个角度讲，各种“软”产品，如教育、咨询、证券交易、软件、音乐等特别适合网上交易，一些体积小、价值高或与目标市场差价特别大的商品，如手工艺品等也适合在网上销售。

考虑什么产品适合在网上销售，要结合以上因素综合考虑。

3．网上的产品开发战略

电子商务带来的一大变化就是消费者主权，消费者不仅可以挑选信息、商品，而且还可以自己参与商品设计。

以批量生产的成本为消费者提供“量身定做”的产品是电子商务的一大优势，其技术基础就在于因特网为买卖双方提供了一种即时互动的低廉的沟通手段和生产高度的自动化。

目前，“量身定做”的方式主要是由企业提供一些半成品，如各种模板或部件，再让消费者根据自己的需要和爱好修改模板或选择部件的组合，如“戴尔”公司的计算机定制。

为了在交货时间、价格上保持竞争力，企业应将产品的部件尽可能地标准化，同时自动化处理“个性化”部分。

4. 网上的产品生命周期策略

产品的极端个性化将导致产品生命周期的消失，虽然目前还不可能达到这一步，但毫无疑义的是，产品生命周期将越来越短。随着技术在网上的快速扩散，新产品开发速度越来越快，企业不能等到产品已显败相时才想到开发新产品，而应在现产品的兴盛时期就推出新产品。

7.2.2 网上销售的价格策略

1. 产品定价策略的变化

传统商品的定价策略基本上是按“生产成本+生产利润+商业利润+品牌系数”来确定的。在这种价格策略中，生产厂家对价格起着主导作用。但这种价格策略能否为消费者和市场接受则是一个具有很大风险的未知数。

而新型的 4Cs 组合则相反，它根据消费者和市场的需求来计算满足这种需求的产品和成本。由这种成本开发出来的产品和制定的产品价格风险相对是较小的。这种由成本定价到满足需求定价的过程可表示如下。

(1) 成本定价

产品及功能设计→生产成本+生产利润+商业利润+品牌系数→产品价格。

(2) 满足需求定价

消费者需求→产品功能→生产与商业成本→市场可以接受的性能价格比。

2. 价格策略

(1) 低价策略

由于网上的周转时间比较短，因此仓储费用和销售费用相对低廉，企业能在很短时间内实现销售。目前许多网上商品的定价大多采用成本加一定利润，有的甚至是零利润或负利润策略(网站也是媒体，顾客踊跃就有广告价值，从供应商付的广告费中可弥补负差价)。

(2) 折扣策略

为吸引更多的人到网上购买，对于公开定价商品采用折扣策略。例如，Amazon 的图书价格一般都要打折，而且折扣达到 3～5 折，或根据顾客累计购买量自动打折，或在“联合购买”的站点，如“酷必得”(http://www.coolbid.com)上根据不同的购买量提供不同的折扣。

(3) 促销价格

由于网上的消费者面广且具有很大的购买能力，许多企业为打开网上销售局面和推广新产品，采用临时促销定价策略。促销定价除了前面提到的折扣策略外，比较常用的是有奖销售和附带赠品销售。

(4) 拍卖竞价

网上拍卖是目前发展比较快的领域，经济学认为市场要形成最合理价格，拍卖竞争价是最合理方式。网上拍卖由消费者通过因特网轮流公开竞价，在规定时间内价高者赢得。目前国外比较有名的拍卖站点是 http://www.ebay.com，它允许商品公开拍卖，拍卖竞价者只需在网上进行登记即可，拍卖方只需将拍卖品的相关信息提交给 eBay 公司，经公司审查合格后即可上网拍卖。国内比较有名的网上拍卖站点有易必得(http://www.ebid.com.cn)、拍得(http://www.paide.com)、大中华拍卖网(http://www.ibid.com.cn)等。

(5) 按需定价策略

企业可通过提供定做服务，根据消费者选择的产品功能配置而实行不同的价格。以独特商品获取高价，而且满足顾客个性化需求。

(6) 买家出价，卖方应价策略

由买方先提出愿意为商品与服务支付多少费用，卖方看能否接受，这是一种全新的价格策略，如“价格线”(http://www.priceline.com)。

(7) 品牌定价策略

产品的品牌和质量会成为影响价格的主要因素，它能够对顾客产生很大的影响。如果产品具有良好的品牌形象，那么产品的价格将会产生很大的品牌增值效应。名牌商品采用“优质高价”策略，既增加了赢利，又让消费者在心理上感到满足。对于这种本身具有很大的品牌效应的产品，由于得到人们的认可，在网站产品的定价中，完全可以对品牌效应进行扩展和延伸，利用网络宣传与传统销售的结合，产生整合效应。

7.2.3 网络营销的渠道策略

1. 网络营销渠道的概念

所谓营销渠道，是指产品从生产者转移到消费者或使用者所经过的途径。传统营销渠道一般形式是“生产者—批发商—零售商—消费者”。在一段时间内传统营销渠道仍然会发挥巨大的作用，问题在于如何通过网络和计算技术来整合传统的营销渠道，如何相互结合，达到提高效率和竞争力的目的。

因特网将企业和消费者直接连接在一起，使渠道更加简单和多功能化。可以选择直销方式或经由中介的多层次的网上营销渠道，如 Dell 的直销计算机模式，阿里巴巴的网络中介模式。网上销售会带来大量货物配送问题，因此，需要现代物流技术的支持。采用合理的分销渠道，一方面可以最有效地把产品及时提供给消费者，满足用户的需求；另一方面也有利于扩大销售，加速物资和资金的流转速度，降低营销费用。

2. 网络营销分销渠道的选择

相比于传统营销渠道而言，网络营销渠道具有如下的多样性：信息发布渠道、咨询服务渠道、货物配送渠道、售后服务渠道、培训学习渠道等。具体分销渠道有：

(1) 配送中心

这实际上是传统销售模式的网络版，把商品集中配送到各配送中心，再由配送中心送到消费者手中可能要比直接将商品送到消费者手中省钱得多。比如，现在流行的所谓“BtoBtoC”的模式，由网上商店把商品送到居委会或邮局等中间环节，再由消费者自己去取，就是此方面的一个实例。

(2) 服务中心

比如，一个家电企业可以在网上直销商品，但由分布各地的维修点负责维修。

(3) 销售中介

最大限度降低渠道中的营销费用和提高效率，是销售成功的关键因素之一。根据统计，一般消费者平时经常浏览的站点不超过 10 个，虽然网上有很多工具帮助消费者发现直接卖主，但这是需要付出代价的，所以大多数消费者在大多数时间都不一定会千方百计去找直接厂家，这样，中介的作用就体现出来了。

目前，网上营销的一个流行趋势就是会员制营销，即让会员站点帮自己一起销售商品。企业采用间接分销渠道，在筛选电子商务中介商时，必须考虑成本、信用、覆盖、特色和连续性五大因素。这五大因素可以称为网络间接销售的关键因素，又称为“5C”因素。双道法是指企业同时使用网络直接分销渠道和网络间接分销渠道，以达到最大销售量的目的。

7.2.4 网络促销策略

促销是企业为了激发顾客的购买欲望，扩大产品销售而进行的一种宣传工作。一般包括人员推销、广告、营业推广和公共关系推广等。Internet 作为一种信息双向沟通渠道，最大优势是可以实现双向沟通，突破时空限制直接进行交流，而且简单、高效、海量、费用低廉。

传统广告是基于印象的联想型劝诱机制，通过反复的感官冲击，使受众留下印象。传统广告与消费者的交互作用较弱，其广告效果的测试也是比较困难的。

网络广告的沟通方式不是传统促销中“推”的形式而是“拉”的形式，不是传统的“强势”营销而是“软”营销。网络广告使广告由“印象型”向“信息型”转变，消费者做出购买决策的机制也发生了变化。网络广告主要是基于信息的理性说服机制，通过提供海量信息、信息展现、信息比较，甚至可以通过智能化软件，使消费者更易做出理性的判断。同时，网络广告是一种即时交互式广告，其营销效果是可以测试的，在一定程度上克服了传统广告效果测试的困难。

为了提高网上促销的效果，不但要研究新的 IT 技术在网络广告形式和内容表现形式的应用和创新，同时需要研究网络消费者的购买心理和意愿，遵循网上一些信息交流与沟通规则，例如，遵循虚拟社区的礼仪，采取赠送礼品等奖励措施。网络链接和搜索引擎的使用，也会提高网上促销的效率。另外，在现阶段还需要与传统的报纸杂志、无线广播和电视等传统媒体发布广告的优势相结合，提高企业网站知名度，充分发挥网络广告的交互性和直接性。总之，需要各种促销手段组合运用，充分吸引消费者的注意力。

利用网络发展和巩固公司与新闻界的公共关系，利用网络论坛、邮件、清单、新闻组等网络社区聚集的场所发展企业与其潜在顾客的公关关系，是网络促销研究的另一个重要内容，如举办网上新闻发布会、网上消费者联谊活动等。

7.3 网 络 广 告

7.3.1 网络广告概述

1. 网络广告的定义

网络广告是 Internet 问世以来广告业务在计算机领域新的拓展。随着 Internet 的飞速发展，我们每一个人与网络接触的机会越来越多，Internet 已成为继电视、广播、报纸、杂志四大传统媒体之后的第五大媒体。

广告是广告主以付费方式运用大众传媒劝说公众的一种信息传播活动。所以，网络广告就是广告主以付费方式运用网络(因特网、万维网)媒体劝说公众的一种信息传播活动。

2. 网络广告的形式

网络广告一般分为文字广告和图形广告两种形式，图形广告又可分为图标广告、图片广告和标题广告。

(1) 文字广告

文字广告大多是以文字的形式，扩大企业或产品的知名度。这些文字广告放在 Web 页上，整个网页都是广告内容。图 7-3 所示的文字广告是中华网公司推出的“信天游”收费信箱广告。

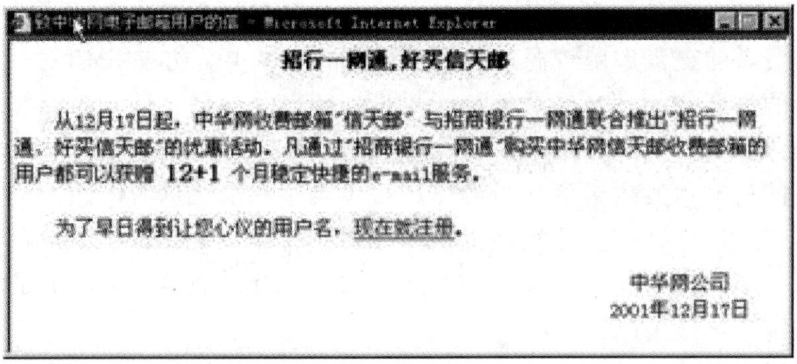

图 7-3　文字广告

另外一种文字广告是一些企业的名称，当用户单击该名称后，即会被系统超链接到广告主的网站上。这种文字链接形式的广告通常出现在分类栏目中，如搜狐分类广告栏目的文字广告，如图 7-4 所示。单击图中的某个企业名称，即可转接到该企业的电子主页中，了解该企业的详细内容。文字还可以通过电子邮件的形式定期传送给顾客，也可以在新闻或电子公告板上发布等。

总之，文字广告都以文字为主要工具来宣传企业的产品，达到广而告之的目的。

图 7-4 搜狐分类广告

(2) 图标广告

这种广告形式在 Internet 主页中非常普遍，它可以出现在主页的任何位置。这种图标可能是一个企业的标志，也可能是一个一般形象图标，甚至可以是动画，单击该图标可以链接到广告主的站点上。图 7-5 所示是各个网站的图标广告，包括搜狐网站、网易网站、浙江信息超市网站、茂名信息港等网站图标广告。

图 7-5 各网站的图标广告

按照因特网广告局 IAB (Internet Advertising Bureau，这是国际上最为权威的网络广告管理机构，其网址为http://www.iab.net) 的标准，图标广告的尺寸一般为 120 像素×90 像素、120 像素×60 像素、125 像素×25 像素、88 像素×31 像素等。

（3）图片广告

图片广告的最大特点是直观、形象、清晰，让人有一种身临其境之感。例如，图 7-6 所示为汉王科技产品图片广告，单击该图片后即可进入相关的站点内容，了解更为详细的商品信息。

图 7-6　汉王科技产品图片广告

（4）标题广告

标题广告一般用在 Web 页面顶端或底端出现的静态或动态长条状的图片上，单击该图片后可链接到广告主的站点上，如图 7-7 所示为搜狐网站上的标题广告。这种广告的效果显然比文字广告和图标广告的要好，特别是动态标题图片广告，可以使这条广告具有更强烈的动感，引起浏览者的好奇和注意。

图 7-7　搜狐网站上的标题广告

不管是哪一种广告形式，都会产生一定的广告效益，网民一般都是通过此类广告得知许多事情，特别有些网民由于对此类广告感兴趣，而进入了许多本不会进入的网站，由此得到了许多意想不到的效果。

3．网络广告的特点

网络广告是新生代的广告媒介，它是随着国际互联网的发展而逐步兴起的。它既具有传统媒介广告所有的优点，又具有传统媒介所无法比拟的优势。

网络广告可分为广义和狭义两种。广义的网络广告指企业在互联网上发布的一切信息，包括企业的互联网域名、网站、网页等；狭义的网络广告一般指建立一个含广告内容的 WWW 节点，目前多为标题广告，用户通过点击这一含超链接的标题，将被带至广告主的 WWW 节点。

网络广告主要有以下特点。

(1) 传播对象面广

网络广告的对象是与Internet相连的所有计算机终端客户，通过将产品、服务等信息传送到世界各地，其世界性广告覆盖范围使其他广告媒介望尘莫及。

(2) 表现手段丰富多彩

网络广告采用文字介绍、声音、影像、图像、颜色、音乐等于一体的丰富表现手段，具有报纸、电视的各种优点，更加吸引受众。网络广告制作成本低、时效长，其高科技形象将使越来越多的工商企业选择网络广告作为重要的国际广告媒体之一。

(3) 价格便宜

网络广告无须印刷、拍摄或录制，在网上发布广告的总价格较其他形式的广告价格便宜得多。因此，可以降低成本，得到使消费者满意的价格。

(4) 内容种类繁多，信息面广

网络广告的内容不受限制，也没有一个统一的标准，其内容大到飞机、小到口香糖都可以上网做广告。庞大的Internet网络广告能够容纳难以计量的内容和信息，它的广告信息面之广、量之大是报纸、电视所无法比拟的。

(5) 多对多的传播过程

我们知道报纸广告是一对一的传播过程，电视传媒则是一对多的方式，而Internet上的广告则是多对多的传播过程。这是因为在Internet上的大众，他们既可以在互联网上发布广告信息，同时也可以从网上获取自己所需产品和服务的广告信息。所以，对于同一个人来说，他既是信息的发布者，同时又是信息的接收者。

(6) 定向和分类性

在Internet上发布的信息，相对传统的媒体来讲，其最大的特点就在于它的定向性。从营销的角度来讲，就是只有它才可以提供一对一的营销方式，也就是说，在Internet上可以实现在适当的时间把适当的信息发送到适当的人或单位去，即实现广告的定向。

(7) 具有互动性

所谓网络广告的互动性是指工商企业或个人将广告信息内容准备好，放置于站点上，所有网络用户都可以通过上网及时查看，获取广告信息，即人→机→人的模式。

例如，一家电子商务公司通过网络广告将公司产品信息传播到世界各地的Internet计算机终端客户，当受众之一的个人收到该信息后，对该公司的产品产生了兴趣，开始在网上交互查找该产品信息，以期获得更多的有关信息。进一步而言，此人可通过电子邮件、网络电话、网络传真等向该公司询问各类有关问题，得到满意答复后，可通过电子商务手段实现商品购买。由于信息时代信息传播和查询功能的空前加强，商业企业所拥有的无形资产不是拥有多少客户，而是客户和营销人员之间的高度信任。

(8) 智能化的信息促销手段

电子商务中的商品信息将以多角度的商品主题词分类为主，辅之以同类商品和相关商品的联想式搜索调用方法、智能化的信息服务手段来达到促销的目的。在电子商务中，这种商品信息服务的方式就是一种在特定环境下的新型广告。也就是说，真正的消费者一旦从网上进入该商城(网址)并查询某类商品，则电子商务系统就应该向他提供一切可能的信息服务。例如，消费者可以查看到所有的商品信息；系统通过联想或其他智能化信息处理方式向他推荐其他相关的商品信息等。通过这种智能化的信息服务来达到广告促销的目的。

(9) 身临其境的多媒体形式

对于普通消费者来说，人们对电子商务最为担心的问题之一就是怕看不到实物，对商品缺乏感性认识。而目前多媒体信息技术的发展正好弥补了这一缺点，多媒体的商品信息完全可以营造出一种身临其境的商业氛围，来达到促销的目的。在某些特殊类型的商品上，电子商务甚至可以提供比传统商业更具优势的服务方式。例如，世界驰名的电子游戏制造厂商“任天堂”公司就在网上提供了亲身尝试(玩)该公司所有新产品的方式。又如，著名的计算机制造商 DEC 公司就在网上连接了该公司的新产品，用户如果感兴趣，可以通过网络的远程登录方式上机。

商家或厂家这样做的目的无非是：第一，充分展示自己产品的优越性；第二，让消费者尝到“甜头”，熟悉这种商品，自然地就会选择这种产品。

7.3.2 网络广告的发布途径

1. 通过自建主页发布

利用自建主页发布广告，可以使广告内容更符合企业的经营理念和企业的形象，主动性比较好。对于大公司来说，建立自己的主页是一种必然趋势，因为主页形式是公司在 Internet 上进行广告宣传的主要形式。

2. 网络内容服务商(ICP)

ICP 由于提供了大量的互联网用户感兴趣的免费信息服务，因此网站的访问量非常大，是网上最引人注目的站点，如新浪、搜狐等。目前，这些网站是网络广告发布的主要阵地，其网络广告的主要形式是旗帜广告。

3. 从外部购买广告时空

这需要选择合适的公共网站，以付费的方式或部分付费的方式把本企业的信息列于网站上发布。常用的公共网站有专业销售网、公共黄页、行业名录、新闻传播网及网络报纸和杂志。

4. 免费的互联网服务

在互联网上有许多免费的服务，如 http://www.163.net，它能帮助公司将广告主动送到使用该免费 E-mail 服务，又想查询此方面内容的用户手中。

5. 虚拟社区和公告栏(BBS)

虚拟社区和公告栏是网上比较流行的交流沟通渠道，任何用户只要遵循一定的礼仪都可以成为其成员，任何成员都可以在上面发表自己的观点和看法，特别是发表与公司有关的评论和建议时，可以起到非常好的口碑宣传作用，而且这种宣传是免费的，但要注意遵循网络礼仪。

6．URL

大多数搜索引擎有专门的页面供公司提交它们的因特网地址，这些地址被称为 URL。提交 URL 之后，搜索引擎的“蜘蛛”程序(一种专用程序，能按照指定要求全方位地自动寻找目标内容，如链接、网页、关键词等，因而形象地称之为“蜘蛛”)将访问该网站，并循着所有的链接，为所有的内容加索引。使用 URL 发布广告的主要优点是免费。任何人都可以把它的 URL 提交给搜索引擎并被放入列表中。通过使用 URL，那些搜索相关主题而不是瞎逛的人更可能来到网站。

以上几种通过 Internet 做广告的方式中，以公司主页方式为主，但对几种方式的有效组合，将是对公司主页的有益补充，可获得比单一主页形式更好的效果。因此，公司在通过 Internet 做广告之前，必须认真分析企业的整体经营战略、企业文化及广告需求，合理做出安排。

7.3.3 网络广告的收费模式

传统的广告收费是建立在展示或发布量的基础上的。这也仍是网络广告收费的标准模式，网络广告通常使用广告浏览量来衡量广告发布量。广告主是按“承诺”的广告浏览量乘以一个约定的系数付费的。各网站的收费水平差别很大。

1．点击次数

基于点击次数的广告收费，是为网络广告开发更容易计量的收费方式的一种尝试。通常页面上的某个文件被访问一次称为一次点击，然而也有的企业不这么认为，所以在做广告之前应弄清点击数的定义。对于旗帜广告的收费是基于浏览者对广告的实际点击次数，实际上，在看到广告的人中间，只是相对较少的一部分人实际点击了旗帜。这样，基于点击次数的支付保证了访问者不仅看到了广告，还主动点击并实际接触了目标广告。

2．广告曝光次数

广告曝光次数是指网络广告所在的网页被访问的次数，这一数字通常用计数器来进行统计，假如广告刊登在网页的固定位置，那么在刊登期间获得的曝光次数越高，表示该广告被看到的次数越多，获得的注意力就越多。但曝光次数与目标受众并不一定相等，因此只能粗略反映广告效果。依此计算的收费标准是千人印象 CPM，CPM＝总成本/广告曝光次数×1000。它和点击次数是国际上通行的收费模式。

3．互动性

这是由霍夫曼和诺瓦克提出的一种衡量方法。他们建议根据访问者和广告目标的交互程度收费。这种交互程度可以用广告浏览的时间长度、目标广告的网页访问数、额外点击次数或对目标广告的重复访问次数来衡量。只有感兴趣的顾客才能较长时间停留在广告页面或者多次浏览广告，这种收费方式对企业是有利的。这引发了网站发布商的争论，但已有企业在实施这一方法了，也只有让广告主认为物有所值，他才肯出资购买这种广告媒体。

4．实际购买

销售商关心广告效果，而最终效果就是购买行为。在基于效果的广告定价方式中，公司承诺如果有顾客点击了会员网站上的标识，并最终进入了商家网站进行购买，则公司将向会员网站支付5%～15%的佣金。这是一个双赢的协议，商家因此也给会员网站施加压力，促使网站主动采取必要的手段鼓励客户购买。

5．其他方式

还可以用其他一些方式收取广告费，如包月方式，一些网站空间提供商为旗帜存放收取每月固定的费用，而不管访问量；还有的以搜集潜在客户名单多少来收费。

7.4　网上市场调研的原则、内容和方法

7.4.1　网上市场调研的原则和要求

网上市场调研是指在互联网上针对特定营销环境进行简单调查设计、收集资料和初步分析的活动，为企业的网上营销决策提供数据支持和分析依据。其目的是找出描述消费者、产品、营销手段和商家之间关系的信息，从而发现市场机会，制定营销计划，更好地理解购买过程和评估营销效果。网上市场调研还处于起步阶段，但在线调研正成为一种迅速、方便和低成本的手段。网上市场调研应注意的基本原则和要求有：

1．及时性

这既是网上调研优越于传统调研的地方，也是我们必须把握的基本原则。网络技术和网络信息传播的特点保证了这一原则的贯彻。这一原则要求企业灵活运用各种调研手段，方便被调研者迅速提供调研信息，同时也要求企业有强大的后台处理工具，如数据库，以便能快速进行数据处理和数据挖掘，避免调研结果的滞后和失效。

2．客观公正性

网上调研通常要借助于中介机构来完成，这是比较经济而有效的。但是，它应和企业自己调研一样保证结果的客观公正。这要求调研者应该以充分的事实和数据为依据寻找答案，做出判断，而不是凭空想象，或者以偏概全。另外，由于消费者对这种新型的调研方式尚不适应，那么，对其提供的信息进行分析就更有必要了。

3．精确性

在线市场调研一般采用互动的方式，允许与消费者进行个别的交流，这使调研机构可以更好地了解消费者、市场和竞争情况。例如，它可以及早发现产品和消费者转变的趋势，使商家找到产品和市场机会，并开发出消费者真正需要的产品和服务。

4．个人隐私

保护个人隐私正被越来越多的消费者重视，也有一些人还没有意识到。但无论如何，企业都不应因忽视这一问题而引起不必要的麻烦。因此，企业应该将客户资料、调研信

息作为企业的商业秘密严格管理，当用于其他商业活动时，应征得消费者的同意，以免因侵犯消费者的权利而引起消费者的不满，损害公司形象和长远利益。

5．合适的样本

这主要是指样本的数量和质量。Groups Plus 公司的总裁汤姆 •格林鲍姆引用了登在《纽约人》杂志上的一幅漫画——两条狗坐在计算机前，其中一条对另一条说“在因特网上，没有人知道你是一条狗。” 格林鲍姆说：“如果你看不到和你交流的对象，你怎么知道他实际上是谁？”另外，对于那些“自告奋勇”的在线用户，如偶尔点击问卷或闯入聊天室的人，从他们身上得出结论会有很大问题。那么，企业最好能从自己的数据库中挑选用户，并定期打电话确认他们的身份。另外，也可以公开征集被调研者，以确保样本的质量。

7.4.2 网上市场调研的内容

由于网络调研的方便和低成本，使用者越来越多样化。政府机构、企业、团体甚至个人因调研目的不同而内容各有侧重。企业的网上市场调研包括以下内容。

1．消费需求

网上冲浪者一般是富有、在职和受过良好教育的人，尽管其人口构成正逐渐多样化，但并不是对所有的企业和产品都适合。例如，如果公司生产的是洗涤剂之类的日用品，那么在线调研可能并不是一个理想的工具。因此，企业应先确定自己的目标客户。

2．客户或员工的满意度

客户是衡量公司长远发展和长期利润的重要指标，对企业的日常操作行为和长期策略的制定都有重要的指导意义。调查显示，发展企业的一个新用户比保持一个老客户要花费五倍的投入。因此，经常性的调查能使企业更快地了解客户状况，加强合作，进而促进企业稳定发展。

而对员工的调查能够发现员工的不满和牢骚，以及他们的愿望和建议，恰当地处理这些来自员工的信息，能增强企业凝聚力，提高员工甚至客户的忠诚度。这对于内部沟通渠道不畅的企业来说，无疑是一个有效的手段。

3．新产品概念测试

新产品概念测试指利用网络传播迅速、交互性和多媒体的特点，调查用户对新产品的性能、颜色等方面的要求，从而决定生产、销售及开发的策略。它既是一个测试过程，又是一个宣传推广的过程。

4．网站评估

网站作为网络虚拟社会的“媒体”，是主要的信息传播渠道，也是网络广告主投放广告的选择对象。通常是由网络广告代理公司对将要进行广告投放的网站进行调查，由网站的经营者或第三方评测机构提供访问记录及访问客户资料。

另外，像竞争对手的策略、企业产品价格的制定、企业形象等都可以通过网络调研完成。在网络上，似乎没有秘密可言。

7.4.3 网上市场调研的方法

因特网提供了一条有效渠道来更快、更便宜和更可靠地收集和处理市场信息。根据市场调研的方式不同，利用因特网进行市场调研可以分为网上直接调研和网上间接调研。

1. 网上直接调研

网上直接调研是通过网络站点辅以电子邮件通过 Internet 直接进行问卷调查等方式收集一手资料的调研方法。它可以采用网上问卷调查法、网上试验调查法和网上观察法，常用的是网上问卷调查法。根据市场调研采用的技术手段不同，主要有以下几种。

(1) 利用讨论组

通过在预定的讨论组里有目的地张贴问题，可以和消费者进行深入的一对一交流；还可以张贴有关文章，并建立到自己网站的链接，通过与来访者的意见交流达到调研目的。其成本费用比较低而且是主动型的，但要注意网上行为规范，调查的内容应与讨论组主题相关。

(2) 自建网站

在自己的网站上也可以有目的地张贴问题，以引起讨论。通过讨论聚集潜在的消费者并进而确定目标市场。还可以在自己的网站上张贴调研问卷，并对参与者进行奖励，让访问者有充足的理由完成调研并鼓励其他人也参与调研。这种方式要求企业的网站必须有调查分析的功能，对企业的技术要求比较高，但可以充分发挥网站的综合效益。

(3) 电子邮件

如果营销人员在目标市场中收集了顾客和潜在顾客的电子邮件地址，就可以用特别电子邮件向其发送详细的调查问卷。营销人员可以在电子邮件中列举若干问题，请求顾客和潜在顾客回答。通过这种直接询问，企业就能清楚地知道顾客对公司的满意程度及对产品的期望等。

(4) 聊天室

聊天室是培养潜在消费者的网上社区。“物以类聚，人以群分”，共同语言是这一社区的基础。企业在网上发现这一群体并有意识地加以培养，使之成为潜在消费者，就为企业未来的发展奠定了基础。从来没有现成的目标市场供企业使用，理想的目标市场都是企业自己培养出来的。

(5) 视讯会议法

视讯会议法是将分散在不同地域的被调查者通过互联网视讯会议功能虚拟地组织起来，在主持人的引导下讨论调查问题的调研方法。视讯会议法适合对关键问题的定性调查研究。

2. 网上间接调研

网上间接调研是利用 Internet 收集与企业营销相关的市场、竞争者、消费者及宏观环境等方面的二手信息的调研方法。其渠道主要是 WWW、BBS、E-mail、Usernet News，其中 WWW 是最主要的信息来源。从技术上说，有以下几种方法。

(1) 利用搜索引擎

使用这种方法时，分别可以按分类、网站和网页来搜索关键字，为提高查找效率和准确度，通过搜索引擎提供的搜索功能直接输入关键字查找相应的内容；必要时，可以用一些高级命令，同时搜索多个关键字。目前使用较多的中文搜索引擎是搜狐(http://www.sohu.com)、新浪(http://search.sina.com.cn)、雅虎中国(http://cn.yahoo.com)、百度(http://www.baidu.com)等。由于各搜索引擎的功能、结构等存在差异，因而可以补充运用。

(2) 利用公告栏

公告栏的用途多种多样，一般可以作为留言板，也可以作为聊天、讨论的场所，还可以用于商业方面，如发布供求信息。

(3) 利用新闻组

新闻组就是一个基于网络的计算机组合，这些计算机可以交换以一个或多个可识别标签标识的文章或消息。它通常含有多个主题，并以此对消费者进行分类。目前，新闻组的应用还不广泛，这可能是由于新闻组数量少，用户对它的了解也比较少，因而形成了一个恶性循环，导致新闻组的实用性不尽如人意。

本章小结

本章从传统的营销理论出发，引申出网络营销的概念、特点，介绍了网络营销的基本内容和网络营销策略；同时，还可以看到网络广告的种类和发布途径与传统广告是明显不同的，广告的定价则有联系也有区别；对网上调研的原则和内容在传统理论的基础上进行了深化和延伸，网上调研的方法则是独一无二的。

思考题

1．电子商务和网络营销是什么关系？
2．何谓网络营销？网络营销与传统营销的区别是什么？
3．网络营销的实质是什么？
4．网络营销较传统营销在成本上的优势体现在哪些方面？
5．因特网给营销活动带来了哪些主要变化？网络营销怎样解决这些问题？
6．如何理解网络营销中的免费问题？免费的价格策略可以赢利吗？请举出两个例子。

上机实验

在电子商务实验室为自己的模拟企业寻找商机。要求将企业加入网络搜索引擎，宣传网站，发布供求商机信息，查找企业商品信息，利用邮件开展营销工作，使用 BBS 论坛寻找合作机会。

案例分析

凡客诚品的网络营销案例赏析

1．凡客诚品概况

凡客诚品的域名是vancl.com，van是品名，cl是陈年(卓越网团队的领头人)和雷军(金山雷军是凡客投资人的身份)的姓的拼音首个字母，由它们组成凡客的品牌名。2008年1月，凡客诚品正式投放广告推广，当月凡客的日均订单超过1000件；2月，订单超过2000件，日营业额突破30万元；3月，日均订单超过3000件。凡客诚品在短短几个月实现倍增式发展，在国内属增长速度最快的B2C平台，整个互联网都看到凡客诚品的广告。这些是怎样形成的？是不是凡客的投资者特别有钱？

2．门户网站的CPS部署

近千万美元的风险投资资金主要用于建设物流基地、呼叫中心，进行网站开发和服装产品的研发，但是在推广初期凡客并没有投入多少金钱做广告。那么，其广告是如何诞生的呢？

陈年拥有非常丰富和优秀的互联网人脉资源，他运用了这些人脉资源，在各大门户进行CPS模式的广告合作，通过门户网站过来成交的订单，都有一定比例的佣金。对于凡客而言，这是零风险和零投入的，相当于聘请业务员的提成；对于门户网站而言，只要相信陈年的部署，获取的最终收入远远高于广告位的收入，只需承担一定的人情和信任风险。

凡客诚品当初并没有立刻选择Google的广告联盟，Google的广告虽然覆盖面更广，但同时也意味着流量成本高。因为大多数投放Google竞价和内容的广告都是暴利品的专属，对于服装这种快速消费品并不是长久之计。除了广告成本的风险外，Google的广告覆盖面在中小型网站，对于品牌的打造没有很大的优势，只有几个门户才具有权威性，相当于一些重要电视台做广告的效果。

3．广告联盟的部署

中小型的网站虽然不适合打造品牌的价值，但是也占据着超过60%的主流流量。淘宝当年也是借助这些中小网站群起来的，陈年当然不会放过这个领域。

什么能在各大中小型网站最快进行推广呢？自然是广告联盟，各种各样的广告联盟。凡客诚品给予广告联盟大约20%的返点，而广告联盟给予站长16%的返点。铺开了中小型的网站之后，这些网站的站长很有可能是凡客诚品的首批消费者，因为有16%的佣金，也就是能打84折了，站长会自主地购买，同时影响其家人、朋友点击他网站的广告去购买。在中小型网站带动了巨大的消费群体，因为一个人影响10个人左右的购买量是很正常的，100个站长就能影响到1000个购买量。

如果说门户网是为了展示其品牌的广告，那么中小型网站的CPS就是销售的爆发。凡客用免费的方式招揽了这些草根站长作为代理者，他们会自动地申请这些广告，编写这些广告的教材，吸引更多的网站加入推广。

站长本身在推广凡客的产品，所以他们会维护凡客诚品的品牌名声，就算有负面或口碑不好的信息，站长都会自动删除，毕竟自己也要靠它赚钱。这样自然地形成口碑传播，负面的新闻自主地消失。这比专职的公关去做这些工作高效多了。

4．自建广告联盟

广告联盟的网站主也就是推广者，他们会观察不同的广告产品，因为不需要做客服，只需要引导消费，所以产品的销量好坏、佣金的高低会影响站长的销售热情。站长会自主地更换不同的产品进行推广。

在品牌街知巷闻之后，凡客诚品推出了自己的广告联盟，同时不扣量，提高佣金，最大化保障了站长的利益，站长自然又会在凡客诚品网站申请新的广告进行推广。不但站长推广，消费者在凡客的网站看到有佣金，也会从自己的链接进行购买，或者让家人帮忙购买。

除了消费者和站长外，凡客的广告联盟还适用于淘宝的卖家，只要淘宝的卖家销售凡客的产品，不用其发货和做客服，只需要你有订单，凡客就帮你发货和提供服务。

所以在前期，凡客诚品并没有服装品牌，充其量是网络品牌，因为陈年的网络营销做得精彩绝妙，很自然地形成服装品牌。

5．凡客的其他部署

除了 CPS 的部署外，凡客诚品也推出了现金券。在凡客发展的初期，站长都有大大小小的现金券，只要有人通过这些现金券消费，则不但便宜了买家，拥有这个现金券号码的站长也会有对应的佣金，利用这种心理，凡客推动了初期的消费热潮。

凡客诚品也很关注邮件营销，几乎每位注册凡客网站的会员都会收到凡客诚品的推销邮件，开展促销活动。

事件营销。2008 年汶川大地震，凡客诚品推出每销售一件衣服就捐一元钱活动，迅速被各大媒体报道，无形中做了极大的宣传。

今年的凡客。营销手段和平台一样，饱和了就要横向发展，今年的凡客开展地面公车站广告、电视广告、报纸广告，凡客体就是传统媒体给予凡客的最大回报之一。

思考题：

1．凡客诚品网络营销的策略有哪些？

2．你从凡客诚品网络营销案例中获得哪些启示？

第 8 章　电子商务物流与供应链

学习目标

1. 了解电子商务物流的发展历程。
2. 把握电子商务物流的本质，从而明确电子商务物流的含义。
3. 理解电子商务与供应链管理。

引例

联合邮包服务公司(UPS)雇用了 15 万名员工，每年他们将近 30 亿件邮件和信函发往美国各地及世界上至少 185 个国家和地区。为了实现“在邮运业中办理最快捷的运送”的宗旨，UPS 的管理当局系统地培训员工，使他们以尽可能高的效率从事工作。UPS 的工业工程师对每一位司机的行驶路线都进行了时间研究，并对途中运货、暂停和取货活动都设立了标准。这些工程师记录了等红灯、通行、按门铃、穿过院子、上楼梯、中间休息喝咖啡，甚至上厕所的时间，将这些数据输入计算机，从而给出每一位司机每天工作的详细时间标准。

为了完成每天取送 130 件包裹的目标，司机必须严格遵循工程师设计的程序。当他们接近发送站时，他们松开安全带，按喇叭，关发动机，拉起紧急制动，把变速器推到 1 挡上，为送货完毕的启动离开做好准备，这一系列动作严丝合缝。然后，司机从驾驶室下到地面，右臂夹着文件夹，左手拿着包裹，右手拿着车钥匙。他们看一眼包裹上的地址把它记在脑子里，然后以每秒 3 英尺的速度快步走到顾客的门前，先敲一下门以免浪费时间找门铃。送货完毕后，他们在回到卡车上的路途中完成登录工作。

分析：如今，网上购物已经成为潮流。物流是电子商务的重要环节和基本保证。UPS 每天的配送量是多少？它是如何做到的？

思考与讨论：

1. 通过刚刚的案例，你认为物流与运输有什么区别？
2. 谈谈你对物流的认识和看法。

8.1　物流概述

8.1.1　物流概念的由来

Physical Distribution（物流）中的 Distribution 一词最早出现在美国。1921 年，阿奇 •萧

在《市场流通中的若干问题》(*Some Problem in Market Distribution*)一书中提出“物流是与创造需要不同的一个问题”，并提到“物资经过时间或空间的转移，会产生附加价值”。这里，Market Distribution 指的是商流；时间和空间的转移指的是销售过程的物流。

1935 年，美国销售协会最早对物流进行了定义：“物流是包含于销售之中的物质资料和服务，与从生产地到消费地点流动过程中伴随的种种活动。”

日本在 1964 年开始使用“物流”这一概念。在使用“物流”这个术语以前，日本把与商品实体有关的各项业务统称为“流通技术”。1956 年日本生产性本部派出“流通技术专门考察团”，由早稻田大学教授宇野正雄等一行 7 人去美国考察，弄清楚了日本以往叫作“流通技术”的内容，相当于美国叫作“Physical Distribution”(实物分配)的内容，从此便把流通技术按照美国的简称，叫作“P·D·”，从而“ P·D· ”这个术语得到了广泛应用。1964 年，日本池田内阁中五年计划制定小组成员平原谈到“P·D·”这一术语时说，“比起来，叫作‘P·D·’不如叫作‘物的流通’更好。”1965 年，日本在政府文件中正式采用“物的流通”这个术语，简称“物流”。

1981 年，日本综合研究所编著的《物流手册》，对“物流”的表述是：“物质资料从供给者向需要者的物理性移动，是创造时间性、场所性价值的经济活动。从物流的范畴来看，包括包装、装卸、保管、库存管理、流通加工、运输、配送等诸多活动。”

我国开始使用“物流”一词始于 1979 年。1979 年 6 月，我国物资工作者代表团赴日本参加第三届国际物流会议，回国后在考察报告中第一次引用和使用“物流”这一术语。但有一段小的曲折，当时商业部提出建立“物流中心”的问题，曾有人认为“物流”一词来自日本，有崇洋之嫌，于是改为建立“储运中心”。其实，储存和运输虽是物流的主体，但物流流通则有更广的外延。而且物流是日本引用的汉语，物流作为“实物流通”的简称，提法既科学合理，又确切易懂。不久仍恢复称为“物流中心”。1988 年，中国台湾也开始使用“物流”这一概念。1989 年 4 月，第八届国际物流会议在北京召开，“物流”一词的使用日益普遍。我国加入 WTO 以来，国民经济飞速发展，我国商品需求和商品生产得到了很大提高。我国物流也加速发展，进入一个崭新的时期。2001 年 4 月，我国颁布国家标准《物流术语》(GB/T 18354—2001)，对物流的定义是：“物品从供应地向接收地的实体流动过程。根据实际需要，将运输、储存、装卸、搬运、包装、流通加工、配送、信息处理等基本功能实施有机结合。”

现在，欧美国家把物流称为 Logistics 的多于将其称为 Physical Distribution 的。在第二次世界大战期间，美国对军火等进行的战时供应中，首先采取了后勤管理(Logistics Management)这一名词，对军火的运输、补给、屯驻等进行全面管理。从此，后勤逐渐形成了单独的学科，并不断发展为后勤工程(Logistics Engineering)、后勤管理(Logistics Management)和后勤分配(Logistics of Distribution)。后勤管理的方法后来被引入商业部门，被人称为商业后勤(Business Logistics)，定义为“包括原材料的流通、产品分配、运输、购买与库存控制、储存、用户服务等业务活动”，其领域统括原材料物流、生产物流和销售物流。

1986 年，美国物流管理协会(National Council of Physical Distribution Management，NCPDM)改名为 CLM，即 The Council of Logistics Management。将 Physical Distribution

改为 Logistics，是因为 Physical Distribution 的领域较狭窄，Logistics 的概念则较宽广、连贯、整体。改名后的美国物流协会对 Logistics 所做的定义是：“以适合于顾客的要求为目的，对原材料、在制品、制成品与其关联的信息，从产业地点到消费地点之间的流通与保管，为求有效率且最大的‘对费用的相对效果’而进行计划、执行、控制。”

Logistics 与 Physical Distribution 的不同，在于 Logistics 已突破了商品流通的范围，把物流活动扩大到生产领域。物流已不仅仅从产品出厂开始，而是包括从原材料采购、加工生产到产品销售、售后服务，直到废旧物品回收等整个物理性的流通过程。这是因为随着生产的发展，社会分工越来越细，大型的制造商往往把成品零部件的生产任务，分包给其他专业性制造商，自己只是把这些零部件进行组装，而这些专业性制造商可能位于世界上劳动力比较便宜的地方。在这种情况下，物流不但与流通系统维持密切的关系，同时还与生产系统产生了密切的关系。这样，将物流、商流和生产三个方面连接在一起，就能产生更高的效率和效益。近年来，日、美的进口批发及连锁零售业等，运用这种观念积累了不少成功的经验。

Logistics 一词的出现，是世界经济和科学技术发展的必然结果。当前物流业正在向全球化、信息化、一体化发展。一个国家的市场开放与发展必将要求物流的开放与发展。随着世界商品市场的形成，从各个市场到最终市场的物流日趋全球化；信息技术的发展，使信息系统得以贯穿于不同的企业之间，使物流的功能发生了质变，大大提高了物流效率，同时也为物流一体化创造了条件；一体化意味着需求、配送和库存管理的一体化。所有这些已成为国际物流业发展方向。

8.1.2 物流的功能

物流系统的功能要素指的是物流系统所具有的基本能力，这些基本能力有效地组合、连接在一起，便成了物流的总功能，即能合理、有效地实现物流系统的总目的。物流系统的功能要素主要包括运输、储存、包装、装卸搬运、流通加工、配送、物流信息管理等七项。

1. 运输功能

运输是物流各环节中最重要的部分，是物流的关键。运输一般分为输送和配送。有人将运输作为物流的代名词。运输方式有公路运输、铁路运输、船舶运输、航空运输、管道运输等。没有运输，物品只能有存在价值，却没有使用价值，即生产出来的产品，如果不通过运输，送至消费者手中进行消费，就等于该产品没有被利用，因而也就没有产生使用价值。没有运输连接生产和消费，生产就失去意义。一般认为，所有商品的移动都是运输，运输可以划分为两段：一段是生产厂到流通据点之间的运输，批量比较大、品种比较单一、运距比较长，这样的运输称为“输送”；另一段是流通据点到用户之间的运输，一般称为“配送”，就是根据用户的要求，将各类商品按不同类别、不同方向和不同用户进行分类、拣选、组配、装箱，按用户要求的品种、数量配齐后送给用户，其实质在于“配齐”和“送达”。

2. 储存功能

在物流中，运输承担了改变商品空间状态的重任，储存则承担了改变商品时间状态的重任。而库存是与储存既有密切关系又有区别的一个概念，它是储存的静态形式。产品离开生产线后到最终消费之前，一般都要有一个存放、保养、维护和管理的过程，也是克服季节性、时间性间隔，创造时间效益的活动。库存主要分为基本库存和安全库存。

基本库存是补给过程中产生的库存。在订货之前，库存处于最高水平，日常的需求不断地“抽取”存货，直至该储存水平降至为零。实际在库存没有降至为零之前就要开始启动订货程序，于是在发生缺货之前，就会完成商品的储存。补给订货的量就是订货量。在订货过程中必须保持的库存量就是基本库存。

为了防止不确定因素对物流的影响，如运输延误；商品到货，但品种、规格、质量不符合要求；销售势头好，库存周转加快或紧急需要等，都需要企业另外储备一部分库存，这就是安全库存。确定合理库存是企业物流管理的重要内容之一。但是库存管理并没有统一的模型，而且每个企业都有自己特殊的存货管理要求，所以企业只能根据自己的具体情况，建立有关模型，解决具体问题。

3. 包装功能

包装可大体划分为两类，一类是工业包装，或叫运输包装、大包装；另一类是商业包装，或叫销售包装、小包装。工业包装是为保持商品的品质，商业包装是为使商品能顺利抵达消费者手中，提高商品价值、传递信息等。由此看来，包装的功能和作用不可低估，它既是生产的终点，又是企业物流的起点。包装的作用是按单位分开产品，便于运输，并保护在途货物。注重包装是保证整个物流系统流程顺畅的重要环节之一。

4. 装卸搬运功能

装卸搬运是物流各环节连接成一体的接口，是运输、储存、包装等物流作业得以顺利实现的根本保证。装卸和搬运质量的好坏、效率的高低是整个物流过程的关键所在。装卸搬运工具、设施、设备不先进，效率低，商品流转时间就会延长，商品就会破损，将增大物流成本，影响整个物流过程的质量。装卸搬运的功能是连接运输、储存和包装各个系统的节点，该节点的质量直接关系到整个物流系统的质量和效率，而且又是缩短物流移动时间、节约流通费用的重要组成部分。装卸搬运环节出了问题，物流其他环节就会停顿。

5. 流通加工功能

所谓流通加工就是产品从生产者向消费者流动的过程中，为了促进销售，维护产品质量，实现物流的高效率所采取的使物品发生物理和化学变化的功能。通过流通加工，可以节约材料、提高成品率，保证供货质量和更好地为用户服务。所以，对流通加工的作用同样不可低估。流通加工是物流过程中“质”的升华，使流通向更深层次发展。

6．配送功能

过去没有将配送独立作为物流系统实现的功能，未看成是独立的功能要素，而是将其作为运输中的末端对待。但是，配送作为一种现代流通方式，集经营、服务及库存、分拣、装卸、搬运于一身，已不仅仅是送货运输所能包含的了，所以应将其作为独立功能要素。

7．物流信息管理功能

物流信息是连接运输、储存、包装、装卸搬运各环节的纽带，没有各物流环节信息的通畅和及时供给，就没有物流活动的时间效率和管理效率，也就失去了物流的整体效率。通过收集与物流活动相关的信息，就能使物流活动有效、顺利地进行。信息包括与商品数量、质量、作业管理相关的物流信息，以及与订货、发货和货款支付相关的商流信息。不断地收集、筛选、加工、研究、分析各类信息，并把精确信息及时提供给决策人员，以此为依据判断生产和销售方向，制定企业经营战略，以便做出高质量的物流决策。

与物流信息密切相关的是物流信息系统，即管理人员利用一定的设备，根据一定的程序对信息进行收集、分类、分析、评估，并把精确信息及时地提供给决策人员，以便他们做出高质量的物流决策。物流信息系统的目的是不但要收集尽可能多的信息，提供给物流经理，使他们做出更多的有效决策，而且还要与公司中销售、财务等其他部门的信息系统共享信息，并将有关的综合信息传至公司最高决策层面，协助他们形成战略计划。

8.1.3 物流观念和学说

1．“商物分流”说

物流科学赖以存在的先决条件，所谓商物分流，是指流通中的两个组成部分商业流通和实物流通各自按照自己的规律和渠道独立运动。

2．“黑大陆”说

著名的管理学权威 P.E.德鲁克曾经讲过：“流通是经济领域里的黑暗大陆”，德鲁克泛指的是流通。但是，由于流通领域中物流活动的模糊性尤其突出，是流通领域中人们更认识不清的领域，所以，“黑大陆”说现在转向主要针对物流而言。

3．“物流冰山”说

“物流冰山”说是日本早稻田大学西泽修教授提出来的，他专门研究物流成本时发现，现行的财务会计制度和会计核算方法都不可能掌握物流费用的实际情况，因而人们对物流费用的了解是一片空白，甚至有很大的虚假性，他把这种情况比作“物流冰山”。也即大部分沉在水面以下的是我们看不到的黑色区域，而我们看到的不过是物流的一部分。

4．“第三个利润源”说

“第三个利润源”说主要出自日本。从历史发展来看，人类历史上曾经有过两个大量提供利润的领域，第一个是资源领域，第二个是人力领域。在前两个利润源潜力越来越小、利润开拓越来越困难的情况下，物流领域的潜力被人所重视，按时间序列排为“第三个利润源”。

5.“效益背反”说

“效益背反”说是物流领域中很经常、很普遍的现象，是这一领域中内部矛盾的反映和表现。例如，包装问题，包装方面每少花一分钱，这一分钱就必然转到收益上来，包装越省，利润则越高。但是，一旦商品进入流通之后，如果节省的包装降低了产品的防护效果，造成了大量损失， 就会造成储存、装卸搬运、运输功能要素的工作劣化和效益大减。

6.“成本中心”说

“成本中心”说的含义是，物流在整个企业战略中，只对企业营销活动的成本发生影响，物流是企业成本的重要产生点，因而，解决物流的问题，并不主要是为了搞合理化、现代化，不在于支持保障其他活动，而主要是通过物流管理和物流的一系列活动降低成本。所以，“成本中心”既是指主要成本的产生点，又是指降低成本的关注点，物流是“降低成本的宝库”等说法正是这种认识的形象表述。

7.“利润中心”说

“利润中心”说的含义是，物流可以为企业提供大量直接和间接的利润，是形成企业经营利润的主要活动。非但如此，对国民经济而言，物流也是国民经济中创利的主要活动。物流的这一作用，被表述为“第三个利润源”。

8.“服务中心”说

“服务中心”说代表了美国和欧洲等一些国家学者对物流的认识，这种认识认为，物流活动最大的作用，并不在于为企业节约消耗，降低成本或增加利润，而在于提高企业对用户的服务水平，进而提高企业的竞争能力。因此，他们在使用描述物流的词汇上选择了“后勤”一词，特别强调其服务保障的职能。通过物流的服务保障，企业以其整体能力来压缩成本、增加利润。

9.“战略”说

“战略”说是当前非常盛行的说法，实际上学术界和产业界越来越多的人已逐渐认识到，物流更具战略性，是企业发展的战略而不是一项具体操作性任务。应该说这种看法把物流放在了很高的位置，企业战略是什么呢？是生存和发展。物流会影响企业总体的生存和发展，而不是在哪个环节搞得合理一些和省几个钱的问题。

8.1.4 物流的划分

社会经济领域中物流活动无处不在，许多本身有特点的领域都有各具特征的物流活动。虽然物流基本要素都存在，而基本要素是共同的，但是由于物流对象不同、物流目的不同，物流范围、范畴不同，形成了不同类型的物流。既然有不同类型的物流，必然产生与之适应的分类。目前在分类标准方面并没有统一的看法，综合已有的论述，许多学者采取了以下对应划分的方法。

1．按照作用分类

按物流所起的作用，可以将物流分为供应物流、销售物流、生产物流、回收物流、废弃物物流等不同的种类。

(1)供应物流(Supply Logistics)

生产企业、流通企业或消费者购入原材料、零部件及其他物品的物流过程称为供应物流，也就是物品在提供者与需求者之间的实体流动。对于一个企业而言，企业的流动资金十分重要，其大部分是被购入的物品和原材料及半成品等所占用的，因此，供应物流的合理化管理对于企业的成本有重要影响。

(2)销售物流(Distribution Logistics)

生产企业或流通企业出售商品时，物品在供方与需方之间的实体流动称为销售物流。通过销售物流，企业可以进行资金的回收并组织再生产的活动。销售物流的效果关系到企业的存在价值是否被社会承认。销售物流的成本在产品及商品的最终价格中占有一定的比例，因此，销售物流的合理化在市场经济中可以较大地增强企业的竞争力。

(3)生产物流(Production Logistics)

生产物流包括从工厂的原材料购进入库起，直到把工厂成品库的成品发送出去为止的物流活动的全过程。生产物流和工厂企业的生产流程同步，在生产过程中，原材料、半成品等按照工艺流程在各个加工点之间不停地移动、流转形成了生产物流，如果生产物流中断，生产过程也将随之停顿。概括起来，生产物流是指在生产过程中，原材料、在制品、半成品、产成品等在企业内部的实体活动。生产物流的重要性体现在如果生产物流均衡稳定，可以保证在制品的顺畅流转，缩短生产周期；如果生产物流的管理和控制合理，也可以使在制品的库存得到压缩，使设备负荷均衡。因此，生产物流的合理化对工厂的生产秩序和生产成本有很大影响。

(4)回收物流(Returned Logistics)

回收物流是指不合格物品的返修、退货及周转使用的包装容器从需方返回供方所形成的物品实体流动。商品在生产及流通活动中有许多要回收并加以利用的物资，如作为包装容器的纸箱和塑料筐等、建筑业的脚手架、旧报纸和书籍、金属废弃物等。

(5)废弃物物流(Waste Material Logistics)

商品的生产和流通系统中所产生的无用的废弃物，如开采矿山时产生的土石、炼钢生产中的钢渣、工业废水及其他各种无机垃圾等，已没有再利用的价值，如果不妥善加以处理，就会妨碍生产甚至造成环境污染。在对这类物资的处理过程中产生了废弃物物流。废弃物物流是指将经济活动中失去原有使用价值的物品，根据实际需要进行收集、分类、加工、包装、搬运、储存等，并分送到专门处理场所过程中形成的物品实体流动。为了更好地保障生产和生活的正常秩序，对废弃物资进行研究也显得十分重要。废弃物物流虽然没有经济效益，但是具有不可忽视的社会效益。

2. 按照物流活动的空间范围分类

按照物流活动涉及的空间范围不同，可以将物流分为地区物流、国内物流和国际物流。

(1) 地区物流(Regional Logistics)

研究地区物流对于提高所在地区的企业物流活动的效率，以及保障当地居民的生活福利环境，具有不可或缺的作用。对地区物流的建设应根据所在地区的特点，从本地区的利益出发组织好相应的物流活动，并充分考虑到利弊两方面的问题，妥善安排并与地区和城市的建设规划相统一。例如，某地区计划建设一个大型物流中心，这显然将提高当地的物流效率，降低物流成本，为当地稳定物价、发展经济起到促进作用；但也会给当地管理部门带来一系列消极的问题，如供应点集中、货车来往频繁、产生大量的废气和噪声、交通堵塞等问题。因此，物流中心的建设不单是物流问题，还要从城市建设规划、地区开发计划出发，统一考虑，妥善安排。

(2) 国内物流(National Logistics)

国内物流为国家的整体利益服务，在国家自己的领地范围内开展的物流活动称为国内物流。国内物流作为国民经济的一个重要方面，应该纳入国家总体规划的内容。我国的物流事业是社会主义现代化建设的重要组成部分，因此，国内物流的建设、投资和发展必须从全局着眼，清除部门和地区分割所造成的物流障碍，尽早建成一些大型物流项目为国民经济服务。

(3) 国际物流(International Logistics)

不同国家之间和世界各大洲之间的物流称为国际物流。国际物流是伴随国际间投资、贸易活动和其他国际交流所发生的物流活动。由于第二次世界大战后国际投资和贸易壁垒减少，国际分工日益深化，国际贸易规模迅速扩大，经济全球化和区域经济一体化速度加快，国际物流成为现代物流系统中发展最快、规模最大的一个物流领域。随着Internet这种无国界的信息媒介的扩展和电子商务的推广应用，将使国际物流的效率和规模得到进一步的提高和推广。

3. 按照物流系统性质分类

按照物流系统性质可将物流分为社会物流、行业物流和企业物流。

(1) 社会物流

社会物流是物流的主要研究对象，是指以全社会为范畴，面向广大用户，超越一家一户的物流，是企业外部物流活动的总称。社会物流涉及在商品的流通领域所发生的所有物流活动，因此社会物流带有宏观性和广泛性，也称为大物流或宏观物流。这种社会性很强的物流往往是由专门的物流承担人承担的。伴随商业活动的发生，物流过程通过商品的转移，实现商品的所有权转移，这是社会物流的标志。

(2) 行业物流

顾名思义，行业物流是指在一个行业内部发生的物流活动。同一个行业的各个企业往往在经营上是竞争对手，但为了共同的利益，在物流领域却又常常互相协作，建立统一的行业标准和运作规范，以降低整个行业的物流成本，促进行业物流系统的合理化、科学化和标准化。

(3)企业物流

在企业经营范围内，由生产或服务活动所形成的物流系统称为企业物流，是企业内部的物品实体流动。企业作为一个经济实体，是为社会提供产品或某些服务的。从企业角度研究与之有关的物流活动，是具体的、微观的物流活动的典型领域。

8.2 电子商务与物流的关系

过去，人们对电子商务过程的认识往往只局限于信息流、商流和资金流的电子化、网络化，而忽视了物流的电子化过程，认为对于大多数商品和服务来说，物流仍然由传统的经销渠道流动。但随着电子商务的进一步推广与应用，物流的重要性对电子商务活动的影响日益明显。试想，在电子商务下，消费者网上浏览后，通过点击就完成了网上购物，但所购货物却迟迟不能送到手中，甚至出现了买电视机送茶叶的情况，其结果可想而知，消费者就只好放弃电子商务而选择更为安全可靠的传统购物方式。

在电子商务中，一些电子出版物，如软件、CD等可以通过网络以电子的方式送给购买者，但绝大多数商品仍要通过各种方式完成从供应商到购买者的物流过程。我国的许多网上商店由于解决不了物流问题，只好告诉购买者送货必须在一定的地域范围内，否则你就不要在我这里购买，这就失去了应该占有的市场，电子商务跨地域优势也就一点不存在了。

8.2.1 物流是电子商务的重要组成部分

电子商务在美国出现之初，有人将电子商务定义为商务活动的电子化。在这类电子商务的定义中，电子化工具主要是指计算机和网络通信技术；电子化对象主要针对信息流、商流和资金流，并没有提到物流。

需要注意的是，此类电子商务概念首先在美国被提出，而美国的物流管理技术自1915年发展至今已有一百多年的历史，通过利用各种机械化、自动化工具及计算机和网络通信设备，早已日臻完善。同时，美国作为一个发达国家，其技术创新的本源是需求，即所谓的需求拉动技术创新。作为电子商务前身的电子数据互换(EDI)的产生是为了简化烦琐、耗时的订单等的处理过程，以加快物流的速度，提高物资的利用率。即电子商务的提出最终是为了解决信息流、商流和资金流在处理上的烦琐对现代化的物流过程造成的延缓，进一步提高现代化的物流速度。可见，美国在定义电子商务概念之初，就有强大的现代化物流作为支持，只需将电子商务与其进行对接即可，而并非电子商务过程不需要物流的电子化。而我国作为一个发展中国家，物流业起步晚、水平低，在引进电子商务时，并不具备能够支持电子商务活动的现代化物流水平，所以，在引入时，一定要注意配备相应的支持技术、现代化的物流模式，否则电子商务活动难以推广。

因此，有些专家在定义电子商务时，就注意将国外的定义与中国的现状相结合，扩大了美国原始电子商务定义的范围，提出了包括物流电子化过程在内的第二类电子商务概念，具体有以下要点。

- 电子商务是实施整个贸易活动的电子化；
- 电子商务是一组电子工具在商务活动中的应用；
- 电子商务是电子化的购物市场；
- 电子商务是从售前到售后支持的各个环节实现电子化、自动化。

在第二类电子商务定义中，电子化的对象是整个交易过程，不仅包括信息流、商流、资金流，而且还包括物流；电子化的工具也不仅仅指计算机和网络通信技术，还包括叉车、自动导向车、机械手臂等自动化工具。

可见，从根本上来说，物流电子化应是电子商务概念的组成部分，缺少了现代化的物流过程，电子商务过程就不完整。

8.2.2 物流是实现电子商务的保证

物流是实现电子商务的重要环节和基本保证。

1．物流保障生产

无论在传统的贸易方式下，还是在电子商务环境下，生产都是商品流通之本，而生产的顺利进行需要各类物流活动支持。生产的全过程从原材料的采购开始，便要求有相应的供应物流活动，使所采购的材料到位，否则，生产就难以进行；在生产的各工艺流程之间，也需要原材料、半成品的物流过程，即所谓的生产物流，以实现生产的流动性；部分余料、可重复利用的物资的回收，就需要所谓的回收物流；废弃物的处理则需要废弃物物流。可见，整个生产过程实际上就是系列化的物流活动。

合理化、现代化的物流，通过降低费用从而降低成本、优化库存结构、减少资金占用、缩短生产周期，保障了现代化生产的高效运行。相反，缺少了现代化的物流，生产将难以顺利进行，那么无论电子商务是多么便捷的贸易形式，仍将寸步难行。

2．物流服务于商流

在商流活动中，商品所有权在购销合同签订的那一刻起，便由供方转移到需方，而商品实体并没有因此而移动。在传统的交易过程中，除了非实物交割的期货交易，一般的商流都必须伴随相应的物流活动，即按照需方(购方)的需求将商品实体由供方(卖方)以适当的方式、途径向需方(购方)转移。而在电子商务下，消费者通过上网点击购物，完成了商品所有权的交割过程，即商流过程。但电子商务的活动并未结束，只有商品和服务真正转移到消费者手中，商务活动才告以终结。

在整个电子商务的交易过程中，物流实际上是商流的后续和服务者。没有现代化的物流，在网络经济的社会中商流活动都将变成无意义的一纸空文。

3．物流是实现“以顾客为中心”理念的根本保证

电子商务的出现，最大限度地方便了最终消费者。他们不必再跑到拥挤的商业街，一家又一家地挑选自己所需的商品，而只要坐在家里，在 Internet 上搜索、查看、挑选，就可以完成购物过程。但试想，他们所购的商品迟迟不能送到，或者商家所送的并非是自己购买的商品，那消费者还会选择网上购物吗？网上购物的不安全和不确定性，一直

是电子商务难以推广的重要原因。

物流是电子商务中实现“以顾客为中心”理念的最终保证，缺少了现代化的物流技术，电子商务给消费者带来的购物便捷等于零，消费者必然会转向他们认为更为安全的传统购物方式。

从以上分析可见，物流是电子商务的重要组成部分。我们必须摒弃原有的“重信息流、商流和资金流的电子化，而忽视物流电子化”的观念，大力发展现代化物流，以进一步推广电子商务。

8.2.3 电子商务将改变传统物流配送方式并促进物流技术的发展

物流配送是指在经济合理的区域范围内，根据用户要求，对物品进行拣选、加工、包装、分割、组配等作业，并按时送达指定地点的物流活动。

配送几乎包括了所有的物流功能要素，是物流的一个缩影或在某个小范围中物流全部活动的体现。一般的配送集装卸、包装、保管、运输于一体，通过这一系列活动将货物送达目的地。特殊的配送则还要以配送加工活动为支撑(如生鲜食品)，因此涉及的范围更广。但我们并不能将配送等同于物流。因为，配送强调的是一种小范围、短距离的物流活动。同时，配送的主体活动也和一般物流不同。一般物流活动的主要工作是运输及存储，而配送则是运输及分拣配货，分拣配货是配送的独特要求，也是配送中有特点的活动，以送货为目的的运输则是最后实现配送的主要手段。物流配送的一般流程如图 8-1 所示。

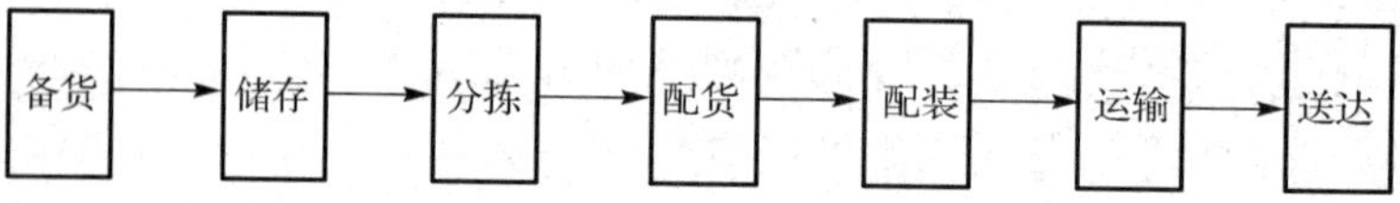

图 8-1　物流配送的一般流程

图 8-1 展示的是物流配送的一般流程。根据产品性质和特点的不同，物流配送的环节又有其独特的特点，需区别对待才能更好地满足消费者的需求，提高物流配送企业的运行效率和效益。

配送制的发展可以说经历了三次革命。初期是送物上门，为了改善经营效率，国内许多商家广泛采用了把货物送到买主手中的销售措施，这是商务的第一次革命。第二次革命是伴随着电子商务的出现而产生的，这是一次彻底的变革，不仅影响到物流配送本身，也影响到上下游各体系，包括供应商、消费者。第三次物流革命就是物流配送的信息化及网络技术的广泛应用所带来的种种影响，这些影响是有益的，将使物流配送更有效率。

1．电子商务给传统物流配送观念带来深刻的革命

传统物流配送企业需要置备大面积的仓库，而电子商务网络化的虚拟企业将散置在各地的不同所有者的仓库通过网络系统连接起来，使之成为“虚拟仓库”，进行统一管理和调配使用，服务半径和货物集散空间放大了。这样企业在组织资源的速度、规模、效率和资源合理配置方面都是传统的物流配送所不可比拟的，相应的物流观念也必须是全新的。

2. 网络对物流配送的实时控制代替了传统的物流配送管理程序

一个先进的系统会给企业带来全新的管理方法。传统的物流配送过程由多个业务流程组成，受人为因素和时间影响很大。网络的应用可以实现整个过程的实时监控和实时决策。新型的物流配送业务流程都由网络系统连接。当系统的任何一个神经末端收到一个需求信息时，该系统可以在极短的时间内做出反应，并拟订详细的配送计划，通知各环节开始工作。这一切都由计算机根据人们事先设计好的程序自动完成。

3. 物流配送持续的时间在网络环境下大大缩短

在传统物流配送管理中，由于信息交流的限制，完成一个配送过程的时间较长，但这个时间随着网络系统的介入变得越来越短，任何一个有关配送的信息和资源都会通过网络管理在几秒内传到有关环节。

4. 网络系统的介入简化了物流配送过程

传统物流配送整个环节极为烦琐，在网络化的新型物流配送中心可大大缩短这一过程。在网络支持下，成组技术可以在网络环境下得到更加淋漓尽致的使用，物流配送周期会缩短，组织方式也会发生变化；计算机系统管理可使整个物流配送管理过程变得简单和容易；网络上的营业推广可使用户购物和交易过程变得更有效率、费用更低；可以提高物流配送企业的竞争力；随着物流配送业的普及和发展，行业竞争范围和残酷性增加，信息的掌握、信息的有效传播和易得性，使得用传统的方法获得超额利润的时间和数量越来越少；网络的介入，使人们的潜能得到充分的发挥，自我实现的需求成为多数员工的工作动力。

5. 物流配送模式从少品种、大批量向多品种、小批量转变

传统配送主要是为企业间交易服务的，配送的对象主要是生产资料。由于生产资料品种规格单一，需要量大，配送过程基本不需要分拣，配送环节采用少品种、大批量的配送模式。在电子商务环境下，网络化的商务模式使企业间及企业与消费者之间的交易都更加活跃。一方面，对消费者网上订购的商品进行配送，加之商业连锁经营的发展及商业企业与生产企业间电子商务的开展，生活资料的配送量增多，成为电子商务环境下物流配送的主流。由于用户众多，所需商品的品种、规格繁多，需求量小，故要求多品种、小批量、多批次的配送。另一方面，企业间通过电子商务进行交易，订货作业变得简单、快捷，成本降低，因此趋于小批量、多批次订货，以实现自身零库存，增强市场应变能力。同时，生产资料配送也向小批量、多批次配送方式转化。

综上所述，推行信息化配送制，发展信息化、自动化、现代化的新型物流配送业是我国发展和完善电子商务服务的一项重要内容，势在必行。

8.2.4 电子商务物流的特点

电子商务时代的来临，给全球物流带来了新的发展，使现代物流具备了一系列新特点。

1．信息化

电子商务时代，物流信息化是电子商务的必然要求。物流信息化表现为物流信息的商品化、物流信息收集的数据库化和代码化、物流信息处理的电子化和计算机化、物流信息传递的标准化和实时化、物流信息存储的数字化等。因此，条码技术(Bar Code)、数据库技术(Database)、电子订货系统(Electronic Ordering System，EOS)、电子数据互换(Electronic Data Interchange，EDI)、快速反应(Quick Response，QR)及有效的客户反应(Effective Customer Response，ECR)、企业资源计划(Enterprise Resource Planning，ERP)等技术与观念在我国的物流中将会得到普遍应用。信息化是一切的基础，没有物流的信息化，任何先进的技术设备都不可能应用于物流领域，信息技术及计算机技术在物流中的应用将会彻底改变世界物流的面貌。

2．网络化

物流信息化的高层次应用首先表现为网络化。这里指的网络化有两层含义。一是物流配送系统的计算机通信网络化，物流配送中心与供应商或制造商、与下游顾客之间的联系都要通过计算机网络，比如物流配送中心向供应商提出订单这个过程，就可以使用计算机通信方式，借助于增殖网上的电子订货系统(EOS)和电子数据交换技术(EDI)来自动实现。物流配送中心通过计算机网络收集下游客户订货的过程也可以自动完成。二是组织的网络化，即所谓的企业内部网(Intranet)。比如，中国台湾的计算机产业在20世纪90年代创造出了“全球运筹式产销模式”，这种模式的基本点是按照客户订单组织生产，生产采取分散形式，即将全世界的计算机资源都利用起来，采取外包的形式将一台计算机的所有零部件、元器件、芯片外包给世界各地的制造商去生产，然后通过全球的物流网络将这些零部件、元器件和芯片发往同一个物流配送中心进行组装，由该物流配送中心将组装的计算机迅速发给订户。这一过程需要有高效的物流网络支持，当然物流网络的基础是信息、计算机网络。

3．智能化

物流信息化的高层次应用表现为智能化。物流作业过程大量的运筹和决策，如库存水平的确定、运输(搬运)路径的选择、自动导向车的运行轨迹和作业控制、自动分拣机的运行、物流配送中心经营管理的决策支持等问题，都需要借助大量的知识才能解决。在物流自动化的进程中，物流智能化是不可回避的技术难题。好在专家系统、机器人等相关技术在国际上已经有了比较成熟的研究成果。为了提高物流现代化的水平，物流的智能化已成为电子商务下物流发展的一个新趋势。

4．柔性化

随着市场变化的加快，产品寿命周期正在逐步缩短，小批量、多品种的生产已经成为企业生存的关键。目前，国外许多适用于大批量制造的刚性生产线正在逐步改造为小批量、多品种的柔性生产线。

5．虚拟物流系统走向应用

随着全球卫星定位系统(GPS)的应用，社会大物流系统的动态调度、动态储存和动态运输将逐渐代替企业的静态固定仓库。由于物流系统的优化目的是减少库存直到零库存，这种动态仓储运输体系借助全球卫星定位系统，充分体现了未来宏观物流系统的发展趋势；随着虚拟企业、虚拟制造技术的不断深入，虚拟物流系统已经成为企业内部虚拟制造系统的一个重要组成部分。英国一家公司采用三维仿真系统对拟建的一条汽车装配线及其相关的仓储输送系统进行了虚拟仿真，经过不断的完善和修改，最终的系统降低了成本，提高了效率。

6．绿色物流

随着环境资源恶化程度的加深，人类生存和发展的威胁越来越大，因此，人们对资源的利用和环境的保护越来越重视，对于物流系统中的托盘、包装箱、货架等资源消耗大的环节，出现了以下几个方面的趋势。

- 包装箱材料采用可降解材料；
- 托盘的标准化使得可重用性提高；
- 为降低托盘和包装箱的使用频率，不断采用供应链管理技术成为趋势。

8.2.5 电子商务物流的基本技术

物流技术是指与物流要素活动相关的各种技术的总称，可以包括各种操作方法、管理技能等，如流通加工技术、物品包装技术、物品标识技术、物品实时跟踪技术等；此外，还包括物流规划、物流评价、物流设计、物流策略等。随着计算机网络技术的普及应用，物流技术中综合了许多现代技术，如GIS(地理信息系统)、GPS(全球卫星定位系统)、RF(射频技术)、EDI(电子数据互换)、条码等。EDI技术在前面的章节中已做过介绍，下面对其他技术做简要介绍。

1．条码技术

条码技术是在计算机的应用实践中产生和发展起来的一种自动识别技术。它是为实现对信息的自动扫描而设计的。条码技术是实现快速、准确而可靠地采集数据的有效手段。其应用解决了数据录入和数据采集的“瓶颈”问题，为供应链管理提供了有力的技术支持。

条码技术为我们提供了一种对物流中的物品进行标识和描述的方法，借助自动识别技术、POS系统、EDI等现代技术手段，企业可以随时了解有关产品在供应链上的位置，并即时做出反应。当今在欧美等发达国家兴起的 ECR、QR、自动连续补货(ACEP)等供应链管理策略，都离不开条码技术的应用。条码是实现POS系统、EDI、电子商务、供应链管理的技术基础，是物流管理现代化、提高企业管理水平和竞争能力的重要技术手段。

物流条码是条码中的一个重要组成部分，它不仅在国际范围内提供了一套可靠的代码标识体系，而且为贸易环节提供了通用语言，为EDI和电子商务奠定了基础。因此，物流条码标准化在推动各行业信息化、现代化建设进程和供应链管理的过程中将起到不可估量的作用。

2. 射频技术

射频技术(Radio Frequency，RF)的基本原理是电磁理论。射频系统的优点是不局限于视线，识别距离比光学系统远。射频识别卡具有读写能力，可携带大量数据，智能化且难以伪造。

RF 适用于物料跟踪、运载工具和货架识别等要求非接触数据采集和交换的场合，由于 RF 标签具有可读写能力，对于需要频繁改变数据内容的场合尤为适用。

近年来，便携式数据终端(PDT)的应用多了起来，PDT 可把那些采集到的有用数据存储起来或传送至一个管理信息系统。便携式数据终端一般包括一个扫描器、一个体积小但功能很强并带有存储器的计算机、一个显示器和供人工输入的键盘。在只读存储器中装有常驻内存的操作系统，用于控制数据的采集和传送。

PDT 存储器中的数据可随时通过射频通信技术传送到主计算机。操作时先扫描位置标签，货架号码、产品数量就都被输入 PDT，再通过 RF 技术把这些数据传送到计算机管理系统，可以得到客户产品清单、发票、发运标签、该地所存产品代码和数量等。

3. GIS 技术

GIS(Geographical Information System，地理信息系统)是多种学科交叉的产物，它以地理空间数据为基础，采用地理模型分析方法，适时地提供多种空间的、动态的地理信息，是一种为地理研究和地理决策服务的计算机技术系统。其基本功能是将表格型数据(无论它来自数据库、电子表格文件还是直接在程序中输入)转换为地理图形显示，然后对显示结果进行浏览、操作和分析。其显示范围可以从洲际地图到非常详细的街区地图，显示对象包括人口、销售情况、运输线路及其他内容。

4. GPS 技术

全球卫星定位系统(Global Positioning System，GPS)具有在海、陆、空进行全方位实时三维导航与定位的能力。近十多年来，我国测绘等部门使用 GPS 的经验表明，GPS 以全天候、高精度、自动化、高效益等显著特点，赢得了广大测绘工作者的信赖，并成功地应用于大地测量、工程测量、航空摄影测量、运载工具导航和管制、地壳运动监测、工程变形监测、资源勘察、地球动力学等多种学科，从而给测绘领域带来一场深刻的技术革命。GPS 在物流领域可以应用于汽车自定位、跟踪调度，可用于交通运输、军事等多领域的物流管理。

8.3 电子商务与供应链管理

供应链管理是近年来在国内外逐渐受到重视的一种新的管理理念与模式，于 20 世纪 80 年代中期被提出。它源于这样一种观点，即企业应该从总成本的角度考察企业的经营效果，而不是片面地追求诸如采购、生产和分销等功能的优化，供应链管理的目的是通过对供应链各个环节活动的协调，实现最佳业务绩效，从而增强整个公司业务的表现。也就是说，任何一个企业都不可能在所有业务上成为世界最杰出的企业，只有优势互补，才能增强企业竞争能力。对供应链这一复杂系统，要想取得良好的绩效，必须找到有效的协调管理方法，供应链管理思想就是在这种环境下提出的。

8.3.1 供应链管理的含义

“供应链”并非一个新概念，在许多人看来只是一种产品从厂商转入消费者的过程。但随着社会分工越来越细，消费者越来越追求个性，这个过程便从过去的“确定”转入现代的“不确定”，也就是因为消费者的需求是动态的，生产不得不变得复杂起来。同时，一种产品的形成，并非由某一家企业完成，而是多家企业协同作战的结果。因此，对于现代企业而言，对“供应链”的了解和理解，成为生存与发展即获取利润的一个可拓展的重要空间，从而成为管理科学研究的重要对象。

所谓供应链(Supply Chain)是围绕核心企业，通过对信息流、物流、资金流的控制，从采购原材料开始，制成中间产品及最终产品，最后由销售网络把产品送到消费者手中，将供应商、制造商、分销商、零售商直到最终用户连成一个整体的功能链状结构模式。供应链的结构模式如图 8-2 所示。

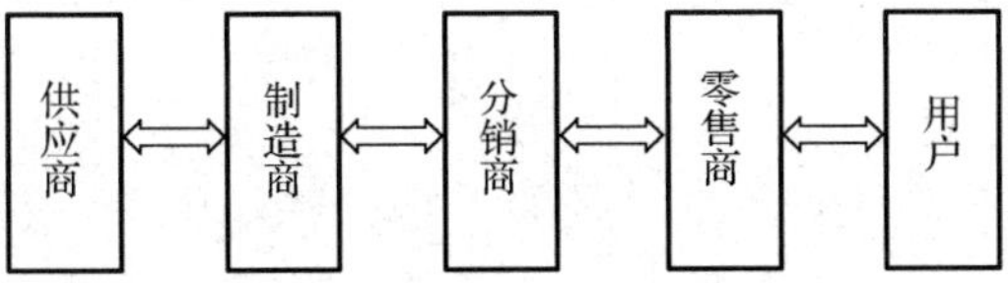

图 8-2　供应链的结构模式

供应链是一个范围更广的企业结构模式，它包含所有加盟的节点企业，从原材料的供应开始，经过链中不同企业的制造加工、组装、分销等过程直到最终用户。它不仅是一条连接供应商到用户的物料链、信息链、资金链，而且是一条增值链，物料在供应链上因加工、包装、运输等过程而增加其价值，给相关企业都带来收益。例如，服装制造企业上游是纤维和布料生产厂家，下游是批发商和零售商，最终到达消费者。显然，这个供应链体系中所有的企业都具有相互依存的密切关系，但是在传统方式中，它们并没有太多的协作。

供应链分为内部供应链和外部供应链。内部供应链指企业内部产品市场和流通过程所涉及的采购部门、生产部门、仓储部门、销售部门等组成的供需网络；而外部供应链则是指企业外部的与企业相关的产品生产和流通过程中涉及的原材料供应商、生产厂商、储运商、零售商及最终消费者组成的供需网络。内部供应链和外部供应链共同组成了企业产品从原材料到成品再到消费者的供应链。可以说，内部供应链是外部供应链的缩小化。如对于制造厂商，其采购部门就可看作外部供应链中的供应商。它们的区别只在于外部供应链范围大，涉及企业众多，企业间协调更困难。在电子商务中，更加注重 B2B(企业到企业)下从产品供应商开始到订购产品企业的外部供应链的综合管理。

供应链管理(Supply Chain Management，SCM)是一种集成的管理思想和方法，它执行供应链中从供应商到最终用户的物流计划和控制等职能。供应链不仅是多个企业的联合体，而且是多个企业的融合体，因为整个供应链是一个整体，供应链管理就是对这个整体的各种资源进行管理。

供应链管理以市场和客户需求为导向，在核心企业协调下，本着共赢原则，以提高竞争力、市场占有率、客户满意度及获取最大利润为目标，以协同商务、协同竞争为商业运作模式，通过运用现代企业管理技术、信息技术和集成技术，达到对整个供应链上的信息流、物流、资金流、业务流和价值流的有效规划和控制，从而将客户、供应商、制造商、销售商、服务商等合作伙伴连成一个完整的网络结构，形成一个极具竞争力的联盟。简单地说，供应链管理就是优化和改进供应链活动，其对象是供应链的组织及其之间的“流”；应用的方法是集成和协同；目标是满足用户需求，最终提高供应链的整体竞争能力。

成功实施供应链管理，可以给企业带来以下收益。

1．库存减少

通过供应链管理，可以使供应商尽快了解制造商原材料库存情况，根据实际需要进行备料，避免库存积压。制造商可以了解客户需求情况，根据实际需要组织生产，与市场保持紧密的联系，在减少库存的同时降低生产的风险。

2．资源共享

供应链是各种物流资源的集合体，具备丰富的物流资源，供应链上的各企业成员可以利用供应链上的各种资源，从而避免重复投资，减少浪费。

3．节省时间和人工

由于在上下游合作伙伴之间可以建立一种长期稳定的关系，因此减少了业务交易中的谈判、签约等手续，缩短了业务流程，无形之中节约了交易时间，节省了人工成本。

4．降低成本

供应链上的信息共享，使企业在保障安全库存的基础上，在采购、运输、库存等环节降低了成本。

5．减少风险

由于信息共享，市场动向就能及时传递给供应链上的各节点，使企业提前做好准备，及时调整计划，实施风险管理，从而将因市场变化引起的风险降到最低。

供应链管理是在现代科技及产品极其丰富的条件下发展起来的管理理念，它涉及各种企业及企业管理的方方面面，是一种跨行业的管理，并且企业之间作为贸易伙伴，为追求共同经济利益的最大化而共同努力。开展电子商务必须加强对供应链的管理。

8.3.2 供应链管理的作用和要求

有效的供应链管理可以使管理者充分了解整条供应链的信息，这条链从原材料的获得开始，到产品的生产，并一直延伸到把成品送到客户手中，管理者有了这些信息，则可以进行更加科学、全面的决策。供应链规划把整条供应链作为一个连续的、无缝进行的活动来加以规划和优化，把整条链中各环节的规划工作集成在一起，而不是各行其是。

供应链管理是产品从生产商到零售企业全过程的高效管理过程。传统意义下，这个过程中的主角既可以是生产企业，也可以是零售企业。对于大型生产企业来说，它会根据自己的出货渠道建立与零售企业的供应链，以保证其产品的正常销售和运输渠道。而对于大型零售企业来说，它又有与各个生产企业相对应的供应链。

一般来讲，一个企业供应链的通畅程度就决定了这个企业的经营效益。从订货到销售的中间过程，一般采取供应链管理方式进行管理控制。它包括决定最优库存数量、最佳存货地点、订货计划、配送和运输的方式、自动补货系统等。

供应链管理的目标是通过电子商务技术，完成上述操作，将商品供应和商品需求有机地联系起来，实现在准确的时间、准确的地点、以恰当的价格把商品从生产商手中转移到零售商手中。

一家公司可能不再与其他公司竞争，但一条供应链将与其他的供应链竞争。供应链中的每一个环节都必须尽可能坚固。这需要在供应链的每一个阶段都选择最优秀的公司并与之合伙，还需要建立新的商业系统和流程以使得产品、信息和资金的流动更为有效。在公司的内部供应链关系被理顺后，被调查的公司将迅速与关键顾客和供应商建立牢固的合作关系。实际上，几乎所有的被调查者都把拥有关键顾客的合作商看成是他们成功的关键。为了支持这一伙伴关系，并且建立新的合作过程，许多公司计划利用互联网来实现有效和及时的信息共享。尽管互联网的主要用处就在于将产品销售给顾客，但电子采购应用仍是一个发展很快的领域。互联网供应链优点的整合很重要，对扩展的供应链进行有效综合的利益也是非常巨大的。

供应链管理的要求如下。

① 在时间上重新规划企业的供应流程，以充分满足各客户的需要。

② 在地理上重新规划企业的供销厂家分布，以充分满足客户需要，并降低经营成本。

③ 在生产上对所有供应厂家的制造资源进行统一集成和协调，使它们能作为一个整体来运作。

8.3.3 我国供应链管理的现状及问题

1. 传统供应链管理和电子商务下的供应链管理的区别

传统的供应链管理以生产为中心，力图提高生产效率，降低单件成本来获得利润。在销售方面则采用促销方式试图将自己的产品推销给顾客，并通过库存来保证能不断地向顾客供应产品。而电子商务下的供应链管理的理念是以顾客为中心，通过顾客的实际需求和对顾客未来的需求的预测来拉动产品和服务。基于这种思想，产生了多种现代化的供应链管理系统，如快速反应系统（QR）、有效客户响应系统（ECR）、电子订货系统（EOS）及企业资源计划系统（ERP）等。

2. 我国供应链管理发展现状

供应链管理模式的产生，为企业及国家带来极大的效益。当前，我国正在逐渐实施这种模式，虽然在此过程中遇到了许多障碍，但这种管理模式的发展是不可阻挡的。

供应链管理作为一种新兴的管理理念，刚刚被引入我国。供应链管理在我国正处于起步阶段，但供应链管理的支持技术及其环节在我国已得到一定的发展。

(1) 电子商务及支持技术的发展

为加快供应链中物流、信息流、资金流的流动，精确、可靠、快速采集和传递信息，供应链必须应用电子商务，采用先进的技术，即支持技术优化业务流程、降低运行成本和费用等，对产品进行接收、跟踪、分拣、存储、提货及包装。

优化供应链管理的实现，不仅需要高效快速的物流、资金流，更需要快速、正确的信息流，而电子商务的发展将为信息快速、准确的流动提供保证。

供应链的支持技术包含 ID 代码、条码、EDI、条码应用标识符、网络通信技术等。

要实施有效的供应链管理，首先必须改善供应链的业务流程，然后再以较低的成本使这些流程自动化，以进一步降低供应链的成本和时间。具体来讲，需要将条码扫描技术 POS 系统、EDI 及 EFT 等技术集成起来，在供应链上建立一个高效的供应链集成系统，以确保产品能不间断地由供应商流向最终用户。与此同时，信息流能在开放的供应链中循环流动，这样才能真正地满足用户对产品和信息的要求，即给用户提供最优质的产品和适时准确的时间。

(2) 供应链相关环节的发展

① 配送业的发展。我国配送中心较为成熟的配送模式有两种，一是大型零售、连锁企业自有的配送中心——自营型配送模式，这是目前生产、流通或综合性企业(集团)所采用的一种配送模式；二是大中小型企业、零售企业服务的社会化物流配送中心——社会化的中介型配送模式。

② 连锁业的发展。连锁经营一般有自己的配送中心，但其配送中心却不规范，配送水平落后，这就需要实施供应链管理来改善其配送状况。所以，连锁业越发展，越需要提高配送水平，也就为供应链的实施提供了契机。

③ 零售业的发展。POS 系统已被零售业广泛使用，电子付款方式也处于积极的探索之中。可扩展数据仓库系统的建立，将成为零售业竞争优势的来源。随着网络科技的发展，它已逐渐被应用到商业领域。

④ 仓储运输业的发展。仓储运输业是供应链管理中不可缺少的基础条件。20 世纪 90 年代以来，我国的仓储运输业有了极大的发展。仓储运输业将随着各种仓储技术和计算机等高科技产业的发展而逐步完善。

3. 我国实现供应链管理面临的问题及对策

(1) 面临的问题

① 观念问题。传统的观念异常顽固，观念的更新将是实现供应链管理的第一步。

② 人才问题。首先，供应链管理理念在我国刚刚引入，国内企业及人士对它知之尚

少，更缺乏对供应链管理人才的教育和培训。其次，供应链管理是一种跨行业、跨部门的管理方法，它涉及诸多领域的高新技术。不仅需要专门的技术人才，而且需要既精通供应链管理理论、方法、手段，又熟悉与供应链相关的诸多技术的综合型人才。

③ 标准化问题。目前，我国流通行业比较混乱，存在着许多不同的标准，缺乏与国际接轨的全国统一的标准，阻碍了我国物流现代化的发展，也阻碍了供应链管理在我国的发展。

④ 传统企业中存在的问题。传统企业的组织结构是顽固的、坚硬的，它建立于职能的基础之上，成为阻碍供应链实施的又一障碍。传统组织的另一个问题是费用“透明度”问题，因为与跨职能领域物流相关的费用是很难估量的，不同产品混合的真正费用是很难揭露的。

⑤ 贸易协作问题。在现有企业内部，每个人都习惯于关注系统中单一组件的效率，而没有人去考虑整体效益。例如，运输部门追求低运输费用，采购部门愿意增加订购量以减少单价，销售部门希望高库存以减少缺货损失。这些部门自身的利益追求与供应链的整体利益常发生冲突。在企业之间，各成员不愿意与他人共享信息，也不愿意牺牲自己的利益去争取供应链的最大利益。

(2) 对策

① 转变观念，重视物流，加快培养专门人才，组建专门机构，建立国家标准。

② 改革组织机构。企业应从自身出发，转换组织机构，采用先进管理方法，制定合理的绩效评估制度，努力实现供应链管理。重建传统“垂直”组织，并带动产生“扁平”或面向市场的组织机构。

③ 创建顾客订购管理系统，重视顾客订购管理过程。顾客订购管理系统是一个连接信息系统和完成需求材料的实物流动计划框架(framework)，它包括中央管理的预测、材料和产品的控制及采购，其核心是市场需求计划，该计划的输入包括关于需求、订购、价格变动、促销活动、有效产品的信息和数据。重视顾客订购管理过程的步骤如下：删除无价值增加的环节；建立订购履行小组，把传统组织中相互分裂的活动有组织地、自然地组合在一起。

④ 建立先进的管理体系。引入先进的管理体系、策略和技术优化供应链；集成供应链；建立新的绩效评估系统，促进贸易伙伴间的协作。

建立优化的供应链，关键还在于建立一个新的绩效评估系统。新的绩效评估系统必须能够对每个贸易伙伴、每个职能部门在优化供应链中所起的作用做出合理的评估，并在此基础上合理分配优化供应链带来的利益。所以，新的绩效评估系统必须能清楚地认识供应链中分配的概念，正确分辨各企业对整个供应链获利过程所做的贡献。

本章小结

本章从物流管理的概念入手，详细介绍了物流的概念、功能、分类、物流系统的组成和物流管理机构的发展阶段；分析了电子商务对传统物流配送的冲击、影响及面临的问题和对策；较为深入地研究了供应链管理产生和发展的历史背景，对供应链管理的含义、作用和要求做了介绍；提出了我国供应链管理的现状及问题，阐述了实现供应链管理应采用的对策。

思考题

1．为什么说物流是电子商务涉及的四种流中最特殊的一种？
2．Physical Distribution 和 Logistics Management 有何区别？
3．为什么说物流是电子商务的重要组成部分？
4．为什么说物流是实现电子商务的保证？
5．试列举电子商务物流的主要特点。
6．现代物流中用到的先进技术有哪些？
7．供应链管理与传统管理模式有何区别？

上机实验

1．访问两个物流网站，观察它们各有什么特点。
2．参观一家配送中心或物流公司，记录其物流配送的过程。

案例分析

乐百氏怎样创建物流体系

2001年新年伊始，设在西安的乐百氏西北配送中心正式投入运作，这是乐百氏自2000年以来建立并投入运作的第五个配送中心。至此，乐百氏在武汉、中山、华东、华北、西北的五大配送中心承担了公司约80%的货物的发送，配送网络覆盖区域达二十多个省。

1999年年底，乐百氏总裁何伯权在谈到市场创新时首次提出了建设配货中心的选址，他说，为支持2000年强力推行以深度分销为核心的市场网络建设，可以考虑建立配送中心，让产品更快地到达经销商、分销商甚至零售商手上。

初步规划很快完成，公司准备在全国范围内建设十多个配送中心，包括一级配送中心和二级配送中心，一级配送中心辐射周边数省，二级配送中心主要服务本省，二者互为补充，覆盖全国市场。

何伯权的想法是，经历了产品的竞争、质量的竞争和品牌的竞争阶段后，现在已开始进入销售和配送网络的竞争，但目前国内整个大流通的商业不发达，没有理想的配送网络，而乐百氏发展到现阶段又很需要它，因此只好自己去建。当这个配送网络建成时，产品直接发到配送中心，由配送中心发运到渠道终端(超市、商场批发商、零售商)，终端有什么问题可以直接反馈给配送中心，包括所有的信息和不良品，这样的网络对产品竞争力的提升无疑是有很大帮助的。

配送中心是指按客户要求配备产品并发送到客户的一个中介组织，均衡、合理地分布在全国各地的多个配送中心就形成一个配送网络。乐百氏决定根据各地实际情况分别采取自己建设或由专业物流公司代理两种方式来建立配送中心。为此，乐百氏专门组成了配送中心项目工作小组，明确了销售部、储运科、销售计划科、市场财务部、信息技术中心、工厂管理科等相关部门的职责，其中，销售部负责全国配送中心建设的领导工作，储运科全权负责整个建设过程的跟踪、指导、协调及配送中心的管理。

2000年1月初，乐百氏选择在武汉进行第一个配送中心试点的工作，武汉配送中心依托武汉分厂，在分厂储运部、成品仓的基础上建成。由于武汉分厂只生产水系列产品，因此，储运科在武汉火车站附近设立了隶属配送中心的武汉市内仓，作为从别的工厂调入的其他系列产品的寄售库，方便对武汉市区的产品配送。配送中心的软件建设，也就是信息系统的建设，则由储运科与生产部的工厂管理科及行政总部的信息技术中心共同派员到现场进行配送中心SAP系统的建设，完成了系统配置、客户数据、成品数据、交易数据、报表开发到人员培训、编写操作指南等大量工作，终于在4月底现场上线。

3月，跟着武汉配送中心的步伐，中山配送中心也开始了试点工作。

8月，在武汉、中山两个配送中心的运作渐入佳境之后，乐百氏迈出了华东配送中心的建设步伐。华东配送中心下辖无锡、松江两个配送仓，依托无锡分厂和上海松江分厂而建，经过三个多月的磨合，已于11月22日正式投入运作。

11月，乐百氏启动了华北、西北配送中心的建设，前者已于12月23日正式运作；后者虽然由于区域大、送货批量小而分散，筹建难度更大，但也于2001年1月投入运作。

华北配送中心由两部分组成，一部分依托丰润分厂而建，以分厂储运部为基础，进行了适当的人员及业务调整；另一部分设在北京，与一家专业物流公司合作建立，这是公司首次与专业物流公司合作建立配送中心。此次合作，储运科采用了将仓储与承运业务分开操作的方法，与物流公司共同物色仓库并签订原价转储合同，在仓储方面没给物流公司留下利润空间，为乐百氏节约了物流费用。承运方面，乐百氏看中的是物流公司掌控的运输联合体(会员制车队)所能提供的较高水准的服务，物流公司则希望借助乐百氏的销售网络拓展其业务。此次合作，为乐百氏配送中心的管理向专业物流公司靠拢提供了一个很好的学习与借鉴的机会。

乐百氏对配送中心的建设提出了两个要求，一是要面向市场，把服务放在第一位，让客户和分公司满意；二是要控制好费用，努力降低物流成本。这两个标准的明确，可以说是为配送中心解决了定位问题，因此，各配送中心都朝着这个方向进行不懈的努力。目前，配送中心所辐射区域的分公司仓库均已撤销，客户全部实现了直运直汇，物流资源得到有效整合。据统计，2000年，乐百氏的物流费用在铁路运费取消20%的下浮优惠、公路限载、油价上升的情况下仍得到有效的控制。

在乐百氏2001年的配送中心建设规划中，不仅要在西南、东北等所有有外设厂的地方都建起配送中心，而且要在特别需要配送中心支持的地区建设二级配送中心，如目前已着手筹备的昆明和乌鲁木齐配送仓。他们希望，2001年下半年就能将华北、东北、华东、中南、华南、西南和西北七大配送中心建立起来，形成一张覆盖全国大部分地区的配送网络；对已经投入运作的配送中心，要进一步完善其内部管理和配送功能，要从高标准、规范性、可操作性、可检验性和服务意识等方面去提高和完善；下半年开始选择部分配送中心所在城市进行直销配送试点，直销配送是产品配送的高级形式，不仅涉及物流，还涉及价格、收款方式、电子商务等，意义重大；同时，要摸索出一套适合配送中心特点的目标管理模式，要建设一支高素质的专业队伍，要建立一套培训制度，加强对员工业务技能和服务意识的培训，以及对供应商、经销客户的培训等。此外，储运科也正在酝酿一场科室架构的改革，准备在经理下面建起运营、资讯和项目主管三个管理系统，以加强对全国配送网络建设的指导和对各配送中心的管理。

思考题：

1. 乐百氏怎样创建物流体系？
2. 乐百氏物流体系的建立对你有什么启示？

第四篇　应　用　篇

第9章　电子商务系统的应用

学习目标

1. 了解零售业电子商务的应用。
2. 掌握制造业电子商务的应用。
3. 熟悉信息服务业电子商务的应用。
4. 了解电子政务的应用。

引例

春节红包——农历新年指尖上的一点温情

2016年2月7日，中国农历除夕，在全球最壮观的“人类迁徙”过后，忙碌一年的中国人，迎来了属于自己的节日。在新时代，“回家过年”这四个字被赋予了很多新的含义，相亲、生子、工作与收入等……在这众多感情元素集于一身的农历新年，抢红包成了一件最简单而快乐的社会事件，指尖上的“拆红包”，也成为中国当代社会中最朴素的一点温情。

2011年以前，中国三大电信运营商牢牢把控着春节拜年市场，电话、短信几乎是所有中国人过年必备的工具。2012年后，中国人拜年的习惯转变成在微信上“复制、粘贴”，直到2014年，马年春节，微信红包横空出世，迅速将这一企业行为发展成一大社会事件。2014年除夕至初五期间，我国个人通过第三方移动支付App发红包规模仅为2亿元，2015年这一数值达到了91.6亿元，同比暴增4482%，而2016年我国个人用户发红包规模接近700亿元。当然，这温情的背后也给各大企业带来许多商机。

百度，生态优势。从2016年1月28日开始，一直到2月22日正月十五元宵节，百度钱包将发放总价值为60亿元的“福袋”。截至2月8日大年初一中午12点，百度钱包福袋被开次数达112亿次，共发放出价值42亿元的福袋，其中现金达3亿元，最创新的语音互动累计达3.2亿次。与微信和支付宝有所不同之处在于，百度“舰队型”的O2O布局。移动支付作为用户资金的入口，对集团资源具备超强的整合能力，一旦百度金融的布局完成，百度旗下所有的O2O产品都将成为百度支付最天然的支付场景，这对任何一家独立支付公司来说都是非常珍贵的资源，所以百度选择在猴年春节参与红包大战，也有这方面的战略考量。

支付宝，后来居上。2016年红包战场上的最大亮点在于支付宝，支付宝公布的数据显示：除夕夜，支付宝“咻一咻”互动平台的总参与次数达到了惊人的3245亿次，是去年春晚互动次数的29.5倍。共有791405位用户集齐了五福卡，平分了2.15亿元的大奖。

单个红包金额 271.66 元，这个金额非常微妙，微信红包金额上限是 200 元，五福红包金额高出的 71.66 元，比较符合用户的“货币幻觉”心理，基本达到了营销费用效率最大化的目标。另外，更让支付宝欣喜的是，通过集五福卡玩法，支付宝产生了数亿对好友关系，这对支付宝的社交短板来说是一种雪中送炭的填补。

腾讯，稳居霸主。2016 年春晚期间全球参与人数达 4.2 亿人，除夕全天红包收发总量达 80.8 亿个，峰值 40.9 万个/秒。从除夕到初五，微信春节总收发次数达 321 亿次，相较于羊年春节 6 天收发 32.7 亿次，增长了近 10 倍。整体上看，微信红包 2016 年的玩法与 2015 年差异不大，但由于其超高的用户黏性，使其依然是春节红包大战中最主要的收发平台。

（资料来源：http://report.iresearch.cn/content/2016/02/258446.shtml）

9.1 零售业电子商务应用

9.1.1 网上零售的概念

1. 零售业态

零售业态指零售企业为满足不同的消费需求而形成不同经营形态。

零售业态的分类主要依据零售业的选址、规模、目标顾客、商品结构、店堂设施、经营方式、服务功能等确定。零售业的主要业态有百货店、超级市场、大型综合超市、便利店、仓储式商场、专业店、专卖店、购物中心等。

2. 网上零售定义

网上零售是指个人通过 Internet 购买商品或享受服务。购买者可以浏览网上商品目录，比较、选择满意的商品或服务，通过 Internet 下单，在线或离线付款，买方处理订单，网上送货或离线送货，完成整个网上购物过程。

9.1.2 零售业态的变迁

从商务活动的演变历史来看，首先是商品的买卖，其次是商业、贸易行业的兴起，然后是商业贸易的管理，进而联系着商品的生产者与消费者。现代商务活动是联系产、供、销，联系社会再生产各个环节的纽带。

1. 传统的柜台式售货

传统商业采用的是柜台式，“一手交钱一手交货”的交易方式，售货员是顾客与商品之间的桥梁，售货员的服务态度和服务效率直接影响商品的销售。

2. 开架与自选的新方式

随着人们生活水平的提高，零售商为方便顾客，推销商品，采用了开架与自选的新销售方式，使得商家、商品与消费者之间更加友善，具有代表性的是超级市场（supermarket）和百货商场中的服装、家电、鞋帽等专柜。

3. 无店铺销售与电子购物

Internet的应用使商家看到了它的商业价值及潜在的市场，纷纷在网上推销自己的产品并建立网上的购物系统，逐步形成了选择商品、订货、付款等一系列通过电子方式完成的购物过程，实现低成本扩张。电子商务导致了无店铺商店——虚拟商店的出现，网上商业街也出现了。与此同时，各种电子银行、电子货币也出现了，并在不断地开辟新的商业活动领域。

每一种零售业态都有自己的特点，有其长处，也有其对环境的特殊要求，而且各种业态之间既有一定的竞争关系，又能互相弥补对方的不足，合理布局就能起到优势互补和繁荣市场的作用。只有切实了解各种零售业态的优缺点，广泛地调研，认真分析各类消费者的消费心态和需求，合理布局，才能充分发挥各种业态的长处，以最小的投资取得最大的效益。

9.1.3 电子商务对零售业的影响

1. 对零售业的直接性影响

在传统的流通渠道模式中，中间商居于非常重要的地位。随着买方市场的形成，消费者的利益和偏好成为决定生产者经营决策的关键因素，为掌握市场变化，生产商产生了跨越流通中间环节，直接控制分销渠道的客观要求。在网络技术和信息技术不断发展的今天，电子商务为生产者与消费者提供了及时、经济而又高效的交互式沟通环境和手段。流通的直接性增强已是不可阻挡的客观趋势，它的直接后果集中表现为生产直接对商品流通全过程的介入和控制程度的增强，这种流通的直接性使传统商业的中介地位被部分地取代，新的流通格局在逐步形成。

电子商务的出现使越来越多的生产制造商直接参与流通活动，使流通主体的梦想成为现实。互联网为生产者与消费者的直接沟通提供了技术上的条件，制造商可以越过中间商直接从事网上交易。消费者也可以从互联网上直接向多家选购自己中意的商品。生产者、批发商、零售商和网上销售商都可以建市自己的网站并推销商品，一部分商品的流通不再按照原来的产业和行业分工进行，网络技术的应用使"产销合一""批零一体"的销售模式大量出现，传统批发零售商的流通主体地位受到挑战。如 DELL（戴尔公司）建立了直销模式，通用汽车、通用电器、波音、微软等大的生产制造厂商也都积极上网，建立新型的分销渠道。

2. 一体化经营模式

传统的流通是分段式的，就单个生产企业而言，生产位于中心环节，流通活动存在于产前的原料供应和产后的产成品销售的两端。电子商务不仅为生产者与消费者的直接交易构建了有效的运行环境和快捷的通道，弱化了传统商业的媒介地位，还将从组织体制上促进生产企业新型的一体化经营，进一步改变传统的流通格局。一体化增长，是现代企业发展成长的一种重要途径，它包括三种基本形式。一是前向一体化，表现为生产企业向前自分或从资产上控制销售渠道，减少流通的中间环节，缩短与最终消费者的时空距离。二是后向一体化，即企业向后控制自己的原料供应企业，建立起属于自己的独立的供应网络。前向和后向一体化都属于垂直一体化，对于生产企业来说，无论采取哪一种形式，都已经形成了对流通业的直接控制。三是水平一体化，主要表现为企业运用并购或契约形式，控制同类竞争企业，在减少竞争对手数量的同时，实现自身的规模扩张，增强市场竞争能力。在现代企业的一体化发展实践中，上述三种形式都得到了充分的运用。少数实力雄厚的企业，甚至同时运用这三种基本形式。

1937 年，诺贝尔经济学奖金获得者科斯提出，垂直一体化的原因在于企业外部交易的成本过高，从而导致企业通过一体化将外部交易内部化。在实际中我们时常看到，制造商通过收购、兼并及独立投资等方式控制分销渠道。同时，中间商也凭借产权或契约关系，向生产领域渗透，控制企业的供应渠道。由此形成了产、供、销一体化的企业集团。但在实践中，这类一体化的尝试并非都是成功的，由于缺少现代化技术手段的支持，即使企业实现一体化运作，原来由生产企业外部承担的流通职能，在集团内部仍需要一个庞大的机构来维持其运行，随之而来的是成本支出的急剧增加。因此，在传统技术手段条件下，企业一体化经营面临流通成本的巨大压力。这一点在中国工业企业自建的销售网络中，可以找到无数的例证。

电子商务借助网络技术的强大信息处理能力，有效地解决了这一矛盾，企业不但能够迅速、方便地与顾客进行信息的双向沟通，降低信息流通的成本，而且无须配置大量的人员，只要耗费极少的人力资本投入，即可执行分销的全部职能。在适当的时间，通过恰当的方式，向顾客迅速地提供符合他们需要的产品。以生产商为主体的一体化经营将随着电子商务的发展、互联网应用的普及和网上信息技术的进步，而获得迅速的发展。而与传统的一体化不同的是，电子商务所推动的垂直一体化无须再耗费巨资收购原材料企业，或者购买传统商业的批发零售网络。在电子商务技术的支持下，生产企业的这种新型一体化的目标，已经不是控制而是抛开传统的商业。当然，电子商务的应用也为这类商业组织的扩张提供了有力的武器。特别是那些著名的连锁企业，可以充分利用企业已有的品牌优势，迅速地在互联网上拓展业务，将网上销售和服务与传统的店铺销售结合起来，取得更大的市场份额。

9.1.4 网上销售模型

网上销售模型包括两种情况：一是零售商角度的销售模型，指如何处理顾客订单的过程；二是顾客角度的销售模型，指顾客购买商品或获得服务过程中的一系列活动。

1. 零售商角度的销售模型

(1) 订单计划和订单产生

这是售前的阶段，订单由离顾客最远的产品计划部门提出，包括计划的开销费用、雇用人员费用、库存数量等；而靠近顾客的销售部和市场部，提出销售预测供产品计划部门参考，订单计划导致了订单产生，订单在网上可以用多种发布方式，如发布广告或向顾客发送个人电邮等。

(2) 报价

价格是顾客和企业之间的桥梁，好的价格战略可以减少总利润的压力，基于订单进行定价是最受顾客欢迎的。

(3) 订单接受和登录

经过一个可接受的产品报价后，顾客可以在网页上填写订单，订单传送到服务器端，进行订单登录，再进入内部销售服务或顾客联络等部门。

(4) 订单选择和按优先度排序

顾客服务代表通常也负责选择应接受哪些订单，婉拒哪些订单，不是所有订单都属于"漂亮订单"的，于是优先排序就决定了企业的获利能力，也就是说决定哪些订单应该更快地执行是非常重要的。

(5) 订单安排

在此阶段，被排序的订单被送入一个真正的生产或运作过程。

(6) 订单满足和发货

由于商品的特点不同，这个环节也变得非常复杂，如何保证订单满足，在顾客眼中已经变得非常重要；同时，零售和制造企业也必须要求预测到运输和发货方面需求的改变。

(7) 订单账单和账户/支付管理

在订单已经满足和发货之后，账单通常由财务人员处理，他们的工作是有效地发出账单并迅速收回来。

2. 顾客角度的销售模型

用户的商业模型分为三个阶段：购买前的准备阶段、购买过程和售后服务。

(1) 购买前的准备阶段

在广大的信息空间中寻找满足需求的产品集，并且根据特性对比，缩小产品范围等，于是信息搜集显得非常重要，搜集分为顾客个人搜集和企业采购的集团搜集两种方式，各有不同的特点。

(2) 购买过程

确定购买活动相关的信息流和文档，如商品的价格、交付时间等，也就是不断往购物清单/购物车中添加商品、付款、接收发票的过程。

(3) 售后服务

包括用户服务和对于用户意见、退货和产品缺陷的解决，这个阶段对于企业的获利起到非常重要的作用，影响用户满意度和企业数年的收益问题。

3. 网上销售企业的收益模型

一般有三种模式：收取服务费、会员制和降低价格，来扩大销售量。

(1) 收取服务费

网上购物的顾客，除了要按商品价格付费外，还要向网上商店支付一定的服务费。

(2) 会员制

网络购物服务公司一般采取会员制这种模式，按不同的方式收取会员的会费，一般有两种方式，按时间，如年、月、季收取固定的会费；还有一种是按会员的实际销售规模，按比例收取会费。

(3) 降低价格

通过降低价格可以扩大销售量，网上销售商提供低价格的商品或服务，为的是扩大销售量。

4．网上销售界面

网上销售包括以下三个不同界面。

(1) 顾客和零售商界面

这是网上商店的布局，由一系列的网页组成，管理着营销、销售和顾客服务界面。其功能包括商店运作和顾客服务。

(2) 零售商和供应商界面

这个界面包括一系列功能，可以将产品有效地从供应商直接送至顾客手中。目标是提供高水平的服务，同时，减少浪费。具体功能如下。

- 购买，决定订货量，向供应商发送订单并与其通信；
- 存货管理，决定每一个存货点的正确存货量；
- 存货控制，跟踪产品运输和存储；
- 存货运输，接收、检查、保存、挑选和丢弃产品；
- 发货，计划和管理仓库及运输队的运作。

(3) 零售商管理界面

这是一系列用于计划、控制组织内部所有商业过程的系统。特殊功能包括商业情报和商品计划、微观营销、品牌管理。

【上海宝宝 365 电子商务有限公司网络应用案例】

1．公司简介

上海宝宝 365 电子商务有限公司（以下简称宝宝 365 公司）成立于 2005 年 9 月，是一家从事婴幼儿商品销售和服务的中小型电子商务企业。图 9-1 所示为该公司的主页。

2．公司经营策略

宝宝 365 公司的经营策略是：依托企业电子商务系统，进行企业商品销售、客户服务、企业内部管理及与合作伙伴之间进行商品分销合作。

宝宝 365 公司应用电子商务技术建立企业综合信息管理系统，完善企业内部管理；建立一个主题鲜明的专业性销售网站，开展企业的营销活动，为消费者提供与企业沟通的渠道，提高企业的服务质量和竞争力。

电子商务系统的应用，使企业的市场营销、进销存管理、物流配送、财务管理、客户关系管理和行政管理等工作得到有机结合和高效运作。

3．公司电子商务运营和管理

在企业电子商务平台中要坚持以客户为本的设计理念，提供完善而便捷的操作功能。图 9-2 所示为宝宝 365 公司后台管理页面。

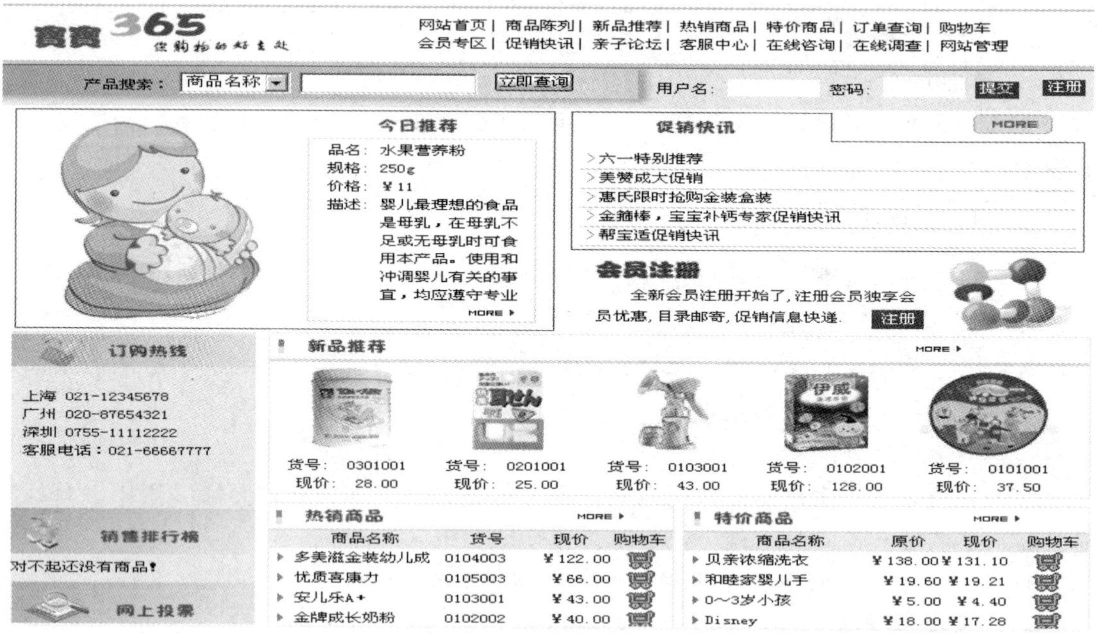

图 9-1　宝宝 365 公司主页

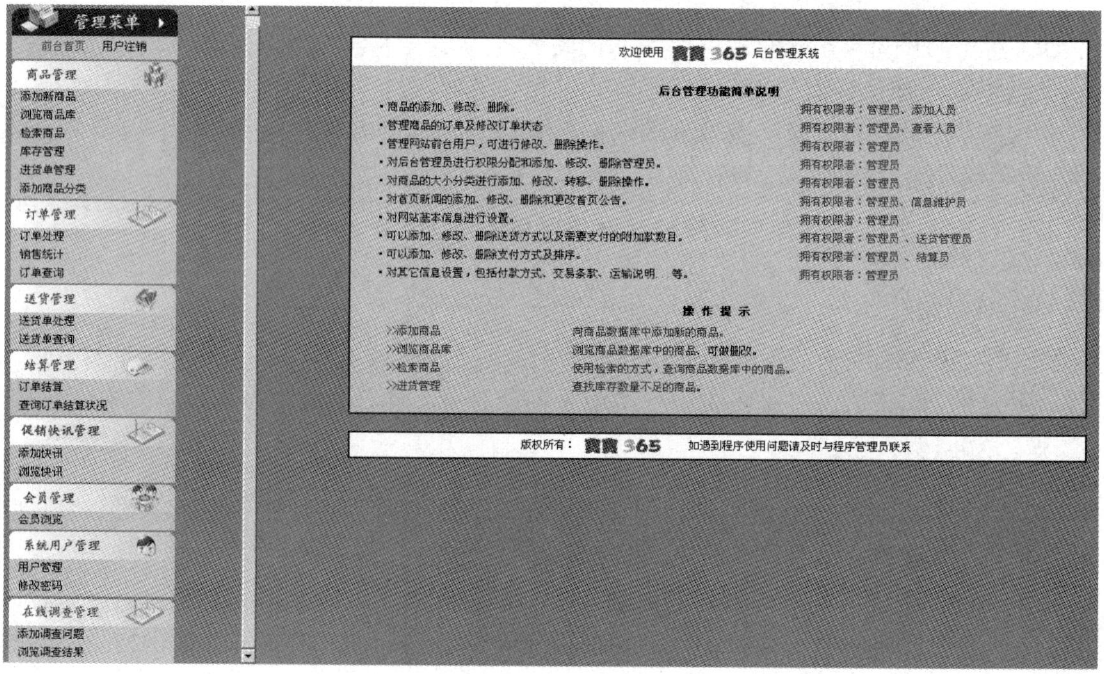

图 9-2　宝宝 365 公司后台管理页面

① 利用企业电子商务平台营销，建立起企业与消费者的交流渠道。

② 企业的形象宣传，开展多样化的企业营销活动。

③ 实现商品信息和促销信息的发布，提供网上商品的查询、订购和支付的销售管理。

④ 实现企业内部的商品管理、库存管理、物流管理和财务管理等。

4. 公司业务分析

(1)宝宝365公司前台管理功能

宝宝365公司前台商务系统具备以下基本功能：能够进行企业的品牌宣传，提供多形态的商品展示、完善而便捷的在线商品销售、内容丰富的促销快讯、个性的会员管理和订单查询、具有亲和力的育儿论坛、方便的在线咨询和多条件的搜索引擎。

企业电子商务平台的前台管理功能对于吸引企业客户是至关重要的。操作界面是否友好，操作过程是否方便，都直接影响企业的电子商务营销。因此，对于电子商务企业的运营者来说，如何不断地完善企业的前台管理功能是非常重要的。当然，前台的销售展示功能的实现，必须依托企业的后台对销售、客户、营销及财务的管理等。

图9-3所示为宝宝365公司前台管理功能。

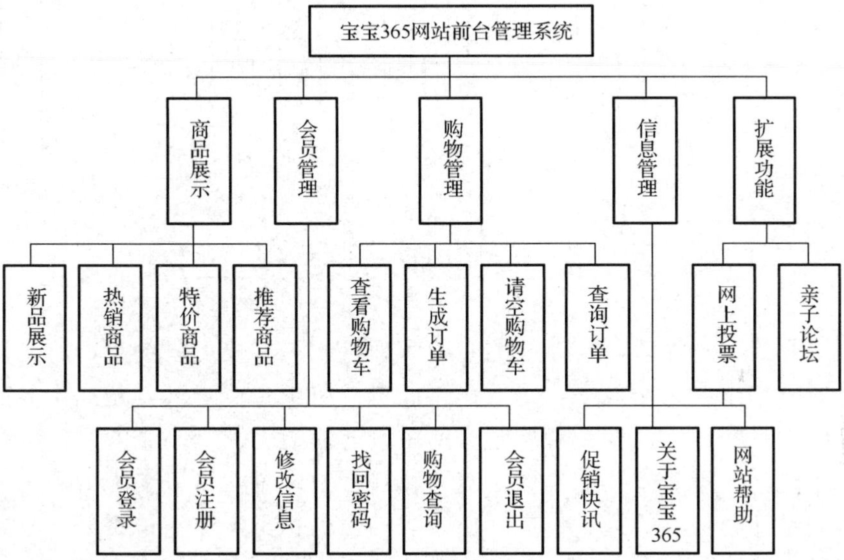

图9-3 宝宝365公司前台管理功能

(2)宝宝365公司后台管理功能

宝宝365公司后台管理功能主要包含：

- 为销售管理人员提供商品信息管理、销售订单管理、采购管理等功能；
- 为物流管理人员提供送货单管理和实物配送管理等功能；
- 为财务结算管理人员提供销售商品的货款结算管理等功能；
- 为了保证系统运行的安全性，提供对系统用户的权限分配和身份验证的功能；
- 对会员的信息、企业的促销快讯、市场需求调查等信息进行维护和处理。

图9-4所示为宝宝365公司后台管理功能。

宝宝365公司新建初期，在客户群体中的知名度较低，在企业网站推出和运营初期，需要对网站进行宣传推广和营销管理；同时，为了满足客户不断增长的服务需求，管理人员应该对网站进行综合维护、运营管理和信息更新。根据网站运营及发展的需要，对网站的功能需要进行优化和扩充，如增加客户关系管理模块(CRM)等，这样才能更好地提升企业的管理水平，为客户提供个性化的服务。

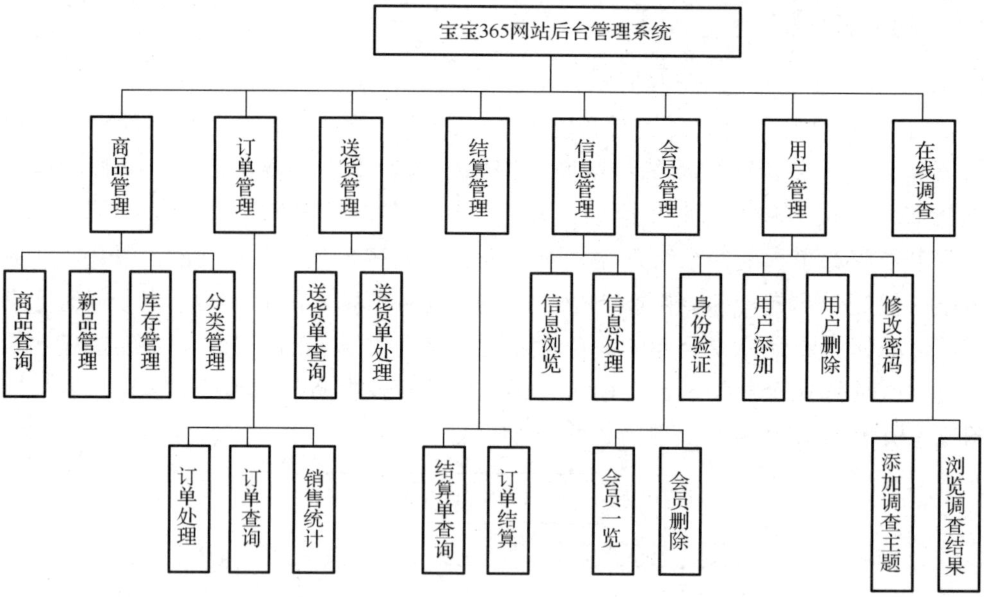

图 9-4 宝宝 365 公司后台管理功能

9.2 制造业电子商务应用

现代制造业离不开管理。一个好的企业管理机制，不仅可以使生产、经营得以顺利进行，而且能提高企业工作效率，降低运营成本。所谓企业管理，是指企业的管理组织为实现企业的宗旨和目标，保持和增强企业系统的创造力，提高企业系统的投入产出绩效而进行的系统化决策和控制的集成。其一般目标是以企业可以支配或利用的最少资源投入，取得满足社会需要的最大价值产出。它的内容相当广泛，最重要的是制造企业的经营管理制度和组织制度。

9.2.1 制造业管理概述

现代制造业的经营管理制度和组织制度是自19世纪中期工业革命后逐渐发展进化的结果。自 1776 年亚当·斯密提出劳动分工的原则后，制造企业管理先后经历了泰勒的“科学管理”、福特的“流水线管理”等阶段。进入 20 世纪 70～80 年代，随着卖方市场向买方市场的转变，市场竞争日益激烈。制造企业的目标已从注重成本、控制转向注重质量、速度、创新和服务。同时，由于科学技术的迅猛发展，尤其是微电子、计算机和网络技术的飞速发展，对传统企业的运行机制和组织体制产生强烈的冲击，旧的经营管理体制越来越不能适应现代企业的管理要求，这样就引发了企业重组；而电子商务正是促进企业重组的重要杠杆，也是现代管理制度得以推行的前提。进入信息时代，电子商务使企业的工作流程发生了很大的变化，原先需要人在物质世界里完成的工作现在可以诉诸于网络，企业可以通过网络来控制它的组织结构，内部的层次大大减少，每一层的范围逐渐扩大，不同层次之间的交流会出现交叉。

9.2.2 制造企业管理的变革历史

第二次世界大战之后，随着经济的复苏。全球贸易日趋活跃，因此导致了制造企业的贸易单证与商务文件激增，而且众多纸面文件及复杂的处理也造成了大量的错误和延误。另一方面，由于国际贸易竞争日趋激烈，缩短交易周期就成了市场成功的代名词，在这种情况下，提高商业文件的传递速度、处理速度，简化贸易程度，提高信息传递的准确性成了所有贸易伙伴追求的共同目标；随着计算机技术和通信技术的不断发展和应用的普及，信息技术已经逐步融入各种商业活动中，制造业管理信息系统应用日益成熟，制造企业 EDI 就在这个背景下产生了。EDI 一出现便迅速得到世界各主要发达国家和地区制造企业的广泛应用，并不断向前发展。同时产生了一些行业传输标准。制造企业借助于 EDI 得以有效地简化贸易手续，缩短交易周期，节约人工处理费用，加快资金周转，提高了企业的竞争能力。

近年来，随着互联网的兴起和普及，使用遍布各地的网络来进行信息传输成为可能，这大大推动了 EDI 在贸易领域的应用，进而提出了电子商务的概念。电子商务比 EDI 的范围更广，具有诱人的发展前景，它有助于降低制造企业成本，提高制造企业的竞争力，使更多的制造企业得以参与市场竞争；而且能为广大消费者增加更多的选择，使消费者得到更多的利益。在全球范围内，一场利用网络做生意、发展电子商务的大潮已蓬勃兴起，制造企业将成为电子商务的最大参与者和受益者。

9.2.3 电子商务与制造企业管理

电子商务的出现，不仅对企业的营销管理产生了巨大的影响，而且对制造企业的整个生产管理活动都带来了很大的冲击。从制造企业经营运作过程来看，主要包括原材料采购、库存管理、产品销售等环节。这里主要对原材料采购、库存管理进行论述。

1. 原材料采购

原材料采购是企业经营运作的主要组成部分，它是进行生产建设、实现企业经营目标、提高经济效益的重要保证。为了使成本尽可能降低，企业希望采购材料的价格最低；而为了保证生产商品的质量，就必须保证所购买材料的质量。那么，就需要借助电子工具来进行原材料价格、质量的综合调查、比较和分析，通过筛选实现采购。生产企业利用计算机网络、电子邮件、电话等工具对市场进行咨询、统计，对供应商进行访问、抽样调查和专访等，尤其是远距离访问可以获得较高的效率。

采购的过程一般可概括为：了解和确认采购需求；寻找、选择、确认供应商；审查、批准、协商下达采购文件；跟踪、协调供应商供货过程；接收采购材料；财务结转处理及问题交涉处理；对采购过程的审查、评价、考核及有关数据信息的积累和维护。

(1) 供应商的选择

采购面临的主要问题之一是供应商的选择评价和确定，对供应商审查的着眼点应放在质量、价格和服务三方面。

① 质量：产品质量的重要性是不言而喻的。产品质量是企业的生命，而质量好坏在

很大程度上取决于原材料、零部件等物料质量的好坏。因此，在外购物料时，质量常常作为首选条件。

② 价格：价格是选择供应商的重要因素之一，应在多方面比较的基础上全面加以考虑，价格应是合理的并保证质价相称；另外，不能只考虑单价，还应考虑数量折扣、运输费用等多种因素。

③ 服务：在某种意义上，对有些企业来讲，服务比价格更重要。服务包括供货的及时性、供货的可靠性、供货的稳定性、包装的技术支持、零配件的供应等。

除了对上述三个重要因素进行认真考察外，还应对供应商的其他情况如信誉、资质等进行考察。

(2)收集信息、选定供应商

要掌握如此多的信息，单纯依靠人工调查、发函询问有关情况或从报纸、电视等媒体来获取，则不仅信息成本高、费用大、花费的时间长，而且所获取的信息量也是非常有限的。有时辛辛苦苦获得的信息可能已经过时，对新的市场动态、新材料的开发情况不了解，从而影响企业的生产。在电子商务时代，以互联网为代表的信息技术的发展为企业提供了一个新的信息渠道。基于互联网的特性，我们可以及时获得图、文、声、像等多媒体的信息集成，提高信息表达的准确性和形象性，而且网络管理系统可以很容易地建立起信息档案。为获取供应商的质量、服务、价格等资料，企业可在计算机网络上查询有关信息，进行对比、分析，对各个供应商进行综合评价，从而确定供应商，并建立供应商的档案。这样不仅费用非常低、花费的时间少，而且获得的信息量非常大。对供应商的信息一定要根据情况变化进行及时更新和维护，保持信息的准确性和及时性，使有关人员可据此做出明智的选择。供应商选定之后，就可以开始采购工作了。

(3)采购

① 下达订单。在电子商务环境中，企业可以根据每月的原材料需求量确定每日订货数量，从而实现原材料无库存。在确定需求的品种、数量、质量和规格等情况后，就可以下达订单。企业下达订单的过程可分为两个阶段：采购申请单和正式采购单。

采购申请单一般要符合企业规定的采购流程和制度要求，由需求部门提出采购的初步意见和申请，经有关领导审查和核对，采购单请示批准后可由 MRP(物料需求计划)系统自动生成。在确定了原材料需求并生成了申请单后，有关管理人员应对申请单进行必要的处理，如核对需要来源、选择供应商和调整采购申请单。

正式采购单是经 MRP 系统处理的申请单自动转换而成的。在采购单确定之后，可用电子邮件或 EDI 技术将其传送给供应商，由供应商加以确认：同时，采购部门应将采购单通过企业内联网传送到财务、仓储等有关部门作为货款结算和验收的依据。采购单有关数据的变更应由双方充分进行及时协商而定，协商时可采用电子邮件、在线语音交流等方式。

② 签订合同。在企业将采购单发给供应商并由供应商确认之后，为保护双方的利益，促使供货方按要求发货，购买方按时付款，并在发生纠纷时能受到法律的保护，双方还应签订合同。在签订合同之前，要由企业的采购部门发出询价单，由供应商发回报价单，基于互联网的电子商务条件下，企业与供应商之间可以通过发电子邮件或其他在线方式

进行交互式谈判，不仅费用低、速度快，而且可以进行对话式的谈判，使双方易于达成一致。传统意义上的合同是白纸黑字再加盖合同专用章，而在今天的电子商务条件下，可以实现“无纸贸易”，企业将电子订单通过 EDI 传给供应商，经确认后，电子订单可直接转换成“电子合同”，并应用数字签名等技术来确保其准确性、安全性及法律效力；同时，第三方在授权的情况下可以通过“电子合同”来仲裁执行过程中所产生的纠纷。生产企业与原材料供应商签订合同之后，就可以由物流配送中心将原材料迅速运送至生产企业，保证企业生产的需要。

2．库存管理

库存管理是企业管理的重要组成部分。库存的主要功能是在供给和需求之间建立缓冲，缓解供需矛盾。企业的库存成本包括仓库场地的占用费、建造费、维护费、仓库保管费及存货的损耗等，是企业成本中重要的一部分。企业如要降低成本，则从库存人手可以收到较好的效果。最理想的状态是无库存。在传统的贸易、运输、生产条件下，无库存是不可能的，但在电子商务时代，实现零库存完全有可能。

(1)原材料无库存

在企业产品的总成本中，原材料所占的资金比例是相当高的。在我国目前的情况下，劳动力和制造过程的费用占总成本的比例都不高，而原材料费用却占总成本的 50%以上，有的竟达 70%以上。

在运输不十分发达的条件下，为了降低企业的生产成本，一般企业的库存管理都采用经济订购模型，根据企业的生产条件合理确定订货点，以保证库存成本所占总成本比例最小。而在电子商务条件下，高效迅速的物流配送中心会逐步建立起来，配送中心是集商流、物流、信息流于一体的现代化经营设施，可以为企业提供方便快捷的运输条件，使企业的原材料无库存成为可能。为了实现原材料的无库存，企业必须对供应商的生产周期、接受紧急订货的能力、管理情况、客户服务、供应情况等进行了解，这些情况可通过访问供应商的网址迅速得到。

(2)产品无库存

产品无库存指企业生产出来的产品不需要储存到产品库而直接送达顾客手中。其原理是企业在需要的时间和需要的地点得到需要数量的物料，在工序中的在制品存放数量最少，甚至达到无库存。通常将企业的生产按接到用户订单之前或之后分为备货生产和订单生产。

① 备货生产。备货生产根据市场需求预测来制订生产计划，在接到用户订单之前已开始生产产品，通过库存来调节生产。它适用于产品的市场比较稳定并可预见、需要量较大的情况。生产过程管理的重点是提高预测的准确性和确定合理的成品库，必须按“量”组织生产过程环节的衔接与平衡。

在备货生产方式下，企业要实现产品的无库存，就必须做好市场调查和预测。在充分收集信息的基础上，运用科学的方法和数学模型，通过对影响市场需求的各种变化因素进行系统的调查研究，从而做出市场预测。利用网络来进行市场研究、收集消费者的反应，不仅比较符合成本效益原则，还能获得更多有用的信息。根据部分企业的经验，消费者打免费电话多半是为了询问产品信息，而网络上的消费者却常会提供对产品品质的建议。现在，有些企业已开始进行网络核心顾客群的试验，让来自不同地区的报名参加者说出真正的意见。

② 订单生产。订单生产是企业在接到用户订单之后才开始生产产品，其主要特性是产品是为专门的用户生产的。产品的生产是按照用户要求的规格、数量、相应交货期进行的。一般是多品种、小批量生产，不设产品库存。在保证产品质量的前提下，准时交货是其生产过程管理的重点，必须按“期”组织生产过程各个环节的衔接和平衡。

在工业经济时代，传统的生产企业是以大批量生产方式为基础的，其主要特点是应用基于机械化生产装配线的标准制造过程和标准化部件，进行高效率的自动化作业，通过规模经济降低生产成本，提高产品质量。大批量生产技术在20世纪初使产品制造业得以迅猛发展，为社会提供了大量的工业化产品，满足了社会对制造产品的基本需求。在大批量生产条件下，往往能够以相对较低的价格提供优质、标准、品种单一的制造产品。随着商品经济的发展，在全球化市场竞争环境下，商品市场已由卖方市场转向买方市场，客户作为市场中的“上帝”，对产品的要求日益提高，他们希望产品能够满足自己的个性化需求。而订单生产则能根据消费者对产品的功能、性能和外形等方面的特殊要求生产出令其满意的商品。大批量生产是以机械自动化生产线为基础的，而订单生产是以电子信息技术为基础的，电子信息技术保证按客户需求进行收集和处理，而自动化生产线保证了生产过程的高效和规模经济。

在订单生产条件下，客户可以按照自己的独特需求来定制产品，产品的批量可以很小甚至可以是单件，而且质量、效果和成本完全可以与大批量生产方式相媲美。这不仅仅是一种生产方式的转变，而且体现了企业经营理念的转变，即单纯的产品制造转向生产经营，企业将直接面向市场，为客户提供服务，将客户的特定需求转化为客户所需的产品和服务。订单生产的关键是应用网络信息技术，由用户将所需的产品规格填入企业在互联网上的电子订单。这样企业就能够收集和处理客户需求的产品规格信息，并将其传送到自动生产线上，形成生产控制指令。为了最大限度地满足客户的需求，提高企业的竞争优势，越来越多的生产制造企业开始将产品生产控制的触角直接伸到市场中去。例如，位于美国佛罗里达的摩托罗拉寻呼机生产厂家就可以按照用户要求的款式和颜色提供产品，企业在零售商的柜台设置了专用计算机系统，用户可以在销售人员的帮助下，设计所需寻呼机的款式和颜色组合，然后根据相应信息形成产品订单，通过信息网络直接传递到生产厂，转化成生产控制指令，进行自动化生产和装配，用户在一两天之内就可以得到自己所定做的产品。

订单生产方式一方面可以提高对用户的服务质量，满足用户的需要，赢得大批客户；另一方面也避免了为应付用户各种可能的需求而形成大量的库存积压，实现了无库存生产。在信息技术高度发达的今天，订单生产方式可使企业直接面向市场及用户需求生产适销对路的产品。

高新技术的飞速发展及日趋激烈的市场竞争向企业管理提出了更高的要求。经济全球化使市场变化频率大大加快，产品的生产周期明显缩短，产品的更新换代更加频繁。另外，买方市场的建立也要求企业的经营观念要以顾客需求为中心。随着消费者物质生活水平的不断提高，顾客对产品的需求已不再仅仅满足于数量和质量，对产品的外观、色彩等多方面也提出了个性化的需求，企业面对的不再是单一的消费群体，传统的批量生产方式显然难以满足消费者日益明显的个性化需求。为了能在买方市场中求得生存，企业应更新观念，彻底放弃只注重产品数量和质量的思想，改变生产方式，努力提高产品制造的柔性，以增强企业的市场竞争力。

9.2.4 制造企业 B2B 电子商务经营策略

① 利用互联网和自身的信息优势，为买卖双方撮合交易，减少中间环节，整合供应链。

从生产到销售形成一个完整的价值链，一条龙的服务必定会增加我们的优势。这样就可以达到互惠互利的状态，大大降低制造厂商的采购成本和物流成本。在库存方面也可以发挥其效能，尽可能地缩短交货周期，降低库存。相较于传统行业，B2B 行业会有大量的优势，可以从中获得高额的利润，所以互联网给我们带来的便利和互惠是传统行业无法比拟的。

② 利用平台的基础数据和交易数据，为企业的产品研发、原料采购、产品销售等提供信息和决策支持。

B2B 通过为交易双方提供平台来获得数据资料，并且可以控制产品的研发、采购和销售，任何一个环节都可以有决策权，这时我们可以充分利用其优势，来获得赢利。而作为 B2B 赢利的一个主要渠道，会员客户首当其冲，将重要的信息制作成一个目录，有利于有目的地定位目标客户。能够准确预测实时动态、市场发展趋势，就能把握先机，获得第一桶金。电子商务企业可以深入分析数据的优势，经过比较核对，为不同的客户源提供不同的信息数据，找到适应方向去逐步发展，同时也可以根据自身优势定位。

③ 利用最新技术构建先进数字商务平台。

通过移动通信网与互联网的对接，也可以方便及时地为企业用户提供信息，促成交易双方在短信平台的互动，真正实现 IBM 提出的电子商务随需应变。

④ 整合 B2B 商务平台和网络新兴的流媒体技术，为电子商务带来新的赢利点。

目前流媒体技术发展特别迅速，为我们的生活带来了很多的便利。比如，当我们遇到问题时可以及时解决，不像传统的企业，还需要等下面一层一层地反应，等到问题解决时黄花菜都凉了，这无疑会让客户质疑我们的能力及办事效率，严重时还会造成客户流失。这些问题要想得到解决，可以利用流媒体技术，B2B 行业可以利用流媒体的优势为企业客户提供远程技术培训、视频资料甚至视频会议，这可以让交易双方更好地进行沟通。目前也有许多公司依赖这种技术来获取赢利，这些公司虽然领先运用了流媒体技术，但是并没有深入研究，所以 B2B 应该充分利用并加以推广。

⑤ 提供代理采购、验货、担保、招标、品牌包装、专家咨询等业务。

虽然大家各司其职能够更好地发挥优势，但是这样不利于全面地掌握整个交易流程。如果 B2B 能够为企业提供一条从生产到销售的一条龙服务，则更有利于节约成本和时间。有效的服务可以保障 B2B 走得更高更远。

要想充分发展 B2B，可以从很多方面进行分析和了解，以上五点只是比较可观和占据一定地位的发展趋势，其实我们还可以进行专业细分，专业的人做专业的事也有利于提高生产效率，同时还可以发展潜在客户群，进行人员创新。

【海尔集团网站应用案例】

海尔集团(ww.haier.com)创立于1984年，经过多年来的持续稳定发展，已成为海内外享有较高美誉的大型国际化企业集团。产品从1984年的单一冰箱发展到拥有白色家电、黑色家电、米色家电在内的96大门类15100多个规格的产品群，并出口到世界160多个国家和地区。2003年，海尔全球销售额实现806亿元。2003年，海尔蝉联中国最有价值品牌第一名。2004年1月31日，世界五大品牌价值评估机构之一的世界品牌实验室编制的《世界最具影响力的100个品牌》报告揭晓，中国海尔唯一入选，排在第95位。排行榜上，可口可乐荣登榜首，麦当劳排名第二，诺基亚排名第三。

海尔集团坚持全面实施国际化战略，已建立起一个具有国际竞争力的全球设计网络、制造网络、营销与服务网络。现有设计中心18个、工业园10个、海外工厂及制造基地22个、营销网点58800个。在国内市场，海尔冰箱、冷柜、空调、洗衣机四大主导产品的市场份额均达到30%左右；在海外市场，海尔产品已进入欧洲15家大连锁店的12家、英国前10大连锁店。在美国、欧洲初步实现了设计、生产、销售“三位一体”的本土化目标。海外工厂全线运营。

为应对网络经济和加入WTO的挑战，海尔从1998年开始实施以市场链为纽带的业务流程再造，以订单信息流为中心带动物流、资金流的运行，加快了与用户零距离、产品零库存和零营运成本“三个零”目标的实现。业务流程再造使海尔在整合内外部资源的基础上创造新的资源，目前，海尔物流、商流、制造系统等都已在全球范围内开始社会化运作。2002年，海尔创造新的资源，在家电、通信、软件、金融等领域大展身手。2003年，海尔获准主持制定四项国家标准，标志着海尔已经将企业间的竞争由技术水平竞争、专利竞争转向标准上的竞争。

海尔网上商城贸易栏目的开通，标志着海尔企业电子商务发展的新阶段。这一栏目产生的本身，就说明了中国企业在走过了几年的电子商务发展初级阶段后，已经开始真正步入电子商务的纵深领域。

海尔网上商城采用智能化集成电子商务平台，使多媒体技术、对象数据库技术和Web技术相结合，构成了一个含有大量文字、图片、录像信息，并且与三维虚拟场景交互的面向Internet的多媒体数据库应用系统，实现了基于Web的产品定制与导购功能。海尔网上商城全面展示海尔的在销产品；提供灵活多样的查询手段，通过对产品的详尽介绍，科学地引导顾客购物，迅速定位顾客所需要的产品；方便的支付方式和完善的物流配送，使客户真正体会到网络消费的便捷和实惠。用户可以方便地在网上按照个人需要实现各种产品的自行组配，从而使海尔缩短了与用户的距离，最大限度地满足了用户的个性化需求。

在信息化的进程中，中国的民族工业面临着市场和观念的挑战。传统的观念和传统的生产管理方式依然存在于中国的大部分企业中，这种情况直接影响着企业信息化的进程。但是，越来越明显的全球一体化的市场却要求企业加快信息化的步伐。挑战的同时也是机遇，如果企业能够在市场中明确自己的位置，加强创新意识，改变观念，改进传统的生产管理模式，就能够“一步到位”地跟上信息时代发展的步伐，减少不必要的“逐步摸索”的投资。海尔正是信息利用的典范。

海尔网站几乎每层每页都围绕“海尔”展开，意在向世人全方位介绍其企业与产品。作为一个年轻、迅速发展并致力于全球化的企业，员工主动参与是海尔文化的最大特色。当前，海尔的目标是创中国的世界名牌，为民族争光。这个目标将海尔的发展与海尔员工个人的价值追求完美地结合在一起，每一位海尔员工将在实现海尔世界名牌大目标的过程中，充分实现个人的价值与追求。

9.3 信息服务业电子商务应用

9.3.1 信息服务业的概念

当今是知识经济时代，经济形态与农业化和工业化的社会十分不同，形成这种经济模式的主导力量就是信息化。个人、企业和政府的经济行为都受信息的深刻影响，生产、销售、服务、创新、管理和决策等经济行为过程都要以一定量的信息获取和信息处理为前提。从社会整体看，国民经济信息化分为软硬两个环境。硬件环境主要指高效的信息处理设备的广泛应用和大容量的信息传输渠道的广泛建立；软件环境主要指信息收集、信息挖掘、信息提供等的产业化和专业化，统称为信息服务业。

在互联网时代，现代信息技术极大地提高了信息处理和信息检索的容量和效率，使信息加工的层次不断深化，范围不断扩大，质量不断提高。从联机信息服务到Internet，每一阶段都有新型的信息服务方式和手段出现，信息服务业的业务也在随之发生变化。当今时代以Internet为主体的信息高速公路已经渗透到社会生活的各个领域，实现了从个体化向集成化、区域化向全球化的过渡。在网络时代，人们可以忽略时空、国别、机构、文化的差异，实时地传递、交换和共享各种信息资源。同时，带来了信息生产量和信息需求量的大幅增长，这都导致对信息服务业需求量的迅速增加。

信息服务业的众多企业都在密切关注和积极探寻网络环境下所提供的新型信息服务手段与方式，信息服务业在借助Internet提供新型服务的业务上浮现出大量商机，也取得了巨大的成果，一些信息服务的业务方式发生转型，一些信息服务的业务内容则从无到有产生出来。提供信息检索和咨询服务的企业通过Internet扩展信息收集的渠道，并通过Internet把自己的服务产品更方便、迅速和廉价地传递到用户手中，整个业务向Internet迁移；同时，Internet上的新闻发布、大众媒体、网络门户和虚拟社区等新型信息服务业务层出不穷。所有这些通过Internet展开信息服务业务的传统的和新兴的信息服务业统称为Internet内容提供商，即ICP（Internet Content Provider）。Internet上的信息产品根据收入来源分为三大类：第一类是广告信息产品，提供各类免费信息或功能，吸引用户访问，主要依靠广告收入；第二类是增值信息产品，提供专业数据库，如商情、金融实时行情，靠年费、会员费收入等；第三类是电子商务信息，收入来源于成交佣金。

9.3.2 信息服务业的种类

ICP 按服务对象和提供的信息内容等分类，主要包括网上媒体运营商、信息咨询商和信息发布代理商。

1. 网上媒体运营商

网上媒体运营商主要面对普通的上网用户，通过免费为上网用户提供信息服务来聚集消费者。普通用户通过自己的浏览器输入媒体运营商的 Web 网址，进入其服务网站即可获得媒体运营商提供的信息。这些免费的信息服务主要包括分类新闻、Internet 上的信息目录分类、Internet 上的网页和网站搜索、个人的个性化信息服务配置、聊天室和分类广告等。

网上媒体运营商提供的信息内容和服务方式如同传统的报纸、杂志和电台、电视台等大众传播媒体，同时网上媒体运营商的收入来源结构也与传统的大众媒体十分相似，主要来源是广告收入和将网上用户吸引至交易网站并成交的引至费。

Internet 上的信息浩如烟海，网站目录导航和搜索引擎服务是普通上网用户的首选网站服务项目，Internet 搜索引擎的概念与通常所说的文献数据库检索不一样。网上媒体运营商提供的网站目录导航和搜索引擎服务更像一个黄页，其目的不是直接为上网用户提供所需的信息，而只是为用户寻找那些可以提供用户所需商品或服务的网站地址和相关说明，即 Internet 搜索引擎的目的是帮助人们寻找信息源。例如，我们希望在 Internet 上查找关于电子商务的详细材料，可首先通过 Yahoo、Google 等网上媒体运营商提供的网站搜索服务找到有哪些企业、组织和个人的 Web 网站能提供有关电子商务的资料，再链接到该网站去具体查看它们所有的内容，在这里，搜索引擎提供的只是信息导航的功能。

对网上媒体运营商来说，塑造网络品牌的实质是树立用户忠诚度，而免费资源和个性化服务是最直接有力的武器。免费邮箱、免费个人主页、免费电子刊物、各类免费邮件等大行其道。微软高价收购 Hotmail，仿佛一夜之间让人醒悟，只要遵循信息经济学的规律，首先获得广大网民的注意，ICP 信息资产的兑现价值终将体现，于是为网民提供广泛的免费资源服务成为网上媒体运营商的必备条件。网上媒体运营商通过搜索引擎服务、免费资源服务和个性化信息设置服务，为其广告客户创造了新的广告和营销方式。

2. 信息咨询商

信息咨询商主要是为企业界提供战略规划和决策咨询服务，它们的优势在于信息占有量大，对信息进行二次开发的信息挖掘能力强。针对不同用户，企业的业务范围不同，信息咨询商在营销、管理和人员培训等方面有不同的信息支持，可进行个案深入研究。目前信息咨询商在 Internet 上能提供给企业用户的还只是一般的个案信息、市场预测和日常的人员培训等，这些信息的收费方式主要是会员制。重大的战略规划和决策支持还需一段时间才会迁入 Internet，但是这种迁入是必然的，只有在 Internet 上才具有展开战略规划和决策支持的多方协同工作环境。

在信息量迅速增加的环境下，政府和企业的决策者面临的困难不是没有信息，而是信息太多，对决策真正有用的情报被淹没在信息的海洋中，需要信息专业人员去大浪淘沙。从未来的发展趋势看，数据库和其他信息产品的生存并不取决于它们是否提供了原始信息，而在于它们是否提供了具有高附加值的信息，社会需要智能型的高质量战略信息服务。在激烈的市场竞争环境中，政府和企业需要高层次、快速、准确、可为战略决策提供参考依据的信息服务，这就需要信息服务业根据用户需求，提供对大量原始信息进行长期跟踪和深入分析的信息产品，使信息服务向综合信息、统计分析、调查研究和策略建议的方向深化发展。这种层次的信息服务以出售知识和信息产品为主，它应该具有全面性、权威性、全球性、客观性、准确性和先进性，不应参与买方或卖方的任何市场活动，这样才能保持信息服务和咨询服务机构的声誉和实力。这种层次的信息服务商就是信息咨询商。

电子商务环境中的信息咨询商只有充分利用 Internet 和其他信息技术才能做到上述的全面性、权威性、全球性、客观性、准确性和先进性。目前，信息咨询商在信息调查获取阶段和信息提供阶段利用 Internet 展开业务的创新方式已经形成。这些新业务包括：它们在网上媒体的 Web 页面上，加入设计独特的信息调查问题，吸引上网群体，可获取恰当的调查数据；它们在自己的专用数据库的基础上加入分类的智能数据挖掘技术，通过 Web 为用户提供基于个案的规划；它们存储用户的信息需求，通过 Web 为用户提供针对某一问题的持续信息支持等业务。

3. 信息发布代理商

信息发布代理商的业务是传统的信息中介代理在 Internet 上展开代理撮合的全新业务方式。传统的信息中介代理，如职业介绍所、房屋置换介绍所和科技成果转让市场等，它们的作用是为交易双方提供一个信息集中发布的市场环境。这些信息只有集中起来才能体现规模效用，使交易主体聚集在这个市场环境中，根据众多潜在的交易对手发布的信息选择适合的交易对手。但是传统的信息发布代理延迟大、交易双方进行充分选择的信息处理手段落后。Internet 上的信息发布代理商与此不同，它们在网上能为交易主体提供方便的双向信息发布环境，使交易主体进行信息更新和查询的双向信息交流速度加快。交易主体实现撮合的选择余地更大、延迟降低。信息发布代理商的收入通常也是靠发展会员收取年费和交易撮合费，这主要针对企业用户；对个人用户则采取免费提供信息发布环境的方式来聚集交易的另一方，形成信息规模和市场规模。

在市场经济中，交易主体的交易过程分为三个阶段：交易前阶段，查找交易目标和交易对手；交易中阶段，交易主体间谈判条件和达成合同；交易后阶段，保证合同的完整履行。因此，在交易前阶段，交易主体的主要业务是同信息打交道，针对不同的交易方式和交易商品，买卖双方的信息处理需求是非常不同的：有的交易需要的是单向的信息发布，交易的一方以发布信息为主，另一方以接收信息为主，如从卖方到买方的产品广告信息发布，或从买方到卖方的项目招标信息发布；有的交易需要的则是双向的信息发布，交易的买卖双方均大量存在，交易的大多是人才劳务、科研成果、房屋场地等市场上的商品，它们的个性化很强，买卖双方都要大量发布自己的需求或供给信息，同时广泛收集对应的供给或需求信息，才能找到相互满意的交易对手。交易主体通常是借助信息发布中介来实现双向信息发布的，信息发布代理商实际上构成了一个信息集散环境。

在电子商务社会，信息发布代理商的作用更为显著，因为在 Internet 环境中，信息发布更容易，筛选适合的信息更困难，双向信息只有集中流向公正、权威、全面的信息集散地，才能使交易主体间易于进行有效的相互选择。恰恰又是由于应用了 Internet，信息发布代理商才能把收到的信息流立即发布出去，通过网上数据库为用户找到最接近用户要求的交易对手，并及时调整自己的数据库，删掉那些已达成交易的用户信息。因此，近几年，传统的信息中介代理，如职业介绍所、房屋置换介绍所和科技成果转让市场等，纷纷在 Internet 上展开自己的业务，建立 Web 网站，为交易双方提供网上信息发布环境，促成交易达成。

【美国旅游网站经营模式案例】

在美国的电子商务领域，网上旅游正开展得如火如荼，不仅旅游专业网站数量惊人，而且已经形成了类型、功能比较齐全，涵盖旅游业各个方面的网上旅游产业体系。旅游商品及服务的在线销售正在影响着越来越多的家庭、商务旅游者、旅游服务提供商等。投资商也纷纷看好这个市场的巨大潜力，旅游网站建设的投资规模丝毫不亚于其他行业。

目前，美国的旅游电子商务比较集中地体现在网上订购飞机票、饭店预定和汽车租赁服务等方面，同时还有各种旅游团、旅游方式的网上推销和预定。

1．网站的类型

根据网站经营者的业务性质，从事旅游电子商务的网站有以下几种类型。

① 产品或服务的直接提供商，如航空公司中的 American Airline、United Airline、North West Airline 等。

② 中介服务商，也叫在线预定服务代理商。这类网站主要从事代理销售，从中赚取折扣或佣金。

③ 旅游消费者分布十分广泛，因此，像 Yahoo、Excite、Infoseek 等大型的综合性导航台也纷纷开辟了旅游网站。

④ 一般的旅游信息网站，它们虽然不以预定服务为主要服务项目，但也提供预定中介服务。

2．网站的经营模式

(1)信息内容

在美国，无论是哪种类型的旅游网站，其信息内容一般都涉及以下几个方面。

① 景点、饭店、旅游线路等方面的信息。

② 旅游常识、旅游注意事项、旅游新闻、货币兑换、旅游目的地天气、环境、人文等信息及旅游观感等。

③ 与旅游相关的产品和服务信息，以及各种优惠、折扣。

④ 航空、饭店、汽车租赁服务的检索和预定等。

(2)服务功能

从服务功能看，不同的旅游网站的服务功能包括：

① 旅游信息的汇集、传播与交流。

② 旅游信息的检索和导航。

③ 旅游产品和服务的在线销售，包括票务、饭店、餐饮、汽车、旅游组团等。

④ 个性化定制服务，它已成为旅游网站，特别是在线预定服务网站必备的功能。如Expedis、Preview Travel、Travelcity等网站都具有该功能。目前，各网站在这方面的具体做法大同小异，通常是由访问者定义一个账户(用户名和密码)，然后登录，网站会提供类似下面的一些功能选项。

- 客户基本信息，如姓名、电话、电子邮件、住址、护照/签证信息等。
- 信用卡信息，如卡号、有效期、卡的类别等。
- 旅游需求，如用户最希望何时开始旅游，最想搭乘哪个航空公司的哪个航班，最喜欢租用哪种类型的汽车，最愿意住在什么饭店等。这些信息反映了旅游线路的选择标准，服务器在存储了这些信息之后，会根据这些信息帮助客户寻找相关的服务信息，并可随时进行修改和增删信息。
- 修改账户密码，用户遗忘密码时会给出提醒。

这种定制服务可发挥的主要作用有：

- 可以避免在预定过程中重复填写相同的信息，提高预定效率。
- 积累客户的消费额(如飞行距离)，以此作为促销奖励的依据。
- 更有针对性地推送旅游信息，特别是当客户没有找到满意的解决方案时，可以委托服务器监视和跟踪，当有符合标准的信息出现时，及时用电子邮件提醒客户。
- 根据选择的目的地，提供当地的天气、人文环境、旅游特色和货币兑换等信息。

(3)获利方式

不同类型旅游网站的获利方式有所不同，归纳起来有以下几种模式。

① 网站信息量大，信息质量高，能够获得较高的访问率，以此吸引网络广告。这是一般信息网站实现收益的基本思路。

② 提供网上交易功能，从中获得收益。目前在网上销售的产品和服务主要有飞机票、饭店预定、组建旅行团、旅游物品等。

③ 为旅游服务单位提供网上展示服务，收取服务费用。

④ 像许多社区网站一样，很多旅游网站的收入来源于赞助商和伙伴关系等方面。

(4)网站推广

从旅游网站的特点看，旅游网站的推广可以有以下几种方式。

① 在综合性导航台、搜索引擎中注册网址。

② 在相关网站中设置图标广告链接。鉴于旅游消费者的分布十分广泛，所以一个旅游网站的旅游广告其实可以散布在各个领域，例如，温泉浴场的网站广告可以放到美容美发的网站中去，商务旅游预定服务的广告可以放到人才网站上。关键是根据受众特点进行选择，相互交叉是基本的思路和旅游网站广告的特点；而在服务功能方面能够互补的旅游网站之间的相互链接，也是推广网站的好办法。

③ 与访问率高的导航台或搜索引擎独家合作，将预定服务融合在这类网站之中。

④ 通过电子邮件刊物及网上定制服务吸引和维系受众。

3．运作机制

美国旅游网站的网上交易主要体现在预定服务方面。目前提供最多、运作机制比较成熟的就是机票、饭店和汽车租赁等，这也是由美国旅游消费者的需求特点所决定的。

(1) 交易佣金

旅游中介服务网站通过与航空公司、饭店、租车公司等签署协议，或利用航空公司的交易平台，或自行开发平台，然后让服务提供商加盟进来，提供可交易的服务或产品，从中获得交易佣金。

(2) 与知名导航台合作分销

中介服务网站要想赢利，扩大网站的访问量是关键。这就逼着中介服务网站去与访问量大的网站合作，将访问量吸引到自己的网站上来。比如 Preview Travel、Travelcity 等旅游网站都投入上百万美元用以实现在著名导航台上的独家链接。

一些大的门户网站也已认识到旅游市场的价值。目前，全美 10 个访问量最高的网站中的 9 个已经分别与 6 家旅游在线预定网站结盟。

(3) 品牌合作

在美国，6 个最大的在线旅游代理商都有其品牌合作计划，允许任何一个网站成为自己品牌中的一部分，或者双方合作品牌。一些高访问率的网站，会得到分销的回报，其他网站则会在交易中获得一定的提成。

(4) 网络广告

目前，美国的许多预定服务提供商向中介服务网站投入大量的广告，这一行为不仅体现了竞争的激烈程度，而且也是旅游服务网站获得收益的一个重要来源。

值得一提的是，美国的航空公司与旅游中介服务商之间呈现联合趋势。这是由于，航空公司可以从旅游中介服务网站上获得相当数量的客户订单，同时也不必再自行建立一套旅游信息系统，而中介服务商可以提供实实在在的预定服务。目前航空公司给中介服务商的机票佣金一般为每张票 10 美元左右，如 Delta Airlines、American Airline、United Airline 等；其他航空公司则一般付给票面价值的 5%，大约相当于 25 美元，而中介服务机构的交易成本一般在 10 美元左右。作为在线旅游服务提供商，不仅提供在线预定服务，还要回答客户的电话咨询，处理预定变更、客户服务、送票等。

(5) 机票购买与递送

在线销售中介服务商的服务器与航空公司的服务器是在线实时链接在一起的，当机票的优惠和折扣信息有变化时，会实时地反映到中介服务商的数据库中。

目前，在线交易只允许用信用卡购买，这样可以避免恶意订购。而消费者订购的机票则只送到信用卡备案中记载的地址，递送费用需要额外支付。用户经常选用的递送方式是根据约定的递送时间分别使用平信和快递，其中使用最多的是美国联邦快递和 UPS。至于消费者关心的安全问题，一般都使用 SSL 加密和不滥用客户资料的法律性质的承诺。

(6) 优惠策略

人们选择在线方式来购买和预定旅游服务，是基于以下几个基本因素。

① 航空公司、饭店和汽车租赁一般都会在一定条件下给出具有诱惑力的折扣或优

惠，这是市场竞争的结果。

② 在线销售商可以将众多的折扣和优惠信息加以汇集并使之有序化，这样预定搜索引擎便可以让消费者在信息的海洋中实现高效率的检索查询。

③ 根据消费者的需求，为客户挑选性能价格比最优的旅游线路和飞机、饭店、汽车租赁等消费方案。

④ 这类网站提供了有助于旅游的信息，比如旅游目的地、旅行方式及注意事项等。

⑤ 这类网站一般提供常见问题解答，指导消费者制定最佳的旅游计划，如飞机票、饭店和租车价格变动的影响，一些特殊情况出现后应该怎样处理等。

⑥ 这类网站的信息质量非常高，几乎包容了美国人能够到达的所有目的地的信息。

9.4 电子政务

电子政务在英文中称为 E-Government，简写为 E-Gov。电子政务是政府部门运用先进的电子信息技术手段(计算机、网络、电话、手机、数字电视等)，以实现政务信息数字化、政务公开化、办公高效化、服务网络化等为目标，将管理和服务通过网络技术进行集成，向社会提供优质和全方位的、规范而透明的、符合国际标准的管理和服务的过程。电子政务是在吸取了电子商务的经验基础上发展起来的基于 Internet 的应用。

9.4.1 我国电子政务的发展和面临的主要问题

我国电子政务的发展起源于 20 世纪 80 年代初，大致经历了以下四个不同的发展阶段。

(1) 办公自动化阶段

这一阶段的主要特点是利用计算机替代部分手工劳动，提高政府文字、报表处理等工作的效率。但由于早期计算机设备价格昂贵，软件易用性差，因此该阶段普及较慢，有一部分人误将过去的“办公自动化”与现在的“电子政务”混为一谈，直到 80 年代末期，全国各地不少政府机构建立起了各种纵向或横向的内部信息网络，有了专门的信息中心，才为提高政府的信息处理能力和决策水平起到了重要的作用。

(2) “金字工程”实施阶段

这是 20 世纪 90 年代我国政府信息化建设进一步加快的标志。1993 年 12 月，我国政府成立 “国家经济信息化联席会议”，确立“实施信息化工程，以信息化带动产业发展”的指导思想，正式启动“金卡”“金桥”“金关”等重大信息化工程。这些工程都由中央政府直接领导，以加强信息化基础设施建设为重点，以保证国民经济重点领域的数据传输和信息共享为主要目的。紧随“三金工程”之后的是“金税工程”，它是为了配合中国财税体制的改革，推行以增值税为主体的流转税制度，严格税收征管，杜绝税源流失而实施的一项全国性的信息化工程。除此之外，近年来国家又启动了“金审工程”“金盾工程”“金卫工程”等新的“金字工程”。这些工程的相继完工，将会对我国的政府信息化建设和电子政务发展起到直接的推动作用。

(3) 政府上网阶段

开始于 1999 年年初的“政府上网工程”，它标志着真正意义的电子政务活动在我国正式启动。“政府上网工程”的主要目的是推动各级政府部门通过网络向社会提供各种公共信息资源，并逐步应用网络实现政府的相关职能，为实现电子政务打下坚实的基础。

(4) 电子政务实质性应用阶段

在这一阶段，电子政务的发展已经不再停留在“概念炒作”“盲目建站”这一层次，而是把发展电子政务与政府职能转变、政府机构改革、依法行政及中国加入 WTO 后政府与国际接轨的现实需要结合起来。与此同时，电子政务的发展也进入整体规划、逐步推进、有序实施的阶段，一改过去技术主导的状态，逐渐把电子技术与政府的各项具体业务紧密地结合起来，使得电子政务的作用与价值得到很好的体现。

中国电子政务的发展经过多年的积累，所取得的成绩是值得肯定的，然而所面临的挑战也是十分严峻的，主要表现在以下几个方面。

1. 政府对电子政务的系统性及其在信息化建设当中的地位认识程度不够，缺乏明确的发展策略

一是不重视软件的开发和政府业务流程的整合，仅是将电子政务当作政府部门的计算机系统，单纯模仿传统的手工政务处理模式，从而使政府部门的计算机设备成为高级打字工具，失去了应有作用的发挥；二是将电子政务简单等同于政府上网，没有将传统的政务工具同网络服务有机地结合起来。

2. 电子政务的发展存在重新建轻整合、重电子轻政务的现象

“电子政务”的关键是“政务”，而不是“电子”。电子只是为政务提供支撑和服务。提高电子政务水平的关键不在于技术，而在于对政府行为、公共管理行为的研究和改进。

3. 电子政务发展的法律法规不完善

电子政务的发展离不开良好的法律法规环境。我国目前电子政务的相关法律法规不健全对于电子政务的制约作用表现得越来越突出。立法的滞后严重限制了电子政务的发展，主要原因一是起步晚，基础薄弱；二是未来形势发展存在大量不确定因素，政府决策需要一定的缓冲期；三是信息技术变化迅速，而电子政务受技术因素影响较大，需要一定的稳定期。

西方一些发达国家，为了促进电子政务的发展制定和颁布了专门的法律法规和行政命令，并可以作为法庭证据加以出示，这是值得我国学习和借鉴的先进经验。

4. 网络安全问题

电子政务不同于电子商务，它涉及很多党政机关的重要文件，其中有些内容甚至关系到国家利益和国家安全。因此，电子政务系统的建设在安全方面有着极高的要求，要从两个方面进行防范。

外部防范主要是黑客入侵和计算机犯罪；计算机病毒的蔓延和破坏；网络自身的脆弱性等。由于政府网络涉及面广，参与人员多，开放性强，技术水平不平衡，管理手段有差别，所以很容易出现安全方面的漏洞。

内部防范主要是工作人员违规操作，造成对政府安全的威胁；工作人员违法犯罪，发生故意窃密行为等。根据国家信息主管部门相关要求，电子政务信息系统平台一般采用政务内网、政务外网和互联网三网模式。其中政务内网和外网之间采用物理方式隔离，政务外网与互联网之间采用逻辑方式隔离，从而将安全隐患降到最低。需特别注意的是，网络内部的安全隐患，最主要的不是技术问题，而是管理问题，因此应多关注对公务员的安全意识和法制观念的教育。

5. 电子政务的发展缺乏统一规划，领导机构不健全

各地电子政务建设各自为政，标准各不相同，缺乏宏观规划和明确的发展目标，主要表现一是体制不顺；二是职能不清，这些都是制约我国电子政务发展的重要原因。

9.4.2 电子政务的主要模式

电子政务所涉及的内容非常广泛，涵盖了传统政务活动的各个方面。根据近年来国外电子政务的发展和我国政府对电子政务的实践，电子政务的主要模式有 G2G、G2B、G2C、G2E 四种模式。

1. G2G 电子政务

G2G 电子政务即政府（Government）与政府（Government）之间的电子政务，它是指政府内部、政府上下级之间、不同地区和不同职能部门之间实现的电子政务活动。它是电子政务的基本模式，具体的实现方式有：政府内部网络办公系统，法规、政策系统，电子公文系统，电子司法档案系统，财政管理系统，电子培训系统，垂直网络化管理，网络业绩评价系统，城市网络管理系统等。

2. G2B 电子政务

G2B 电子政务是指政府（Government）与企业（Business）之间的电子政务。企业是国民经济发展的基本经济细胞，促进企业发展，提高企业的市场适应能力和国际竞争力是各级政府机构共同的责任。G2B 电子政务的形式主要包括：政府电子化采购、电子税务系统、电子工商行政管理系统、电子外经贸管理系统、中小企业电子化服务系统、综合信息咨询服务系统等。

3. G2C 电子政务

G2C 电子政务是指政府（Government）与公民（Citizen）之间的电子政务，政府通过电子网络系统为公民提供各种服务。G2C 电子政务所包含的内容十分广泛，主要模式有：电子身份认证、电子社会保障服务、电子民主管理、电子医疗服务、电子就业服务、电子教育和培训服务、电子交通管理服务等。

4. G2E 电子政务

G2E 电子政务是指政府（Government）与政府公务员（即政府雇员，Employee）之间的电子政务。它是政府机构通过网络技术实现内部电子化管理的重要形式，也是 G2G、G2B 和 G2C 电子政务模式的基础。G2E 电子政务主要利用 Intranet 建立起有效的行政办公和

员工管理体系，为提高政府工作效率和公务员管理水平服务。具体的应用主要包括公务员日常管理和电子人事管理等。

9.4.3 佛山市南海区电子政务的应用案例

我国 1999 年提出“政府上网工程”，被业界专家视为一种基础性设施投入和信息经济意识的启蒙。佛山市南海区政府就是在这一年建设电子政务网，进入电子政务时代的。在基于 Notes 进行开发的公文交换系统上，主要进行收发公文、文档管理及资源管理等。通过全面推行电子政务管理和服务，有力地推动了信息技术的广泛应用，提高了全市信息化水平，并在电子政务的探索之路上，为后来者提供宝贵的应用经验。

随着整体网络应用水平的不断提升，以及业务需求的不断增加，旧有的办公自动化系统逐渐显露出它的不足，一方面其技术有所落后，另一方面其功能无法全面满足目前的应用需要。南海区政府迫切需求开发新系统，于是组织人力、物力重新开发了新的电子政务系统，并在总结以往经验的基础上，提出了相关开发要求，包括机关电子政务系统、机关公文网际交换系统及图片管理系统各自的需求，同时也全盘考虑了整体电子政务体系的开放式架构，为未来需求的增加和技术的发展留有拓展空间。

经过反复论证、层层选型，南海区政府选择了 BEA 公司提供的 WebLogic Server 作为新系统的运行平台。完成后的新电子政务系统具备以下特点：统一、简便的开发方法；业界领先性能及可伸缩性，并具有自动修正功能基础；简便的智能化管理；开放式企业架构。完成后的新政务系统在开发性、稳定性和高效性等方面都得到了用户的一致好评。

新系统的统一安全框架提供面向全国的电子政务系统，它全面符合国家有关信息安全的政策法规，是核心技术自主的整体安全解决方案，能够充分适应互联网、政务专网、内部网的多层次的安全要求。

南海区政务系统涉及的三个重点系统如下。

1. 机关电子政务系统

采用 B/S(Browser/Server，浏览器/服务器)体系为主的结构建设。以 Web Services 技术将现有的各行业、各级、各部门单位的信息系统互联，实现“安全数据共享，可信业务互联”，同时为公众提供 Web 服务。主要有：

① 社会公众可以方便地在线交互。社会公众是机关电子政务系统的一类重要用户，他们通过使用机关电子政务系统的政府门户网站获得政府信息，其投诉、要求、意见、建议、表扬和咨询可获得政府门户网站五种方式的反馈，即网站直接答复、无线短信、电子邮件、普通信函和电话。社会公众与行政机构的交互和交流通过机关电子政务系统的政府门户网站得以实现。

② 行政机构拥有了顺畅的交流手段。行政机构和公务员是机关电子政务系统的另一类用户。对于通过政府门户网站形成的社会公众事务，行政机构和公务员参与处理的方式多种多样，可以是单个公务员直接处理，由机关电子政务系统的后台 OA 功能模块完

成；也可以是单个行政机构中的几个科室共同处理，由机关电子政务系统灵活定制的业务流程机制完成；还可以是数个行政机构的协同处理，由机关电子政务系统协同流程和无缝接入各级公文交换系统完成。

③ 政府网站具有全面的功能、流程支撑。这样能够有效提高政府的工作效率。

2. 机关公文网际交换系统

机关公文网际交换系统按照 B/S 三层体系进行构建。中间件采用 WebLogic 平台，后台数据库采用 Oracle 8i，数据的传送采用 HTTP 协议。它可方便穿越防火墙进行数据交换，将附件、相关发送信息写入数据表中；还可根据对接收者登录信息的判断在页面中将相应的资料显示给接收者。

客户端无须安装软件，通过浏览器的方式即可完成全部操作过程。机关公文网际交换系统的功能模块包括网际收文管理、网际发文管理(发文、文件追踪、文件追回)、收发便函管理、转发文管理、用户管理及短信通知等。在南海区新的机关公文网际交换系统中，有两个比较突出的功能：一是精确实时跟踪技术，清晰指示电子公文当前和历史接收情况，精确到“秒”的时间数量级，详细统计已收文单位和未收文单位；二是误发文档追回技术，快速追回误发电子文件，并保留误发电子文件的历史接收记录，可准确评估误发的后果。保留操作记录，使操作具有不可抵赖性。

由于目前国内的网络环境迅速改善，网络使用成本下降，各单位的局域网都能方便地连接到政务专网或互联网上，客观形成了基于 B/S 三层体系构建机关公文网际交换系统优越的应用条件，这种低成本的 B/S 模式的电子公文交换系统将取代基于邮件系统模式的电子公文交换系统，成为未来基层应用的主流。

3. 图片信息管理系统

图片等多媒体的收集、整理、登记、归档和存储，汇集形成可以利用的信息资源，并使之能够交流和交换是档案工作、年鉴工作等电子政务的重要工作内容之一。佛山市南海区的图片信息管理系统具有以下创新特点。

① 电子政务与电子商务有机结合。新系统具有图片资源管理和图片商务交易管理模块，能对图片进行搜索、查询、下载、购买等操作。在完成图片信息管理过程中，对图片信息资源进行挖掘和启动，使之产生经济效益，这无疑是重要的电子商务应用。两者有机结合，既能产生社会公共效益，同时又可产生经济效益。

② 拓展管理内容与功能。新的图片信息管理系统可将管理范围拓展到图片、声音、影像等多媒体信息。

③ 一体化的后台支撑功能。整个电子政务系统对于图片信息资源的需求是庞大的，在新的图片信息管理系统中，后台支撑功能强大有力，同时其一体化的特点可以大幅降低管理成本。

佛山市南海区是我国最早进行电子政务系统实施的试点城市，新的电子政务系统完成后，多位国家领导人进行了视察并予以充分的肯定，各部委、各省市也纷纷前来考察和交流。专家一致评定该系统已经达到国内领先水平，其创新性值得推广。

本章小结

通过本章的学习，要求了解流通业、工业企业、信息服务业等电子商务应用模式的基本内容；要求了解电子商务在企业竞争中的作用和影响，并明确企业应如何利用电子商务建立自己的竞争优势；要求对信息服务业电子商务应用的特点、类型等有一个较为全面的了解，并熟悉网上信息的发布。

思考题

1. 企业采购过程中的主要工作内容是什么？
2. 公司要实施电子商务时，应对哪些方面进行规划？
3. 电子商务在工业企业中的主要应用在哪些方面？请简述其优势。
4. 电子商务在流通业中的主要应用在哪些方面？请简述其优势。
5. 电子商务在信息服务业中的主要应用在哪些方面？请简述其优势。
6. 电子政务在信息服务业中的主要应用在哪些方面？请简述其优势。

上机实验

1. 结合证券电子商务的特点，登录 Stock2000 网站，体验网站的服务。
2. 从环球资源网上模拟购买一物品，熟悉电子商务操作的网上订购过程。

案例分析

打造中国最大的 B2B 采购电商平台——一呼百应公司案例

1. 公司简介

广州一呼百应网络技术有限公司(www.youboy.com)成立于 2005 年，位于广州经济开发区。旗下现有一呼百应网、有求必应投资管理有限公司和佛山一呼百应网络资讯有限公司。一呼百应公司积累了十多年来中小企业供应链技术研发优势，定位专注于中小企业原材料采购交易的第三方 B2B 平台。一呼百应以“专、精、准”的商贸搜索引擎平台和基于商贸搜索技术的中小企业上下游产业链系统，为全国 4600 多万中小企业用户提供专业精准的商贸信息搜索服务，帮助中小企业零成本利用互联网开展企业电子商务应用，对在信息时代中小企业实现产业升级和转型起到了重要的引导和推广作用。

一呼百应公司刚刚成立时也曾面临不少困境，没有华丽的办公室，也没有充裕的资金。一呼百应创始人兼总裁戴森甚至把房子和车子都卖了，员工当时的工资都是三个月才发一次，但员工从来没有过多的怨言，而是默默地努力，以行动获得成果。在中小企业供应链技术研发和市场服务领域中，一呼百应始终保持领先地位。ALEXA 和艾瑞咨询等第三方权威机构数据排名显示，在中小企业服务数量和规模上，一呼百应是仅次于阿里巴巴的B2B平台。正是企业领导者和团队这种极致专注、破釜沉舟的精神，才让一呼百应公司得以成为如今B2B商贸搜索引擎的佼佼者。

在成长的道路上，一呼百应也曾停下脚步思考。2010年年末，一呼百应从佛山搬进广州新总部。公司发展情况非常好，企业员工从300人高速扩张到800多人，这种扩张的速度在短短半年之内完成。可这直接导致公司管理跟不上，甚至出现严重内耗及管理扯皮。最后甚至出现了800人产生的效益还比不上300人的情况。2012年公司开始不断调整，一年后才重新回归到比较高速发展的轨道上来。经历过风风雨雨的一呼百应终于得以茁壮成长，而这些创业的艰辛经历也成为一呼百应人乃至青年创业者宝贵的经验。2013年，一呼百应已经成功为包含广东地区在内的国内100多万家中小企业提供服务，一呼百应现拥有原材料采购商城一呼百应和供应链互联网金融有求必应两大服务平台，企业注册用户570多万，日均PV 1000多万，日活跃用户量达到20%～30%，平均每日新增注册用户1000余家。2015年年初，总理在两会上提出“互联网+”概念，随后各行各业掀起了“互联网+”热潮。在B2B领域也提出了更高的要求，要切入交易环节，顺应行业需求，业内也将之称为B2B2.0时代。在这样一个历史节点，有宏观的大环境支撑，一呼百应在行业内沉淀累积多年，终于迎来更加高速发展的阶段。

2. 一呼百应原材料采购模式

国内的综合B2B平台一直有着鲜明的特点，阿里巴巴在消费品端，慧聪在工业品端，马可波罗则一直被认为处于B2B搜索引擎一端。一呼百应在B2B行业内深耕了十多年，一直致力打通采购供应链上下游关系，这种模式直击企业采购灰色地带，大力降低企业采购成本，提高企业运作效率，为企业创造了更大的利润。

(1)把采购环节搬到线上，紧密连接供应商与采购商

一呼百应以“原材料采购”这一概念与其他交易平台进行了区隔。原材料采购在B2B行业里有两种解释。其一，采购方本身是原材料的消耗者，也就是说贸易商角色并未被考虑在内；其二，原材料定义了这一流通过程更多在企业间发生，并未触及终端C类消费者。一呼百应对应的是后一种。阿里巴巴、慧聪更多服务于终端消费品、工业品，而专注于原材料采购的一呼百应，在定位上有别于目前的B2B平台。

传统的原材料采购模式有几个显而易见的制约：采购商寻找供应商的方法很原始，不外乎是听朋友介绍，到某类产业聚集区去挨家考察询价或者上网搜索。完成一家优质供应商的考察，至少需要一周时间。采购关系一旦达成，采购商不会轻易更换供应商，也因为如此，采购商的议价能力受到一定限制。此外，采购过程没有实现信息化，管理效率较低，容易给采购人员留下灰色地带。

人工撮合成了交易时代B2B的一大特征。钢铁、塑料行业近期获得融资的B2B初创企业几乎均采用这一模式。慧聪作为综合平台，同样在几个属性相似的行业开展人工撮合，试水交易。不同于此种模式， 一呼百应用了很多时间研究和思考生产制造型企业采购部门的痛点，把对采购部门的服务全面融入原材料采购线上交易中。在一呼百应精心

设计的商业模式中，为采购商提供的第一个价值，是可以直接降低采购成本。只要将采购环节搬到线上完成，一呼百应就按照交易额1%的比例给采购商发放补贴。比如，一笔100万元的原材料采购，可返还1万元，相当于采购成本降低了1%。

一呼百应的采购平台还能帮助采购商完成备选供应商库的甄选和建立。实现线上采购之后，原有的采购商和供应商关系不变，但是别的供应商得知商机，会将报价等信息发送过来。在此过程中，采购商能建立备选优质供应商库。如果原来的供应商突然涨价或供应短缺，采购商可以立即启动备用供应商。

在线交易带来的采购大数据为企业采购决策管理提供了依据。由于实现了线上采购，所有的采购数据都会保留在系统中，采购人员不用再到处翻查单据。一呼百应阳光采购系统还具备库存警戒提醒功能，如果库存低于警戒线就会提醒采购人员，就连货物在途运输时间也计算在内。

(2) 以商机分发为赢利模式，不卖流量只卖商机

一呼百应最重要的赢利模式是商机分发，百度和阿里巴巴最大的赢利模式是流量分发，平台达到天量访问量，然后把流量卖给入驻商户。

一呼百应采购平台拥有海量的供求信息，这些是商机分发的基础。比如采购茶壶，采购信息发布以后，一呼百应系统就会自动匹配供应这种茶壶的供应商，把这个采购信息分发给他们。商机分发基于确切的供求信息，比流量分发投放更为精准。一旦用户养成习惯，平台会进入“自生长”阶段。一旦越过盈亏平衡线，利润率将呈几何级增长。这种模式的秘诀在于充分运用平台的大数据来分析采购商的采购行为、供应商的原材料供给情况，将采购商的需求以商机的形式推送给对应的供应商；对商家来说，商机就是刚需，而平台则开发商机浏览支付系统，如果供应商点开链接浏览商机信息，平台按照点击量进行收费。

一呼百应采购商城的商业模式由技术服务费年费、认证费及交易佣金组成。采购商城已研发上线商机分发系统，交易平台会根据后台大数据自动匹配，系统推送采购信息给入驻商城的优质供应商，更好地服务于平台采购商和供应商。一呼百应并没有配置大量行业的买手从事垂直行业的人工撮合，这与其自动化、平台化的发展特征一致。

(3) 供应链金融，解决中小企业三角债问题

根据其他B2B平台的经验，真实良好的交易数据沉淀将带来巨大的衍生金融服务的机会。对于一呼百应来说，对接的是其旗下有求必应平台。有求必应金融是基于采购商城交易大数据沉淀而衍生出的供应链金融服务，主要是帮助一呼百应采购平台上570多万家企业用户及广大中小企业解决应收应付账款和企业三角债问题。

有求必应金融是专门针对中小企业供应链金融服务的互联网金融服务平台。其商业模式是基于一呼百应原材料采购商城平台570多万中小企业注册用户交易数据和企业传统供应链生产采购的上下游交易记录、银行交易流水等行为大数据支撑，以供应链应收应付账款为主的供应链金融。一呼百应的交易模式，与整个行业的发展趋势相符。整个B2B行业通过交易-金融模式取代以往的会员费模式，为效果付费本身会受到平台两端的欢迎。一呼百应采购商城制定了首批一万家VIP用户入驻的计划，就目前统计数据来看，自2015年5月18日开始发邀请码起，已参加报名的企业有4191家，年意向采购额达243.5

亿元，其中不乏雪莱特这样年采购额2.5亿元的企业已确定把采购搬到线上。金融方面，有赖于在线交易流水、后台大数据打通及与第三方银行金融机构的战略合作，有求必应金融的业务也在持续发力。但如何把交易-金融做得更落地，对服务的企业提供更大的助益，一呼百应仍需要长时间摸索。

思考题：

1. 一呼百应公司网站应用的主要特点是什么？
2. 你如何看待一呼百应公司的运营模式？

第10章 电子商务职业规范与法律法规

学习目标

1. 了解电子商务从业人员的职业道德规范。
2. 把握电子商务立法原则。
3. 了解《电子签名法》《合同法》《电子商务法》中有关电子商务法律的内容。

引例

"首例微信传销案"——打着"月入百万"旗号敛财

国内首例微信传销案，自称"亚洲催眠大师"的陈某打着"月入百万"的旗号，在南京、上海等地授课，教人使用微信，并让大家购买这些课程的代理权、发展新会员，借此敛财460多万元。该微信传销案在南京玄武法院审理，法院一审宣判，陈某犯组织、领导传销活动罪，判有期徒刑八年，罚款十万元，并退赔受害人损失。

【律师点评】对此，国内知名律师、《2015—2016年度中国互联网+法律报告》联合主编、中国电子商务研究中心特约研究员、北京盈科(杭州)律师事务所方超强认为：

该案实质上是以微信为传销工具的传销犯罪案件，分析该案，我们既要看到传统传销的特征与模式，也要认识到在互联网背景下传统传销的隐蔽性。

传统传销具有以下几个特征：①介绍加入，即必须通过传销员介绍，才能加入传销队伍，通常这种加入还伴随着缴纳费用或认购价格虚高的产品；②组成网络，介绍加入的目的是通过这种介绍，形成"上线""下线"隶属关系，组成传销网络；③复式计酬，传销员可以从其个人销售产品或服务中获取报酬，也可以将其直线下家销售业绩作为计酬依据获得报酬，还可以将直线的二级下线的销售业绩为依据计提报酬；④编造暴富神话；⑤人身强制和洗脑，对加入传销组织的人进行集中授课、交流谈心，同时伴随一定的人身自由限制。

但从本案情况来看，由于以互联网的方式进行传销，此案的人身强制、洗脑、严密网络等传统辨识度较高的传销特征并不凸显，但这并不意味此等行为便不构成传销。判断是否为传销不应仅凭经验判断，还需要回归法律的规定。

《刑法》第224条关于组织、领导传销的界定如下：组织、领导以推销商品、提供服务等经营活动为名，要求参加者以缴纳费用或者购买商品、服务等方式获得加入资格，并按照一定顺序组成层级，直接或者间接以发展人员的数量作为计酬或者返利依据，引诱、胁迫参加者继续发展他人参加，骗取财物，扰乱经济社会秩序。

在结合法条规定下，最简单的判断标准则是从立案标准出发，判断人数是否在三十人以上且层级是否在三级以上。

对此，国内知名律师、《2015—2016年度中国互联网+法律报告》联合主编、中国电子商务研究中心特约研究员、辽宁亚太律师事务所董毅智律师认为：

微商势危，2016年当各大微商团队纷纷陷入传统渠道的顽疾，压货、串货、产品质量较低、偷税漏税时，微商势危已成定局。

先天的缺乏监管、缺乏法律保障，微商经营与我国现有的《消费者权益保护法》《产品质量法》《税收征管法》等法律法规存在着诸多的不确定性，游离于法律界定之外，当消费者与微商运营者产生消费纠纷、出现质量问题时，会投诉无门，维权成本过高。在现有的我国法律框架下无法解决相关的纠纷，微商容易成为“法外之地”，而且更为严重的是，按照我国的税收制度，微商的经营者是否应当缴纳相关的税费，如何缴纳，缴纳后所增加的成本是否会破坏整个微商的价格体系，其市场能否保持都将是今后所有互联网法律人士关注的焦点。

（资料来源：中国电子商务研究中心 http://www.sohu.com/a/76841215_169042）

10.1 电子商务从业人员的职业道德规范

电子商务职业规范是从提高从业人员职业素质入手，通过降低人为因素造成的损害促进电子商务的顺利发展；电子商务法律规范是在依法治国的前提下，通过建立健全电子商务法律法规，用法律的强制性保证电子商务的健康发展。

网络世界是虚拟的，也是难以控制的；或者虽然可以控制，但由于成本太高而无法实施。这就为开展电子商务带来了潜在的安全隐患。据公安部公共信息网络安全监察局调查，计算机病毒仍然是危害我国信息网络安全的主要问题。因此，提高电子商务从业人员的职业道德，规范其业务行为，是营造电子商务良好业务环境的必要基础。

10.1.1 职业与职业道德

1. 职业的含义

职业是人们维持生计，承担社会分工角色，发挥个性才能的一种持续进行的社会活动。职业也可以理解为人们参与社会分工，利用专门知识、技能为社会创造物质财富或精神财富，获取合理报酬，作为物质生活来源，并满足精神需求的工作。电子商务的发展已经使其从业人员在承担社会分工的基础上，获得了合理的报酬，并发挥了个性才能，是一门新兴的职业。近年来，电子商务就业规模日益壮大，电子商务与实体经济融合发展加速，带动了更多人从事电子商务相关工作。据电子商务交易技术国家工程实验室、中央财经大学中国互联网经济研究院测算，2018年，中国电子商务从业人员达4700万人，同比增长10.6%；2019年我国电子商务行业从业人员突破5000万人。

2. 职业道德的含义

狭义上，职业道德是指在一定职业活动中应遵循的，体现一定职业特征的、调整一定职业关系的职业行为准则和规范。职业道德的主要作用是通过调节职业关系，维护正常的职业活动秩序。作为道德在职业实践活动中的具体体现，企业员工职业道德的基本内容有爱岗敬业、诚实守信、遵纪守法和奉献社会。

10.1.2 电子商务从业人员的职业道德规范

电子商务从业人员在工作中应遵循以下基本规范。

1. 立足本职，精通业务

干一行爱一行是做好本职工作的前提条件，因此敬业爱岗，踏踏实实做好本职工作，既对社会有所贡献，创造业绩，同时也实现自我价值。电子商务是多学科的综合应用，涉及的知识面广，技术复杂，只有精通业务才能干好这一行。

2. 按章办事，不谋私利

规章制度是企业员工的行为准则，无章可依、有章不依，都会阻碍企业的发展；电子商务企业只有建立并执行严密的规章制度，才能减小制度风险，杜绝因私废公现象。

3. 文明礼貌，优质服务

虚拟的网络世界形成时间比较短，参与各方也可能从未谋面，但基本的网络礼仪是必须具备的，尤其是电子商务从业人员，只有通过文明待客，提供优质服务，形成良好的客户关系，才能顺利开展业务活动。

4. 诚实守信，用户至上

对网络交易安全的担心，始终困扰着电子商务的发展，尤其在商业信用欠缺的我国，注重信誉、诚实经营是吸引网络用户、推动电子商务发展的根本保证。用户至上是诚信经营的具体体现，用户的需要得不到满足，企业的利益也就无法实现。

10.2 电子商务所涉及的法律问题

电子商务法律规范，是指调整以电子交易和电子服务为核心的电子商务活动所发生的各种社会关系的法律规范的总称。在实践的基础上，人们发现电子商务发展的主要障碍不是来自技术和经济活动方式，而是来自政策和法律。由于电子商务的技术基础是计算机及互联网络，因此电子商务的管理在很大程度上依赖于网络服务商（包括ISP和ICP），而网络服务商本身是一个非政府机构，而且数量众多。因此，网络上的交易活动受政府监管的可能性大大降低了，传统的法律框架已不适应电子商务发展的需要。

10.2.1 电子商务带来的法律新问题

1．电子交易的基本规则

电子商务的参与者主体之间必须建立起一套共同遵守的商业规则，且这种规则要为各国法律所确认。这些规则包括：电子商务合同订立和生效的时间、地点，电子商务文件的证据效力，争端的解决方式及电子商务纠纷的司法管辖权问题等内容。

2．电子商务中的知识产权保护

电子商务不可避免地涉及知识产权问题，如域名、计算机软件、版权、商标等诸多问题。这些问题单纯地依靠技术手段是无法进行充分有效的保护的，必须建立起全面的法律框架，为权利人提供实体和程序上的双重法律保护依据。

3．电子商务税收

电子商务的虚拟性和无国界等特征，使得各国基于属地或属人原则建立起来的税收管辖权面临挑战；而且，电子商务时代的纳税主体、客体、纳税环节等概念发生了很大变化，因此，电子商务税收法律必须修改。

4．保护隐私权

电子商务既要实现信息共享，又要防止滥用个人信息。所以要对商品及服务供应商、网络服务商收集、加工、储存和使用个人信息的行为进行规范，防止因隐私权问题而影响电子商务的健康发展。

5．确保交易安全

现有的加解密技术、防火墙、安全协议等对保证电子商务交易安全是远远不够的，还要通过立法保障通信网络顺畅、信息系统的安全，确保信息的真实性和保密性及防止非法修改等，增强用户对网络交易的信心。

6．电子结算的规范

结算系统的规范涉及资金转移的安全、结算结果的法律效力、结算工具的形式及法律效力和反洗钱等内容。安全、规范的结算体系需要强大的法律后盾作为支持，才能有效运行。

7．争议与纠纷的解决

因电子商务活动而产生的纠纷仍然无法用传统法律解决。证据的法律效力、证据的采信、证据的保存等是首先要解决的问题；其次是法律救济，在电子商务活动中利益受到侵害的一方应了解采用什么样的形式和内容去实现法律救济，维护自身权益。在此基础上，再规范解决争议和纠纷的途径、机构及解决争议和纠纷的方式等。

除上述法律问题外，电子商务中涉及的法律问题还有：CA认证机构的规范、网络广告行为规范、网络信息发布的审查与管理、网络经营者的法律责任等。

10.2.2 电子商务的立法原则

为不断完善中国电子商务发展的法律环境，电子商务立法应遵循以下原则。

1. 促进性原则

促进性原则是指法律对电子商务的干预应是最低限度的，以免由于过度干预而阻碍电子商务的发展。电子商务法的首要任务是促进电子商务的发展。电子商务法不仅要具有一般法律的强制性，更应具有激励性；通过建立各种激励法律机制，如鼓励与电子商务相关的技术发展和技术标准、税收、市场准入等，创造一种比较可靠的法律环境，平等对待基于书面文件的用户和基于数据电文的用户，促进电子商务和信息产业的发展。

2. 超前性原则

超前性原则是指电子商务立法对电子商务活动可能出现的新领域、新问题、新主体都要做出原则性、概括性、前瞻性的规定，以适应电子商务的技术发展，保持法律的连续和稳定。电子商务的运行基础是信息技术，如信息通信技术、网络技术、加密技术等。随着技术的发展，电子商务也会不断升级。如果立法将电子商务活动依附于某一特定技术(如加密技术)，而相关技术的不断发展将使得建立在先前某一特定技术基础之上的电子商务法律制度(如电子签名)不能适应新技术条件下电子商务对安全的需求。电子商务的技术性特征要求电子商务立法必须采取超前性原则。

3. 国际性和统一性原则

国际性和统一性原则是指电子商务立法能够将国内的法律法规与国际通行的惯例和法律协调一致，避免因立法的国家权利性和国情而阻碍电子商务的发展。目前世界各国采用的法律体系尽管不同，但都是以国家的强制力为后盾的，有明确的地域管辖权。电子商务在地域上的无国界性，要求在立法时应充分借鉴国外先进的经验，同时与国际立法相互协调，使立法最大限度地与国际接轨，得到国际间的认可与遵守。在 WTO 协议下，国际间的经济往来会更加频繁，电子商务的作用也会更强大，参照联合国贸易法委员会制定的《电子商务示范法》，统一协调我国和其他国家的电子商务立法是非常有必要的。

4. 可扩展性原则

可扩展性原则是指电子商务立法要能兼顾以不同的技术为基础的电子商务活动，从本国实际情况出发，为电子商务的规范发展留有一定的空间。我国的企业性质多样，开展电子商务的基础各不相同，而且电子商务涉及的领域也越来越广泛，从促进电子商务的角度看，电子商务立法要有一定的中国特色，为各类机构开展电子商务保驾护航。

10.2.3 我国电子商务法律简介

1. 电子商务示范法

1991 年，联合国国际贸易法委员会下属的国际支付工作组，开始负责制定一部世界性的电子数据交换统一法(EDI)。1993 年，该工作组全面审议了《电子数据交换及贸易数据通信手段有关法律方面的统一规则草案》，这是世界上第一部EDI统一法草案。为了解决全球电子商务所遇到的法律冲突，适应各国对EDI的迫切要求，制定时采取了灵活的“示范法(model law)”形式，并决定统一法标题中不再使用“电子数据交换(EDI)”的字样，代之以“电子商务(EC)”，并将《示范法草案》名称改为《电子商务示范法》。

1996年12月16日，联合国国际贸易法委员会第85次全体大会通过了《电子商务示范法》，该法是世界上第一个电子商务的统一法规，其目的是向各国提供一套国际公认的法律规则，以供各国法律部门在制定本国电子商务法律规范时参考，促进使用现代通信和信息存储手段。

《电子商务示范法》共17条，有两部分。第一部分为电子商务总则，即一般条款、对数据电文的适用法律要求、数据电文的传递；第二部分为电子商务的特定领域，主要涉及货物运输中的运输合同、运输单据、电子提单的效力和证据效力等问题。该法对电子商务的一些基本法律问题做出规定，有助于填补国际上电子商务的法律空白。虽然它既不是国际条约，也不是国际惯例，仅仅是电子商务示范的法律范本，但却有助于各国完善、健全其有关传递和存储信息的现行法规和惯例，并给全球化的电子商务创造统一的、良好的法律环境。

2. 电子签名法

《中华人民共和国电子签名法》已由中华人民共和国第十届全国人民代表大会常务委员会第十一次会议于2004年8月28日通过，自2005年4月1日起施行。该法主要解决三大难题：一是确定交易者的身份；二是保证商业信息在传输过程中不被第三方所截取和篡改；三是防止交易者否认某一商务行为是其所为。这也是世界各国电子签名法的设计原则。

首先，确定电子签名与纸面文件上的笔迹签名具有同等的效力。由于电子签名是电子商务中用于鉴别交易各方身份最可靠的方法，因此只有承认其效力，才能使电子商务得以正常开展。我国《电子签名法》第三条规定，在民事活动中的合同或者其他文件、单证等文书中，当事人可以约定使用或者不使用电子签名、数据电文。当事人约定使用电子签名、数据电文的文书，不得仅因为其采用电子签名、数据电文的形式而否定其法律效力。

其次，规范技术标准。加密技术是保证信息传输安全的根本手段，是电子签名的技术基础，而法律不能对技术本身进行干涉。因此，《电子签名法》通过规定统一的技术标准和技术规范，使得电子商务交易各方可以用同样的技术手段发出和接收电子签名，避免不必要的技术障碍。我国《电子签名法》第十三条规定，电子签名同时符合规定条件的，视为可靠的电子签名；第十七条规定，提供电子认证服务，应当具备法定条件；第十九条规定，电子认证服务提供者应当制定、公布符合国家有关规定的电子认证业务规则，并向国务院信息产业主管部门备案。

最后，规范电子商务认证中心。电子商务认证中心可由政府机构或商业证书机构建立。它的主要职责就是接受用户的申请，验证用户的身份，并对用户提交的公钥颁布数字证书。经过数字证书验证的电子签名具备了可查实性。因此，电子商务认证中心肩负着通过对公开密钥颁发数字证书鉴别交易者身份的重要职责。我国《电子签名法》规定认证中心负有身份查验义务、审慎义务和通告、报告的义务。总之，《电子签名法》生效后，确认电子签名的法律效力将不再是司法实践中的问题。

案例：2004 年 1 月，杨先生结识了女孩韩某。同年 8 月 27 日，韩某发短信给杨先生，向他借钱应急，短信中说："我需要 5000 元，刚回北京做了眼睛手术，不能出门，你汇到我卡里。"杨先生随即将钱汇给了韩某。之后，杨先生再次收到韩某的短信，又借给其 6000 元。此后，杨某要求韩某还钱。经过几次催要未果后，杨某起诉至法院。在提起诉讼后，杨某向法院提交了存有韩某借钱短信的手机。韩某的代理人否认发送短信的手机号码属于韩某，并质疑短信的真实性。后经法官核实，杨先生提供的发送短信的手机号码拨打后接听者是韩某本人。而韩某本人也承认，自己从 2003 年七八月份开始使用这个手机号码。随后，韩某代理人表示，短信不能作为证据。而杨某的律师表示，根据 2005 年 4 月 1 日出台的《电子签名法》，手机短信属于法律对"数据电文"的定义，也符合"有形表现所载内容""可以随时调取查用"的认定规则，并要求法院确认短信证据的效力。本案作为《电子签名法》实施后出现的第一例有关数据电文的案件，备受关注。法院最终依据《电子签名法》第八条的规定审查了数据电文作为证据的真实性。在确定能够确认信息来源、发送时间及传输系统基本可靠、文件内容基本完整，同时又没有相反的证据足以否定这些证据的证明力的情况下，认可了这些手机短信的证据力。因此，《电子签名法》第一案在带给我们信息化法制春天的同时，也让我们认识到建立《电子签名法》配套法规体系的紧迫性。

3. 合同法

1999 年 3 月我国颁布了新的《合同法》，其中，涉及电子商务合同的内容如下。第一，法定的合同形式从书面扩大到数据电文形式。《合同法》第十一条规定："书面形式是指合同书、信件以及数据电文(包括电报、电传、传真、电子数据交换和电子邮件)等可以有形地表现所载内容的形式。"也就是说，不管合同采用什么载体，只要可以有形地表现所载内容，即视为符合法律对"书面"的要求。第二，确定电子商务合同的到达时间。《合同法》第十六条规定："采用数据电文形式订立合同，收件人指定特定系统接收数据电文的，该数据电文进入该特定系统的时间，视为到达时间；未指定特定系统的，该数据电文进入收件人的任何系统的首次时间，视为到达时间。"这样，系统对于合同的成立起了很重要的作用。第三，明确电子商务合同的成立地点。《合同法》第三十四条规定："采用数据电文形式订立合同的，收件人的主营业地为合同成立的地点；没有主营业地的，其经常居住地为合同成立的地点。"这一规定适应了传统和现代的需要。

案例：莫先生发现某网上购物平台有抢拍 iPhone 促销活动，此时活动规则并未限制购买数量，于是通过活动拍下 iPhone 8 手机两部。但是之后平台只为第一个订单发了货。莫先生询问原因，平台回复称活动已经修改为每个客户只能拍一部，多拍无效，并且实际以修改过的活动规则为准，拒绝给第二个订单发货。莫先生认为网上订单与合同应有同等法律效力，平台应按照原规则、原订单发货。

2017 年，北京市消费者协会开展调查共征集到电商"砍单"案例 148 件。其中，有超过一半的“砍单”案例发生在平台内商家，其次是电商平台自营和厂家官网。“砍单”的理由主要有商品缺货、操作失误、系统出错、产品质量、订单异常等。调查针对八个大型电商平台的网站页面、注册用户和购买下单过程进行体验，其中有六个网站利用格式条款规定，消费者成功下单并付款后，并不代表双方已建立合同关系，只有商家确认发货后，才算合同成立。有的网站甚至规定，在任何情况下，其对由于商品缺货给消费者带来的任何损失不负任何责任。

4．电子商务法

2018 年 8 月 31 日，第十三届全国人民代表大会常务委员会第五次会议在北京召开，会议表决通过了《中华人民共和国电子商务法》（简称《电子商务法》）。经过四次审议才最终问世的《电子商务法》成为我国电子商务领域首部专门法律，为规范电子商务行为，促进电子商务发展起到了积极的作用。中国正式出台《电子商务法》，2019 年 1 月 1 日正式实施。

电子商务法草案由全国人大财政经济委员会主持，立法效力层次非常高，也为中国电子商务的发展奠定一个基本的法律框架，所以立法涉及的面很广，涉及电子商务经营主体、经营行为、合同、快递物流、电子支付等，以及电子商务发展中比较典型的问题，对此都做了比较明确、具体的规定。对关系消费者生命健康的商品或者服务，电商平台经营者对平台内经营者的资质资格未尽到审核义务，或者对消费者未尽到安全保障义务，造成消费者损害的，依法承担相应的责任。电商平台经营者对平台内经营者侵害消费者合法权益行为未采取必要措施，或者对平台内经营者未尽到资质资格审核义务，或者对消费者未尽到安全保障义务的，由市场监督管理部门责令限期改正，可以处五万元以上五十万元以下的罚款；情节严重的，责令停业整顿，并处五十万元以上二百万元以下的罚款。

全国人大财政经济委员会副主任委员尹中卿、全国人大常委会法工委经济法室副主任杨合庆就《电子商务法》进行了权威解读，并总结了《电子商务法》八大亮点。

(1) 严格范围

因为电子商务具有跨时空、跨领域的特点，所以《电子商务法》把调整范围严格限定在中华人民共和国境内，限定在通过互联网等信息网络销售商品或者提供服务，因此对金融类产品和服务，对利用信息网络提供的新闻、信息、音视频节目、出版及文化产品等方面的内容服务都不在这个法律的调整范围内。

(2) 促进发展

因为电子商务属于新兴产业，所以《电子商务法》就把支持和促进电子商务持续健康发展摆在首位，拓展电子商务的空间，推进电子商务与实体经济深度融合，在发展中规范，在规范中发展。所以法律对于促进发展、鼓励创新做了一系列的制度性的规定。

(3) 包容审慎

目前我国电子商务正处于蓬勃发展的时期，渗透广、变化快，新情况、新问题层出不穷，在立法中既要解决电子商务领域的突出问题，又要为未来发展留出足够的空间。《电子商务法》不仅重视开放性，而且也更加重视前瞻性，以鼓励创新和竞争为主，同时兼顾规范和管理的需要，这就为我们电子商务未来的发展奠定了体制框架。

(4) 平等对待

电子商务技术中立、业态中立、模式中立。在立法过程中，各个方面逐渐对线上、线下在无差别、无歧视原则下规范电子商务的市场秩序达到了一定的共识。所以法律明确规定，国家平等地对待线上、线下的商务活动，促进线上、线下融合发展。

(5) 均衡保障

这些年的实践证明，在电子商务有关三方主体中，最弱势的是消费者，其次是电商经营者，最强势的是平台经营者。所以《电子商务法》在均衡地保障电子商务这三方主体的合法权益，适当加重了电子商务经营者，特别是第三方平台的责任义务，适当地加强对电子商务消费者的保护力度。现在这种制度设计是基于我们国家的实践，反映了中国特色，体现了中国智慧。

(6) 协同监管

根据电子商务发展的特点，《电子商务法》完善和创新了符合电子商务发展特点的协同监管体制和具体制度。法律规定国家建立符合电子商务特点的协同管理体系，各级政府要按照职责分工，我们没有确定哪个部门是电子商务的主管部门，根据已有分工，各自负责电子商务发展促进、监督、管理的工作。在这样的情况下，监管的要义就在于依法、合理、有效、适度，既非任意地强化监管，又非无原则地放松监管，而是宽严适度、合理有效。

(7) 社会共治

电子商务立法运用互联网的思维，充分发挥市场在配置资源方面的决定性作用，鼓励支持电子商务各方共同参与电子商务市场治理，充分发挥电子商务交易平台经营者、电子商务经营者所形成的一些内生机制，来推动形成企业自治、行业自律、社会监督、政府监管这样的社会共治模式。

(8) 法律衔接

《电子商务法》是电子商务领域的一部基础性的法律，但因为制定得比较晚，所以其中的一些制度在其他法律中都有规定，所以《电子商务法》不能包罗万象。电子商务立法中就针对电子领域特有的矛盾来解决其特殊性的问题，在整体上能够处理好《电子商务法》与已有的一些法律之间的关系，重点规定其他法律没有涉及的问题，弥补现有法律制度的不足。比如，在市场准入上与现行的商事法律制度相衔接，在数据文本上与合同法和电子签名法相衔接；在纠纷解决上，与现有的消费者权益保障法相衔接；在电商税收上与现行税收征管法和税法相衔接；在跨境电子商务上，与联合国国际贸易法委员会制定的电子商务示范法、电子合同公约等国际规范相衔接。

10.3 电子商务交易参与各方的法律关系及消费者权益保护

10.3.1 电子商务经营者

电子商务经营者是指通过互联网等信息网络从事销售商品或者提供服务的经营活动

的自然人、法人和非法人组织，包括电子商务平台经营者、平台内经营者及通过自建网站、其他网络服务销售商品或者提供服务的电子商务经营者。

电子商务经营者从事经营活动，应当遵循自愿、平等、公平、诚信的原则，遵守法律和商业道德，公平参与市场竞争，履行消费者权益保护、环境保护、知识产权保护、网络安全与个人信息保护等方面的义务，承担产品和服务质量责任，接受政府和社会的监督。

电子商务经营者销售商品或提供的服务必须符合保障人身安全的要求，符合环境保护的要求，不得销售或提供法律、行政法规禁止交易的商品或者服务。电子商务经营者从事经营活动，需要取得行政许可的，还应当依法取得行政许可；电子商务经营者搭售商品或者服务，应当以显著方式提请消费者注意，不得将搭售商品或者服务作为默认同意的选项。

10.3.2 电子商务平台经营者

电子商务平台经营者是指在电子商务中为交易双方或者多方提供网络经营场所、交易撮合、信息发布等服务，供交易双方或者多方独立开展交易活动的法人或者非法人组织。

《电子商务法》规定，电子商务平台经营者知道或者应当知道平台内经营者销售的商品或者提供的服务不符合保障人身、财产安全的要求，或者有其他侵害消费者合法权益行为，未采取必要措施的，依法与该平台内经营者承担连带责任。

《电子商务法》规定，对于平台经营者，法律要求其对平台内经营者的真实身份、地址、行政许可等事项要进行核验和登记，并且要通过平台服务协议、交易规则来明确双方对于保障消费者合法权益，以及保障商品和服务质量的义务。对关系消费者生命健康的商品或者服务，电子商务平台经营者对平台内经营者的资质资格未尽到审核义务，或者对消费者未尽到安全保障义务，造成消费者损害的，依法承担相应的责任。

如果平台未尽到上述义务，应当按照侵权责任法等法律规定，构成共同侵权的，应与平台内经营者承担连带责任。市场监督管理部门责令限期改正，可以处五万元以上五十万元以下的罚款；情节严重的，责令停业整顿，并处五十万元以上二百万元以下的罚款。另外，除了上述的民事责任以外，《电子商务法》还规定，如果平台有相关的违法行为，还要依法承担行政责任和刑事责任。

10.3.3 物流快递服务提供者

物流快递服务提供者为电子商务提供物流快递服务，应当遵守法律、行政法规，并应当符合承诺的服务规范和时限。物流快递服务提供者在交付商品时，应当提示收货人当面查验；交由他人代收的，应当经收货人同意。物流快递服务提供者应当按照规定使用环保包装材料，实现包装材料的减量化和再利用。物流快递服务提供者在提供物流快递服务的同时，可以接受电子商务经营者的委托提供代收货款服务。

10.3.4 电子支付服务提供者

电子支付服务提供者为电子商务提供电子支付服务，应当遵守国家规定，告知用户电子支付服务的功能、使用方法、注意事项、相关风险和收费标准等事项，不得附加不合理交易条件。电子支付服务提供者应当确保电子支付指令的完整性、一致性、可跟踪稽核和不可篡改。电子支付服务提供者应当向用户免费提供对账服务及最近三年的交易记录。

电子支付服务提供者提供电子支付服务不符合国家有关支付安全管理要求，造成用户损失的，应当承担赔偿责任。电子支付服务提供者发现支付指令未经授权，或者收到用户支付指令未经授权的通知时，应当立即采取措施防止损失扩大。电子支付服务提供者未及时采取措施导致损失扩大的，对损失扩大部分承担责任。

10.3.5 电子商务中的消费者权益保护

切实保护好消费者权益是电子商务发展的根本。首先，从事电子商务的企业应采取措施保护消费者的知情权，承诺广告内容的真实、具体、明确及适当。其次，保证消费者个人资料、银行卡资料的安全。再次，建立安全的支付体系。最后，完善救济制度，并使消费者易于了解和使用。

国家鼓励电子商务平台经营者建立有利于电子商务发展和消费者权益保护的商品、服务质量担保机制。消费者在电子商务平台购买商品或者接受服务，与平台内经营者发生争议时，电子商务平台经营者应当积极协助消费者维护合法权益。消费者要求电子商务平台经营者承担先行赔偿责任及电子商务平台经营者赔偿后向平台内经营者的追偿，适用《中华人民共和国消费者权益保护法》的有关规定。

本章小结

本章从提高电子商务从业人员的职业道德入手，分析了电子商务职业道德规范，强调从业人员的自我约束。在此基础上，通过分析电子商务带来的法律上的新问题，提出了电子商务立法的原则及消费者保护措施，明确了电子商务各参与方的法律关系。

思考题

1. 为什么必须加强电子商务从业人员的职业道德？
2. 电子商务职业道德规范有哪些?
3. 结合本章的学习，请谈谈你对加强中国电子商务立法的建议。
4. 电子商务立法的原则有哪些?
5. 为什么说电子合同是电子商务的一个主要法律问题？
6. 电子商务中买卖双方的权益是什么？
7. 如何保护网络个人隐私？

上机实验

1. 登录电子商务实验室，完成电子合同在线签订模拟实验。
2. 登录电子商务实验室，完成电子合同后台管理模拟实验。

案例分析

中国首例网上拍卖案

1999 年 9 月 28 日，西安海星现代科技股份有限公司（简称海星公司）与金贸网拍公司订阅委托拍卖合同书，由金贸网拍公司承办公开拍卖海星公司 9 台计算机，金贸网拍公司从拍卖成交总价中收取 1%～5%的佣金。上网拍卖的 9 台计算机中，型号为海星冲浪 810400CRA 的计算机保留价为 7290 元；海星巨浪 7500K7 型计算机保留价为 13000 元；海星巨浪 7600K7 型计算机保留价为 19800 元。国安五龙公司则作为计算机网络拍卖专场会的主办者。

被告金贸网拍公司于次日在网页上发出拍卖公告，展示了主拍师情况、所拍卖物品的型号和数量、拍卖周期和竞买客户须知。因拍卖程序故障，在公示的拍卖日期未到之际自行从启动阶段进入点击程序。该网站注册用户张岩在 1999 年 10 月 1—5 日内通过网上竞拍报价，并得到了拍卖软件程序的确认，仅以 1000 元、3000 元和 5750 元的价格便购得前述三台计算机，均低于拍卖委托方海星公司的保留价，而拍卖网站在显示张岩的竞拍应价为最高应价并确认成交后，并未揭示竞拍者的报价因低于保留价而无效。

原告将货款计 9750 元汇到拍卖方后发现被告仍将拍卖标的在网上进行拍卖，且有新报价上网。一周后，中国商品交易拍卖市场网站向张岩发来 E-mail，解释其使用的软件程序发生故障，在公示的拍卖日期未到之际自行从启动阶段进入点击程序，因而张岩的竞拍结果是误认，拍卖无效，对此深表歉意，愿派人登门致歉。原告诉请法院确认拍卖有效并判令被告给付拍卖标的。

1．案情及判决

原告张岩参加了金贸网拍公司与国安五龙公司于 1999 年 10 月 1—5 日联合举行的网上拍卖活动，购得 3 台计算机，并已将货款汇出，但金贸网拍公司却以拍系统出现故障为由，对拍卖结果不予认可。故原告起诉要求二公司实际交付其所购计算机，并赔偿因计算机市价贬值而造成的损失人民币 12103 元。

被告北京金贸网拍公司辩称，其按法定期限通过计算机系统在网上发布拍卖公告，写明拍卖期为 1999 年 10 月 6—10 日。因计算机系统出现故障，导致拍卖程序在拍卖活动正式开始之前自行启动，但公告内容并未发生变化，考虑到确系网站系统故障导致上网浏览的用户可以报价，被告决定接受 10 月 5 日之前的所有报价。但张岩的报价低于委托方的保留价，故其报价不具备法律效力。另外，被告称其并没有对原告出具任何有效的确认手续，故不同意张岩的诉讼请求。

2000 年 3 月 22 日，北京市海淀区人民法院做出（1999）海民初字第 11096 号民事判决书。认为，被告的系统出现故障，张岩的应价虽然经过拍卖系统确认，但低于委托人的保留价，其应价无效。原告不服一审判决，向北京市第一中级人民法院提出上诉，二审法院最终驳回上诉，维持原判。

2. 案件发生的时代背景

中国首次全功能接入国际互联网的时间是1994年4月20日。案件事实发生在1999年10月1日《中华人民共和国合同法》生效的第一天，起诉时间是当年的10月底，判决于2000年3月22日。当时，互联网在中国还是新鲜事物，多数人对互联网都不了解，中国规范互联网的法律规范屈指可数，电子商务刚刚起步，网站经营很不规范，基本处于无法可依的局面。本案的原告也是出于规范电子商务的公益目的进行的这场诉讼。

3. 案情分析

这是中国第一个与电子合同有关的电子商务案件，是B2C的电子商务纠纷。这个案件涉及电子合同双方当事人身份的确认，拍卖合同这个电子合同是否成立，电子拍卖成交的标志即电子合同何时成立，电子合同的成立是否以必须签订书面确认书为前提，因提供交易系统的一方程序设计错误签订的合同是否有效，系统故障承担的法律责任，电子证据的效力等法律问题。

(1)被告的确定

确定谁来做被告，在本案中是颇费了一番周折的。该拍卖会在中国商品交易拍卖市场网进行，该网站当时在页面上写明了：拍卖会的主办单位为中国电子商会、中国商品交易中心、国安五龙国际拍卖有限责任公司，承办单位为北京金贸网拍电子技术有限公司。

因为中国商品交易拍卖市场及中国商品交易中心均是网站，而该网站没有在工商登记管理部门注册，不是实际单位，因此不能作为民事案件中独立承担民事责任的诉讼主体。而中国商品交易中心网站系中华人民共和国国家经济贸易委员会主办，故原告立案时请求人民法院依法判令被告中国电子商会、被告中华人民共和国国家经济贸易委员会、被告国安五龙国际拍卖有限公司及被告北京金贸网拍电子技术有限公司履行法定义务。后来在正式开庭前，经过审判人员的劝说，原告自行撤销了针对中国电子商会、中华人民共和国国家经济贸易委员会的起诉，只剩下两名被告。

(2)电子合同的成立

被告中国商品拍卖市场网站上公布的拍卖公告、拍卖规则，详细规定了拍卖程序、参与拍卖的办法、拍卖的方法、付款提货办法、佣金手续费如何计算及双方的违约责任等内容，网站上公布的内容视为向参与拍卖的人士发出的要约邀请，张岩作为该网站的注册用户，缴纳了保证金，取得了拍卖号，按拍卖公告规定的时间，参加该网站的拍卖活动，其出价即为要约。网站对其在拍卖周期中所出的最高应价，在该网站的拍卖结果中予以公开确认，即为对张岩要约的承诺，这时双方对拍卖物达成的拍卖合同已经成立。根据《中华人民共和国合同法》中关于“用数据电文的形式形成的合同，是书面合同”

的有关规定，网上拍卖交易本身就是以书面形式进行的，因此没有必要共同签署成交确认书，不签署成交确认书不影响拍卖合同的成立。

(3) 系统故障及相应的法律责任

本案被告辩称其拍卖系统在 10 月 1—5 日存在故障，即先于预定的时间启动拍卖程序，且启动的内容是测试时的内容，否认拍卖效力，这是不合法的。电子商务本身就是依赖网站经营者的系统进行的，网站的经营者对网站系统的稳定性、安全性负有责任：提供电子商务服务的经营者，如果因为系统故障导致其允诺的服务无法正常进行，应赔偿消费者由此产生的损失；经营者为从事特定的电子交易而特殊设计的交易程序出现设计错误或缺陷，经营者无权主张免责，应承担赔偿责任。

思考题：

1. 网络拍卖的特点是什么？
2. 电子合同成立的条件是什么？

第 11 章 电子商务发展趋势及应用

学习目标

1. 熟悉跨境电子商务的发展与应用。
2. 掌握移动电子商务的发展及应用。
3. 了解物联网的发展趋势及应用。

引例

2014 年电子商务带领中小企业摆脱了经济危机的泥潭，可谓功勋卓越。在新的一年里，电子商务又将会给中小企业带来哪些新应用？国内领先的互联网应用服务提供商中国万网日前列出了企业在互联网中应用电子商务的五大趋势，尽管这只是市场的前瞻，但至少给我们描绘了一个美好的电子商务图景。

趋势一：“双核”电子商务

趋势观点：以淘宝网为代表的网络集市和以淘里淘外为代表的具备搜索引擎索引能力的独立网络商城，将成为中小企业发展电子商务的“双核驱动器”。

中小企业在真正拥有独立的电子商务平台前，往往是在阿里巴巴、淘宝网等“网络集市”选择“租赁店铺”的方式，进行网络营销。但是，随着中小企业的成长和网络营销经验的增加，现有的发展方式已不能满足企业旺盛的营销需求。

因此，在“网络集市”基础之上，建立独立的“网络商城”，开辟更多的商品销售渠道，彼此相辅相成，使商品数据、消费记录、购物流程、支付工具两者互通，就显得十分重要。

最典型的双核营销案例，就是淘宝网和中国万网联合推出的“淘里淘外”。200 万淘宝卖家使用淘里淘外后，实现淘宝店铺和淘宝外店的数据互通、支付功能互通，最终形成“双核”营销中心，全面覆盖网购用户。

趋势二：电子商务网站大幅增长

趋势观点：电子商务技术的普及和入场费用的降低，将促进中小企业电子商务网站数量的增长。

在此之前，技术和价格无疑是阻碍中小企业建设电子商务网站推广、销售产品的最大因素。2010 年融合了多项网购技术的电子商务系统平台将大行其道，并且价格将会大幅降低，中小企业只需支付较低的费用，就可以获得这套系统平台。在不需要技术人员的情况下，从平台中获得最实用的电子商务服务功能，成为真正意义上的“网商”。

2010 年，电子商务将不再是只有世界 500 强的大企业才能玩得起的“高贵玩具”，中小企业将成为电子商务的主力军。

趋势三：电子商务应用云计算

趋势观点：降低中小企业电子商务运营成本。在解决“用得起”电子商务之后，让企业“玩得起”。

实际上，Google 的 Gmail 服务就是典型的“云计算”服务应用。云计算将使企业的电子商务网站成为有力的交流、沟通与信息传播平台，实现和客户的互动，并提供丰富的网络服务。

电子商务平台应用云计算，将使企业网站不仅是交易平台，而是涵盖营销、管理全部电子商务流程的平台，是电子商务交易平台+电子商务服务平台的组合，用户通过这一平台可以省掉软硬件维护等方面的困扰。它将帮助企业做好电子商务的后台管理、在线营销交易过程服务。

趋势四：SaaS 让电子商务随心所欲

趋势观点：系统服务商负责企业电子商务网站新功能扩展和安全系统升级，企业无须再聘请 IT 技术员。

很多企业不愿意开始电子商务就是因为一开始需要投入较多的 IT 资源，还要为此组建专门的团队，如果要给网站服务器升级，又要购买相应软硬件设备，单项支出费用过高。

在应用了 SaaS 的电子商务系统中，电子商务系统服务商将负责企业所有电子商务网站的维护和升级，其中包括新网购功能开发、新安全技术应用、服务器软硬件设备更新等。企业不用再聘用技术团队维护电子商务网站，也不必再支付额外费用。企业需要哪项功能，只要在电子商务系统平台中选择、应用即可。

通过 SaaS 企业的电子商务网站企业无须聘用技术人员，就可以最先使用到全球最安全的网络技术、最领先的电子商务技术、最受欢迎的商品陈列方式及展示效果，让企业的在线网络商城永远保持最新状态。

趋势五：速成网站和自助建站成为企业首选

趋势观点：根据艾瑞的调查显示，五成的中小企业首选使用维护方便的标准建站服务。

随着电子商务的不断发展，中小企业通过互联网销售产品、获得订单的愿望越来越强烈。中小企业普遍趋向于低成本投入、网络功能完善、简便快捷的管理系统 以及建站周期较短的网站服务。

速成网站服务可以有效提高中小企业投资回报率，企业只要向服务商购买服务，获得网站管理员用户名和密码，服务商就给企业提供一位专业的网站设计师，协助企业完成网站的制作。服务器空间、网站技术工程师、安全工程师、网站功能升级等传统网站管理中所需要的任何软硬件设施，都由服务商提供，中小企业只要根据需求定期更新网站信息就可以。

（资料来源：比特网 www.chinabyte.com）

11.1 跨境电子商务

11.1.1 跨境电子商务概述

由于 2008 年全球金融危机的影响，国外市场需求下降。我国的对外贸易在 2015 年也呈现出了“双降”现象。海关数据显示，2015 年进出口总额为 24.59 万亿元，是 2009 年以来第一次出现负增长，与 2014 年相同时期的数据相比下降了 7%。除此之外，我国的劳动力成本上升、人民币升值、制造业红利逐步消失，传统的对外贸易的发展遇到了困境。但与此同时，跨境电子商务却有了迅速的发展。据电子商务研究中心 2016 年 5 月发布的数据，我国跨境电子商务在 2015 年的交易总额为 5.4 万亿元，与 2014 年相比增长了 28.6%，跨境电商的交易额占据了我国进出口总额的 22%。跨境电商的交易规模在不断扩大。

iResearch 统计数据《2008—2016 年中国进出口贸易及跨境电商市场交易规模》显示，2013 年中国跨境电商市场的交易额约 3.1 万亿元，占我国进出口贸易总规模的比例也是逐年上升；2009—2013 年跨境电商交易规模的年均增长率高达 30%，且逐渐向稳定成熟的市场方向发展。由图 11-1 可知，交易规模中涵盖了 B2B、B2C、C2C 三大电商模式，外贸 B2C 电子商务的交易规模也在迅速发展。

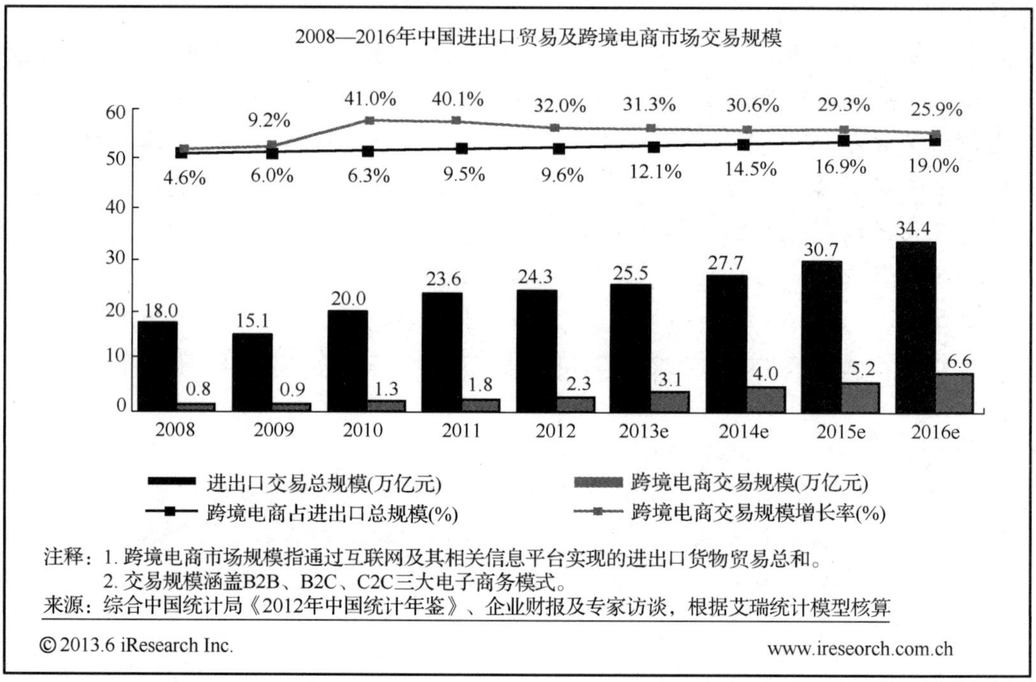

图 11-1　2008—2016 年中国进出口贸易及跨境电商市场交易规模

2013 年中国外贸 B2C 电子商务市场多达三分之二的买家主要分布在美国、欧盟、亚太等国家和地区，而其中又以北美地区的美国和欧盟为主，均占到 17 个百分点。其次主要来自中国的周边地区，其中中国香港就占到了 15.8%。由此看来，发达的欧美国家特别是近期欧洲的法国、德国、俄罗斯是构成我国外贸 B2C 电商买家的市场主力军，因此开发以上这些市场对于我国外贸 B2C 的发展具有举足轻重的作用。但在跨境电商市场中，跨境 B2B 模式在整体跨境电商行业中尤为重要，扮演着支柱型产业的角色。且跨境 B2B 平台的交易规模始终占据着整体跨境电商市场交易规模的 90%以上。

截至目前，中国跨境电商主要交易模式以跨境 B2B 市场为主，在销售产品方面以服装类产品、3C 类产品为主。通过政府披露数据，以及第三方数据了解，目前我国跨境电商以出口交易为主。但随着我国跨境电商市场的快速发展、用户跨境消费习惯的逐渐养成，以及跨境电商企业在产品品类、质量和服务等多方面的提升和完善，我国跨境电商市场的自身竞争力会大幅提升，进出口交易比例也会逐渐趋于平衡。

11.1.2 跨境电子商务的定义

1. 跨境电子商务

跨境电子商务简称跨境电商，是指分属不同关境的交易主体，通过电子商务平台达成信息或商品交易的国际商业活动。目前，根据跨境电商模式的不同，平台提供支付结算、跨境物流送达、金融贷款的服务内容均有不同。

2. 跨境 B2B 电子商务

跨境 B2B 电子商务是指分属不同关境的企业对企业，通过电商平台达成交易、进行支付结算，并通过跨境物流送达商品、完成交易的一种国际商业活动。

3. 跨境 B2C 电子商务

跨境 B2C 电子商务是国内商家通过自建网上商店或外贸平台发布产品或服务信息，通过国际化第三方支付平台或各种卡付，运用国际化的第三方物流将产品直接销售给国外终端消费者的一种将传统大宗出口贸易加以小额化、信息化、便捷化的新型贸易方式。

4. 跨境 C2C 电子商务

跨境 C2C 电子商务是指分属不同关境的个人卖方对个人买方开展在线销售产品和服务，由个人卖家通过第三方电商平台发布产品和服务售卖产品信息、价格等内容，个人买方进行筛选，最终通过电商平台达成交易、进行支付结算，并通过跨境物流送达商品、完成交易的一种国际商业活动。

11.1.3 跨境电子商务分类

1. 以产业终端用户类型分类

在跨境电商市场按照产业终端用户类型划分，跨境电商平台分为 B2B、B2C 及 C2C 三种类型。下面对前两种跨境电商平台进行介绍。

(1) B2B 平台

B2B 跨境电商平台所面对的最终客户为企业或集团客户，提供企业、产品、服务等相关信息。目前，中国跨境电商市场交易规模中 B2B 跨境电商市场交易规模占总交易规模的 90%以上。在跨境电商市场中，企业级市场始终处于主导地位。

代表企业：敦煌网、中国制造、阿里巴巴国际站、环球资源网。

(2) B2C 平台

B2C 跨境电商企业所面对的最终客户为个人消费者，针对最终客户以网上零售的方式，将产品售卖给个人消费者。B2C 类跨境电商平台同时在不同垂直类目商品销售上也有所不同，如 FocalPrice 主营 3C 数码电子产品，兰亭集势则在婚纱销售上占有绝对优势。B2C 类跨境电商市场正在逐渐发展，且在中国整体跨境电商市场交易规模中的占比不断升高。在未来，B2C 类跨境电商市场将会迎来大规模增长。

代表企业：速卖通、DX、兰亭集势、米兰网、大龙网。

2. 以服务类型分类

按平台服务类型划分，跨境电商平台分为信息服务平台和在线交易平台。

(1) 信息服务平台

信息服务平台主要为境内外会员商户提供网络营销平台，传递供应商或采购商等商家的商品或服务信息，促成双方完成交易。

代表企业：阿里巴巴国际站、环球资源网、中国制造网。

(2) 在线交易平台

在线交易平台不仅提供企业、产品、服务等多方面信息展示，并且可以通过平台线上完成搜索、咨询、对比、下单、支付、物流、评价等全购物链环节。在线交易平台模式正在逐渐成为跨境电商中的主流模式。

代表企业：敦煌网、速卖通、米兰网、大龙网。

3. 以平台运营方分类

按平台的运营方式划分，可以分为第三方开放平台和自营型平台。

(1) 第三方开放平台

该平台型电商通过线上搭建商城，并整合物流、支付、运营等服务资源，吸引商家入驻，为其提供跨境电商交易服务。同时，平台以收取商家佣金及增值服务佣金作为主要赢利模式。

代表企业：速卖通、敦煌网、环球资源、阿里巴巴国际站。

(2) 自营型平台

自营型平台是平台型电商借助自主构造线上的网络交易平台，对供应商的资源进行整合，以偏低的进价采购产品，之后以偏高的售价售出产品，通过买卖之间的差价来实现赢利的一种跨境电子商务的模式。

代表企业：FocalPrice、大龙网、米兰网。

4. 以货物的进口和出口方向分类

按货物的进口和出口方向划分，可以分为出口跨境电子商务和进口跨境电子商务。

(1) 出口跨境电子商务

出口跨境电子商务指的是企业或者国内的生产厂商借助跨境电商平台，把国内的商品出售给国际市场中的买家，属于 Internet 时代企业对外出口的新的模式。在中国，目前的跨境电子商务是以出口为主的。

(2) 进口跨境电子商务

进口跨境电子商务指的是企业或者国内的消费者借助跨境电商这一平台购买海外的产品，实现服务交易和跨国商品的过程。

11.1.4 跨境电商的发展历程

1999 年，阿里巴巴实现用互联网连接中国供应商与海外买家后，中国对外出口贸易就实现了互联网化。在此之后，共经历了三个阶段，实现从信息服务到在线交易、全产业链服务的跨境电商产业转型。

1．跨境电商萌芽阶段（1999—2003 年）

跨境电商萌芽时代的主要商业模式是网上展示、线下交易的外贸信息服务模式，主要是借助第三方信息平台，为企业信息及产品提供网络展示平台，并不涉及网上交易环节。在这一阶段，平台主要的赢利方式是收取进行营销推广的费用和注册会员的费用。平台自己不会存在交易这种行为。随着时间的推移便出现了以下增值服务，竞价的排名和线下展会的开展及利用 SEO 宣传等。阿里巴巴、中国制造网、慧聪网平台是信息服务阶段的代表。

跨境电商萌芽阶段虽然通过互联网解决了中国贸易信息面向世界买家的难题，但是依然无法完成在线交易，对于外贸电商产业链的整合仅完成信息流整合环节。

2．跨境电商发展阶段（2004—2012 年）

这个阶段，跨境电商模式不再单单用于信息服务，而是将线下交易、支付、物流等流程进行电子化，逐步实现在线交易。通过信息平台服务、资源整合有效打通上下游供应链，包括 B2B、B2C 两种平台模式。

跨境电商发展阶段，B2B 平台模式为跨境电商主流模式，通过直接对接中小企业商户实现产业链的进一步缩短，提升商品销售利润空间。平台主要获利方式是通过佣金的收取。由于这种佣金的形式从很大程度上减小了中小型企业的压力，对于中小型企业来说，借助平台开展跨境的对外贸易是十分有利的。2011 年敦煌网宣布实现赢利，2012 年持续赢利。同时，还通过平台上的营销推广、支付服务、物流服务等获得增值收益。

3．跨境电商转型升级阶段（2013 年至今）

2013 年成为跨境电商的重要转型年，跨境电商全产业链都出现了商业模式的变化。随着跨境电商的转型，跨境电商“大时代”随之到来。

随着传统外贸实体企业的加入，用户群体由草根创业向工厂、外贸公司转变，且具有极强的生产设计管理能力。平台销售产品由网商、二手货源向一手货源好产品转变。具有大型工厂上线、B 类买家成规模、中大额订单比例提升、大型服务商加入和移动用户量爆发的特点，跨境电商的发展处于服务全面升级、平台承载能力更强、全产业链服务在线化的状态，生产模式由大生产线向柔性制造转变，对运营和产业链配套服务需求较高。平台模式也由 C2C、B2C 向 B2B、M2B 模式转变，批发商买家的中大额交易成为平台主要订单。

跨境电商蓬勃发展，主要得益于以下几个方面。

(1)宏观环境的变化为跨境电子商务发展带来了机会

源于 2008 年的金融危机使得全球特别是欧美等国家经济低迷，国际市场需求和购买力下降对传统外贸出口企业造成严重冲击。与此同时，国外进口商对我国出口企业也提出了新要求：金融危机下，卖家不愿承担以往大宗贸易带来的各种风险而往往采用小批量、多批次、时效高的下单方式。在此背景下，我国沿海大量中小外贸企业为求得生存，转变成为通过第三方平台或自建网站的针对国外终端消费者的网上零售商——跨境电子商务商家。另一方面得益于国家政策对跨境电商的高度重视，在中央及各地政府大力推动的同时，跨境电商行业的规范和优惠政策也相继出台。如《关于跨境贸易电子商务进出境货物、物品有关监管事宜的公告》(海关总署 2014 年第 56 号)、《关于进一步促进电子商务健康快速发展有关工作的通知》(发改办高技〔2013〕894 号)、《关于促进电子商务健康快速发展有关工作的通知》(发改办高技〔2012〕226 号)、《关于开展国家电子商务示范城市创建工作的指导意见》(发改高技〔2011〕463 号)等多项与跨境电商相关政策的出台，在规范跨境电商行业市场的同时，也让跨境电商企业开展跨境电商业务得到了保障。

(2)互联网和物流等基础设施的建设是跨境电子商务快速发展的基础

目前国内电子商务市场已经非常成熟，跨境电子商务交易平台或英文网站已基本建成，国内互联网和物流等基础设施的完善已经完全可以满足跨境电子商务的发展需求，特别是移动电商的快速发展为跨境电商提供了技术基础。

移动电商的快速发展得益于大屏智能手机和 Wi-Fi 网络环境的改善，使用户移动购物体验获得较大提高，用户移动购物习惯逐渐形成。另一方面，电商企业在移动端的积极推广和价格战促销等活动都进一步促进了移动购物市场交易规模大幅增长，方便、快捷的移动跨境电商也为传统规模型外贸企业带来了新的商机。

(3)利润丰厚使更多的人才加入到该行业

跨境电子商务更加丰厚的利润空间吸引更多的外贸电商企业加入。一方面欧美发达国家拥有比较成熟的电子商务环境，使用网购的消费者较多，这就使国内外贸电子商务获取用户的成本降低；此外，电子商务是传统商业活动和互联网信息科学技术的结合，能够有效整合企业的可利用资源，高效获取相关信息，及时地与顾客进行沟通，可以有效地帮助企业降低营销成本。

综上所述，现阶段，中国跨境电商处于发展初期，且在中国进出口交易总额中的占比正在稳步增长。随着跨境电商系统的完善和国家扶持政策的出台，跨境电商将会迎来高速发展期，未来跨境电子商务整体市场发展潜力巨大。

11.2 移动电子商务

11.2.1 移动电子商务概述

从兴起以来，移动电子商务因其快捷方便、无所不在的特点，已经成为电子商务发展的新方向。无线电子商务超过传统有线因特网电子商务的能力，是因为移动电子商务具有一些无可匹敌的优势，比如移动电子商务能在任何地方、任何时间进行交易。这就使得移动电子商务不管在哪个国家都会得到迅速的发展和应用，信息时代，大多数人都对“足不出户，可知天下事”比较向往，现在出现的移动电子商务，可以让他们把这种对生活的向往变成现实，从而得到了人们的认可。

1．移动互联网的迅猛发展

随着计算机的出现及移动互联网的不断普及和发展，移动互联网以其终端的移动性、接入网络接口的便捷性，以及其自身功能的多样性和齐全性，使其快速地占领了移动网络市场。特别是进入 21 世纪以来，随着 5G 时代的到来，使互联网的运算处理能力和网络覆盖率极大地增强，从而让移动互联网能够及时、准确地满足人们获取信息和娱乐休闲的需要。

2．智能手机的快速普及

由于技术的发展进步，手机进入智能手机时代。相比传统手机而言，智能手机实现了智能化的操作，可以满足消费者的多种需求，使其快速地在手机市场占领一定的份额。特别是在中国，由于人口多、市场庞大，因此中国的手机制造商抓住消费者的购机心态，在借鉴外国手机的基础上短时间内推出一种所谓的“山寨机”，凭借价格优势迅速占领市场。凭借这种手段使智能机快速地从高端潮流人士逐渐向广大人民群众靠拢，进而成为智能手机快速扩张的一大助力。

3．社会媒介演进的结果

伴随着 Kik 软件的出现，人们在现实生活中的人际交往关系转化到了智能手机上，打破了现实与虚幻世界的壁垒，让移动终端成了新的社交节点。由于 Kik 软件只是实现了信息的免费，在社会需求的推动下，人们的眼光聚焦到了更高层次的语音、视频及休闲娱乐的游戏上面，进而推出了 talkbox、飞信、彩信 imessage 等多款软件。后来微信弥补了 talkbox、飞信等软件的不足，并在其原来的基础上进行升级优化，使用户体验度、产品功能更加人性化，满足了用户的心理需求。尤其是微信与 QQ 好友、手机通讯录的捆绑，更是满足了好友之间无障碍的交流，从而才能在现有的社交软件中独占鳌头。

4．腾讯公司的强大实力

微信的成功不是偶然的，在其迅猛发展占领很大一部分即时通信市场的过程中，腾讯公司的作用是不可忽视的。正是因为腾讯公司超强的创造力、执行力、稳定的公司氛围和雄厚的资金，在借鉴外国即时通信软件的基础上，才能克服种种困难，从而成功地推出微信并逐步升级优化，快速地占领市场。腾讯公司通过把自己原有的 QQ 这个在中国拥有庞大用户群体的聊天工具与微信及手机号捆绑在一起，使用户对微信有一种天然的亲切感，并且用户还能充分使用微信与所有的好友进行交流沟通。

随着移动互联网的不断发展，出现了许多新的移动社交媒体，以互联网为基础而发展起来的社交媒体，如微博、微信等正在改变人们的生活、消费方式。微信已成为当下最热门的社交信息平台，也是移动端的一大入口，正在逐渐演变成为一大商业交易平台。

自微信推出后，用户数量的高速增长已经引起了电商企业的关注，到目前为止，已有 7 亿多用户。庞大的用户数量、独特的优势，公众平台、二维码的推出及一对一营销商业价值的开发，以及完全移动终端运行的方式，微信无可厚非地成为最受欢迎的精准营销工具。

11.2.2 微信营销

1. 微信营销的概念

微信是一款由腾讯公司在 QQ 基础上推出的，支持文字、照片和多语音对讲的手机聊天软件，具备强大的 LBS 定位和扫描二维码等功能。用户可以通过智能手机和平板等移动终端发送文字、图片、语音和视频，提供朋友圈、消息推送和公众平台等功能，用户可以通过它的“摇一摇”“扫一扫”“附近的人”“搜索好吗”方式寻找和添加好友，关注公众平台，同时还可以将精彩内容分享到朋友圈中，与朋友一起分享。

微信营销是随着微信的迅猛发展而出现的一种网络营销方式，更是对现有电子商务营销模式的一种创新。微信凭借其庞大的用户群、低投入、高产出、多样化的营销方式、一对一精准营销等特点，使其营销方式相对于传统的营销方式来说有很大的优势，既能达到营销的目的，又能节省开支、创造利润。

微信营销主要分为三大类。一是注重粉丝数量的微信公众号营销。公众号主要是一些企业注册的公众账号，通过此账号可以不定时向关注和订阅的粉丝群体推送一些各种形式的信息，并且通过此账号还可以和用户直接沟通处理一些反馈的问题，无须再用个人账号添加用户进行沟通，中间省去不少麻烦。二是个人账号营销。通过朋友圈介绍自己，分享内容吸引一些认可自己和产品的人，从而进行产品销售，买卖双方可以即时沟通，随时随地都能解决用户所反馈的信息和问题。与传统营销相比，效率有很大的提升。三是微信自媒体的营销。通过各大社交平台对营销内容进行推广和公众号引流，并且可以和客户之间保持更好的沟通方式，利用这种良好的沟通环境，长久维护两者之间的关系，从而可以获得更有效的营销效果。

2. 微信营销的特点及优势

微信最大的特点和优势在于：后台强硬，用户数量庞大，并且存在大量的潜在客户；低廉的营销成本，用户耗费极少量的流量随时随地发送文字、语音和视频，更新内容和分享精彩内容，几乎可以说是免费的，这点是其他任何媒体都没法做到的。微信的登录账号与 QQ 号和手机号码相关联，系统会根据 QQ 号和手机号码自动向用户推送好友，人物关系经过一个层次的筛选，增加用户对微信的信任感。

3. 微信营销模式

(1) 草根广告式

利用签名栏，用户在签名栏中写上自己的状态，宣传产品，随时更新，只要是用户的联系人或好友都可以看到内容，实现强制性广告植入。随着 LBS 的准确定位，用户可以在人流多的繁华地段，通过微信中的“查看附近的人”，获取最多的使用者，致使更多的陌生人看到签名栏的广告信息。

(2)品牌活动式

熟悉腾讯 QQ 和微信的人都知道，微信上也有漂流瓶这一应用，其实质就是从 QQ 邮箱上移植过来的，这一应用深受用户的喜爱。漂流瓶有两个作用：扔瓶和捞瓶，用户可以以文字、图片或是语音的形式将自己的所想发布出去，其他用户在同一时间段可以捞起来。商家利用这一特性，在特定的时刻大批量地抛出广告瓶子，利用大量的用户将信息传播出去，这样的营销方式可谓是省时省力、低成本。

去年，招商银行在微信上发起一个“爱心漂流瓶的活动”，用户捞到招商银行的漂流瓶并且回复，招商银行将通过“小积分，微慈善”平台为患有自闭症的儿童提供帮助。这种公益性的活动引起了用户的关注，纷纷积极参与。据相关媒体统计，用户每捡十次漂流瓶，基本上就可以有一次机会拾到招商银行的爱心漂流瓶。招商银行的这次爱心漂流瓶行动，没有直接向用户宣传自己的产品，而是通过爱心慈善活动，获得社会效益，给用户传达招商银行是一个对社会负责的企业，让用户对其产生信任感。

(3)O2O 优惠式

用户利用二维码技术，点击微信上的“扫一扫”，就可以识别身份。商家通过二维码扫描技术进行营销宣传活动，开展商业活动。用户在餐厅用餐，通过事先扫描餐厅的二维码，预约餐位、下单，这样既方便又节约时间，有时还能获得折扣和优惠。

(4)社交分享式

微信除了具有通信功能外，也具有与 QQ 空间相类似的功能“朋友圈”，用户热衷于通过这个功能随时随地更新状态和分享信息。微信用户将自己感兴趣的精彩内容快速分享到朋友圈中，越多人分享，信息传播得越快，也就达到了商家的营销目的。

(5)互动营销式

通过一对一的关注和推送，公众平台可以向用户粉丝推送包括新鲜资讯、产品信息、最新活动等消息，微信客服工作人员通过与用户的互动，解答用户的疑问，收集用户的资料，成为一个贴心完整的 CRM 系统。

小米手机的客服人员通过微信账号后台与粉丝沟通，每天大量回复众多粉丝的留言。虽然小米自己开发的微信后台能够根据粉丝提出问题的关键词实现自动回复，但其工作人员还是会对其一对一回复，通过这种方式大大提升了用户对其品牌的忠诚度，这还只是微信带来的好处之一。其高层管理表示，之前小米做活动通常是向用户群发短信，随着用户的增加，群发短信的成本也随之提高，而微信的出现，大大减低了小米的营销和客户关系管理成本。

11.2.3 微信时代为中小型电商企业带来的机遇

据调查，到 2013 年年底，我国手机网民规模达到 7.21 亿，超过 PC 网民数量，移动互联网入主为王，中国将真正进入移动互联网时代。另外，随着现代人生活节奏的加快，时间成为稀缺资源，碎片时间价值凸显，人们越来越习惯利用搭公交车、坐地铁等零碎时间使用移动设备。微信作为移动互联网第一入口的应用，用户规模已经超过 6 亿，用户数量还在高速增长，成为中国移动互联网网民的一种新生活方式。对于中小型电商企业而言，微信是连接企业与用户、实现产品的买与卖、品牌营销与传播的强大平台。

电商行业在经历大洗牌后，从浮躁虚假的繁荣逐渐开始回归理性，寻求更多、更合适的营销渠道。微信凭借其独特的优势，成为电商企业网络推广最理想的渠道，微信完完全全用于移动终端设备，对于移动互联网用户来讲是个新鲜玩意，用户的体验意愿非常高，加上几乎免费试用的诱惑，更会得到用户的支持；微信背后的企鹅帝国为其储存了庞大的用户基数，对企业来讲，大量的用户是营销成功的保证，将为中小型电商企业带来巨大的商业机会。

1．开辟新的移动营销方式，促进品牌口碑的形成

与其他的营销方式相比，微信营销最突出的特点就是移动精准营销。移动精准营销就是在对移动终端用户精准定位的基础上，根据用户的个性化信息和以往的消费行为记录等，投放有针对性的营销广告的过程。在微信公众平台上，企业通过一对一的关注和推送，向其用户推送相关的产品信息和活动信息，吸引用户的关注，建立公司的客户数据库，使其成为有效的客户关系管理系统，在方便分析客户需求的同时，还能节约人力、物力及财力。企业针对用户的不同特点，准确地对用户进行分组，将不同的信息内容精准地推送至目标用户，对信息感兴趣的用户把精彩内容通过朋友圈分享给好友，将信息传播出去，促使用户增强对品牌的认同感，树立企业良好的品牌口碑。

2．整合企业资源，降低企业成本

企业的品牌传播需要大量的渠道，通过广告、宣传活动或赞助等手段，通常都需要大量的资金投入。作为中小型的电子商务企业，它有着自身资金少的先天不足，以及一些后天的薄弱环节，选择传统的营销方式如宣传海报、电视广告、报纸等通常要耗费大量的人力、物力和财力，高额的营销费用将大大增加企业的负担。而微信只需少量的流量，就能获得微信各项强大功能的免费试用，几乎零费用，即可获得这种高速有效且费用低廉的传播方式。企业结合自身的特点，通过微信的公众平台向用户推送包括新鲜资讯、产品信息、最新活动等消息，让用户对产品和企业品牌有一个全新全面的认识，在帮助中小型电商企业在激烈的市场竞争中获得优势的同时，提升用户品牌忠诚度，节省企业宣传费用。微信甚至能够完成咨询、客服等功能，成为一个贴心完整的 CRM 系统，节省人力资源成本。

3．维护和管理客户关系

微信可以为企业带来用户追踪服务，传播产品、品牌的信息，并与客户进行一对一深度的对话，为客户提供个性化的服务，如此一来加快了中小型电商企业与用户的直接响应速度。微信营销是一个持续的互动过程，企业通过与用户的互动，了解用户对企业及产品的看法，更深层次地了解他们的需求，进而改进、开发新的产品，以更好地为客户提供性能好、服务质量高的产品，满足他们个性化的需求。微信的优势之一就是可以随时随地发布信息，这种形式的互动不受人数、地域的限制，让来自四面八方且志趣相投的用户实时交流沟通，加深他们对品牌的印象。

4. 实现销售、支付、售后一体化

中小型电商企业会如此看重微信的商业价值，无非在于其可以完成三件事：品牌推广、产品销售与客户服务，实现销售、支付、售后一体化，如果运用得当，将会为企业创造巨大的利润。如今，微信支付已经开通，用户只要绑定银行卡便可实现支付，完成移动支付的闭合。用户浏览产品的信息，可以直接下单、支付，方便、安全又便捷。

微信自 5.0 开始即开通了微信支付功能，并不断地完善。点开“我的银行卡”，可以使用微信支付进行手机话费充值、理财、滴滴出行、购买电影票等，尤其是手机话费充值，首次使用微信支付充值可以立减 5 元；滴滴出行，足不出户便可以打车，使用微信支付还可以优惠 10 元，这种方便又经济的支付方式，吸引着大量的用户使用微信支付。

11.3 物 联 网

11.3.1 物联网的概念

物联网的理念最早出现于比尔·盖茨 1995 年所著《未来之路》一书，只是当时受限于无线网络、硬件及传感设备的发展，并未引起世人的重视。

物联网是新一代信息技术的重要组成部分，也是信息化时代的重要发展阶段。其英文名称是 Internet of Things(IOT)。顾名思义，物联网就是物物相连的互联网。这有两层意思：其一，物联网的核心和基础仍然是互联网，是在互联网基础上的延伸和扩展的网络；其二，其用户端延伸和扩展到了任何物品与物品之间，进行信息交换和通信，也就是物物相息。物联网通过智能感知、识别技术与普适计算等通信感知技术，广泛应用于网络的融合中，也因此被称为继计算机、互联网之后世界信息产业发展的第三次浪潮。物联网是互联网的应用拓展，与其说物联网是网络，不如说物联网是业务和应用。因此，应用创新是物联网发展的核心，以用户体验为核心的创新 2.0是物联网发展的灵魂。

2005 年，国际电信联盟(简称 ITU)发布了《ITU 互联网报告 2005：物联网》，正式提出物联网的概念。当时，报告就指出，无所不在的“物联网”通信时代即将来临。世界上所有物体都可以通过互联网主动进行信息交换。射频识别技术、传感器技术、纳米技术、智能嵌入技术将得到更加广泛的应用。

博欣将物联网定义为通过各种信息传感设备，如传感器、射频识别技术、全球卫星定位系统、红外线感应器、激光扫描器、气体感应器等各种装置与技术，实时采集任何需要监控、连接、互动的物体或过程，采集其声、光、热、电、力学、化学、生物、位置等各种需要的信息，与互联网结合形成的一个巨大网络。其目的是实现物与物、物与人，所有的物品与网络的连接，以方便识别、管理和控制。

倪光南院士认为物联网是通过各种传感技术(RFID、传感器、GPS、摄像机、激光扫描器等)、各种通信手段(有线、无线、长距、短距等)，将任何物体与互联网相连接，以实现远程监视、自动报警、控制、诊断和维护，进而实现管理、控制、营运“一体化”的一种网络。

11.3.2 国内外物联网发展现状

1. 国外物联网发展现状

当前，全球主要发达国家和地区均十分重视物联网的研究并纷纷抛出与物联网相关的信息化战略。世界各国的物联网基本都处在技术研发与试验阶段，美、日、韩、欧盟等都投入巨资深入研究探索物联网，并相继推出区域战略规划。

(1) 美国

奥巴马就职后，很快回应了 IBM 所提出的“智慧地球”，将物联网发展计划上升为美国的国家级发展战略。该战略一经提出，在全球范围内得到极大的响应，物联网荣升 2009 年最热门话题之一。那么什么是“智慧地球”呢？就是把感应器嵌入和装备到电网、铁路、桥梁、隧道、公路、建筑、供水系统、大坝、油气管道等各种物体中，并且被普遍连接，形成所谓“物联网”，如图 11-2 所示。

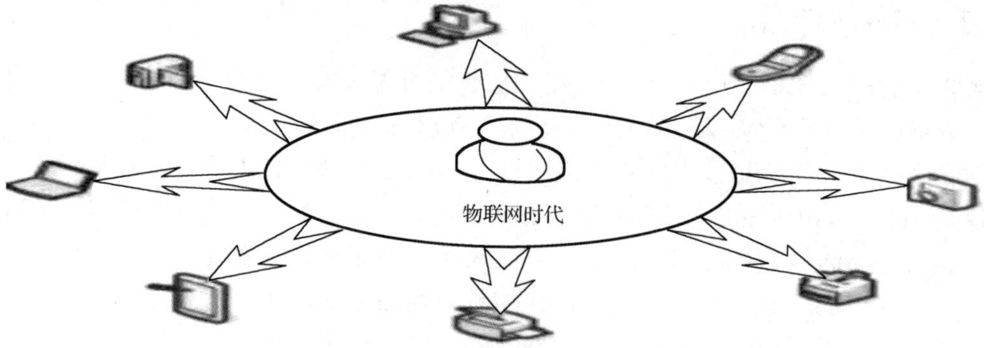

图 11-2　物联网

然后将“物联网”与现有的互联网整合起来，实现人类社会与物理系统的整合。“智慧地球”的核心是以一种更智慧的方法通过利用新一代信息技术来改变政府、公司和人们相互交互的方式，以便提高交互的明确性、效率、灵活性和响应速度。智慧方法具体来说有以下三个特征：更透彻的感知、更全面的互联互通、更深入的智能。

(2) 欧盟

欧盟围绕物联网技术和应用做了不少创新性工作。2006 年成立了专门进行 RFID 技术研究的工作组，该工作组于 2008 年发布了《2020 年的物联网——未来路线》，2009 年 6 月又发布《物联网——欧洲行动计划》，对物联网未来发展及重点研究领域给出了明确的路线图。

(3) 日韩

2009 年 8 月，日本将“u-Japan”升级为“i-Japan”战略，提出“智慧泛在”构想，将物联网列为国家重点战略之一，致力于构建个性化的物联网智能服务体系。2009 年 10 月，韩国颁布《物联网基础设施构建基本规划》，将物联网市场确定为新的增长动力，2012 年实现“通过构建世界最先进的物联网基础设施，打造未来超一流信息通信技术强国”的目标。

法国、德国、澳大利亚、新加坡等国家也在加紧部署物联网发展战略，加快推进下一代网络基础设施的建设步伐。各国竞相争夺信息技术制高点。

2．国内物联网发展现状

我国在物联网领域的布局较早，中科院早在十多年前就启动了传感网研究。在物联网这个全新的产业中，我国技术研发水平处于世界前列，中国与德国、美国、韩国一起，成为国际标准制定的四个发起国和主导国，其影响力举足轻重。

2009 年 8 月，温家宝在无锡视察时指出，要在激烈的国际竞争中，迅速建立中国的传感信息中心或“感知中国”中心。物联网被正式列为国家五大新兴战略性产业之一，并写入政府工作报告中。2009 年 11 月，总投资超过 2.76 亿元的 11 个物联网项目在无锡成功签约。2010 年，工信部和发改委出台了系列政策支持物联网产业化发展，到 2020 年之前我国已经规划了 3.86 万亿元的资金用于物联网产业的发展。

当前，中国“十二五”规划已经明确提出，发展宽带融合安全的下一代国家基础设施，推进物联网的应用。物联网将会在智能电网、智能交通、智能物流、智能家居、环境与安全检测、工业与自动化控制、医疗健康、精细农牧业、金融与服务业、国防军事十大领域重点部署。

我国物联网应用已开展了一系列试点和示范项目，在电网、交通、物流、智能家居、节能环保、工业自动控制、医疗卫生、精细农牧业、金融服务业、公共安全等领域取得了初步进展。其中 RFID 技术目前主要应用在电子票证/门禁管理、仓库/运输/物流、车辆管理、工业生产线管理、动物识别等。相关部门投入大量资金实施了目前世界上最大的 RFID 项目(更换第二代居民身份证)。我们所熟知的交通一卡通、校园一卡通等也应用了此项技术。但目前我国物联网还处在零散应用的产业启动期，距离大规模产业化推广还存在很大差距。

3．全球物联网应用情况

① 目前，全球物联网应用基本还处于起步阶段。全球物联网应用主要以 RFID、传感器、M2M 等应用项目体现，大部分是试验性或小规模部署的，处于探索和尝试阶段，覆盖国家或区域性大规模应用较少。

② 基于 RFID 的物联网应用相对成熟，RFID 在金融(手机支付)、交通(不停车付费等)、物流(物品跟踪管理)等行业已经形成了一定的规模性应用，其市场应用包括标签、阅读器、基础设施、软件和服务等方方面面。但自动化、智能化、协同化程度仍然较低。无线传感器应用仍处于试验阶段，全球范围内基于无线传感器的物联网应用部署规模并不大，很多系统都在试验阶段。

③ 发达国家物联网应用整体上较领先。美、欧及日、韩等信息技术能力和信息化程度较高的国家在应用深度、广度及智能化水平等方面处于领先地位。美国是物联网应用最广泛的国家，物联网已在其军事、电力、工业、农业、环境监测、建筑、医疗、空间和海洋探索等领域投入应用，其 RFID 应用案例占全球 59%。欧盟物联网应用大多围绕 RFID 和 M2M 展开，在电力、交通及物流领域已形成一定规模的应用。

11.3.3 物联网发展趋势

1. 电子与建筑行业是切入点，产业链合力做多

得益于之前的积累，无论是独立程序化操作的自动化洗衣机、空调、电视机，还是各种智能化建筑，电子行业及建筑行业都将是未来物联网发展应该切入的起点和重点。对电信运营商来说，是产业融合带来的信息化应用；对科技界来说，是第三次信息革命；对企业来说，是上千亿元的“蛋糕”；对商家来说，是无所不在的电子商务。社会各界对物联网“理解”不一，说明其应用范围之广，要挖掘物联网的价值，产业链合力做多是未来的发展趋势。

2. 应用将由分散走向统一

虽然物联网发展仍处于各自为战的状态，但技术的成熟度为物联网的快速发展提供了物质基础。目前电子元器件技术作为传感网发展的基础，工艺已经成熟，且价格便宜，已经普及开来。另外，物联网的产业分工也非常明确，有专门做电子标签和射频识别的企业，也有专门做各种传感元器件的企业等。随着物联网发展的推动，诸多产业链上的企业，其生产的产品将越来越多地被凝聚在一起，应用将由分散走向统一。电信运营商作为产业链中的重要参与者，将为应用的推广和整合起到关键作用。

3. 物联网的终极目标

物联网的终极目标是形成覆盖全球万物互联的超级智联网，在这个目标实现的过程中，物联网的各个局部网应用可先各自发展，最后形成一个事实的标准，从小网联成中网，再由中网联成大网，在此过程中逐渐解决遇到的技术、标准等各种问题。届时，物联网的产业链几乎可以包容现在信息技术和信息产业相关的各个领域。

本章小结

通过本章的学习，要求了解跨境电子商务、移动电子商务和物联网等电子商务应用模式的基本内容；重点掌握跨境电子商务的类型和微信营销的应用，同时要了解跨境电子商务的发展过程和物联网技术在电子商务中的应用。

思考题

1．什么是跨境电子商务？
2．跨境电子商务有哪些主要的分类方法？
3．什么是移动电子商务？
4．用自己移动上网的亲身实例说明移动电子商务的特点和发展趋势。
5．什么是物联网？
6．试列举物联网给电子商务带来的好处和问题。

上机实验

1．使用网络搜索引擎，对本章的概念进行搜索并加深理解。

2．登录电子商务实验室，申请模拟角色。

案例分析

兰亭集势跨境 B2C 电子商务

1．兰亭集势简介

兰亭集势(官网 http://www.lightinthebox.com)是目前名列前茅的跨境 B2C 电子商务企业，创立于 2007 年，注册资金 300 万美元。从创建到现在，兰亭集势已经发展成为国内跨境 B2C 行业中最好的企业之一，并于 2013 年 6 月 7 日成功在纽交所上市。

2．兰亭集势商业模式分析

兰亭集势的商业模式和传统的出口模式有很大的差别，是典型的垂直直销型跨境 B2C 电子商务网站，它绕过中间所有环节，通俗来讲就是从中国的制造工厂直接到国外终端消费者。

(1) 目标用户

兰亭集势的目标市场面向全世界的消费者，其中也有少量的中小零售商。

(2) 产品与服务

目前，兰亭集势在线销售的商品包括服装配饰、3C 电子产品、家居园艺类、专业的体育用品等 14 大类，共 6 万多种商品，产品销往世界大部分国家。

兰亭集势成立以来，网站支持的语言已经多达 26 种，包括英语、德语、法语、西班牙语、葡萄牙语、日语、韩语等。这大大方便了来自世界各地的顾客访问网站并提供良好的客户体验环境。

(3) 赢利模式

兰亭集势作为一个营销型网站，理所当然销售收入构成其主要利润来源。因为其产品主要为 3C 电子产品和婚纱等附加值不高的产品，毛利相对来说比较低，主要靠业务量来实现营收。随着国内人力及原材料成本的增加，以及跨境 B2C 市场逐步被发掘，再加上营销、物流费用的居高不下，其赢利空间会受到挤压。

3．兰亭集势跨境 B2C 中的经营策略

(1) 高效的物流供应链体系

兰亭集势的快递服务商主要有全球四大快递(Fedex、UPS、DHL、TNT)及中、美邮政。目前有三种运输方式供顾客选择：经济运输到大部分国家需要 10～25 个工作日，标准运输除了巴西、俄罗斯、拉美地区外则需要 7～15 天，国际快递除巴西和俄罗斯之外只需 3～5 天时间。这比其他跨境 B2C 企业所用的邮政小包要快得多，而且货物发生丢失的概率也较小。此外，兰亭集势目前积极建立海外仓，这不仅使物流成本大大降低，还会使兰亭集势消费群体的结构发生一定的改变。

兰亭集势大部分的产品都是向工厂直接采购的，因此拥有一定的定价权，像婚纱类的产品就可以向厂商要求定制。对上游供应链的掌握在使兰亭集势拥有更多自主权的同时，还能够保证货源的质量。

(2)建立自有品牌

虽然兰亭集势的产品大部分来自外部采购，但为了提高用户的忠诚度和黏性，兰亭集势正慢慢建立自己的相关品牌。兰亭集势还组建了设计团队，打造自有品牌，丰富产品多样性，服装自有品牌包括TS clothes、Three Seasons。

(3)独特的营销策略

兰亭集势目前主要采用的是搜索引擎营销。据在线竞争情报服务公司Hitwise数据统计，2013年3月，兰亭集势在北美地区的访问当中，有超过45%的流量来自谷歌。此外，兰亭集势拥有专门的营销团队在主要的SNS平台，如Facebook、Twitter、Pinterest、视频网站YouTube，甚至国内聊天工具WeChat(微信)等进行社会化营销，通过相关产品的展示广告提高品牌知名度和曝光率。兰亭集势还设有联盟营销方案，并向合作伙伴免费提供吸引用户访问的内容和工具。另外，通过邮件订阅功能向客户发布折扣、大奖和上新也是兰亭集势的主要营收手段。

(4)支付方式多样化

随着业务在全球各地的不断发展，兰亭集势所能接受的支付方式也更加多样化。卡付包括很多种：VISA信用卡、借记卡、VISA Electron、MasterCard、JCB等，大部分的欧美国家还是偏爱用Paypal国际支付平台，客户也可以通过专业国际汇款公司汇款，如Western Union(西联国际汇款)。

思考题：

1. 根据资料，试分析兰亭集势跨境电子商务的商业模式。
2. 总结兰亭集势跨境电子商务的经营策略。

参考文献

[1] 宋文管. 电子商务概论. 北京：高等教育出版社，2000.
[2] 王淑华. 电子商务基础与应用. 北京：科学出版社，2009.
[3] 邓丽明，张华.电子商务概论. 北京：高等教育出版社，2004.
[4] 石道元. 电子商务基础与实训. 上海：上海财经大学出版社，2007.
[5] 魏亚萍. 电子商务基础. 北京：机械工业出版社，2006.
[6] 许国柱. 电子商务. 广州：广东高等教育出版社，2008.
[7] 张宽海. 电子商务概论. 北京：电子工业出版社，2003.
[8] 黄敏学. 电子商务. 北京：高等教育出版社，2001.
[9] 张润彤，郑丰. 电子商务. 北京：清华大学出版社，2006.
[10] 张润彤. 电子商务. 北京：科学出版社，2005.
[11] 宋文管. 电子商务实用教程. 北京：高等教育出版社，2002.
[12] 覃征，李顺东，等. 电子商务概论. 北京：高等教育出版社，2002.
[13] 成栋. 电子商务. 大连：东北财经大学出版社，2001.
[14] 杨坚争. 电子商务基础与应用. 西安：西安电子科技大学出版社，2001.
[15] 方美琪. 电子商务概论. 北京：清华大学出版社，2002.
[16] 吕延杰. 电子商务教程. 北京：电子工业出版社，2000.
[17] 梁晓春. 电子商务：从理念到行动. 北京：清华大学出版社，2001.
[18] 冯英健. 网络营销基础与实践. 北京：清华大学出版社，2007.
[19] 廖晓淇. 中国电子商务报告(2003 年). 北京：经济科学出版社，2004.
[20] 丁明一. 企业电子商务基础. 北京：电子工业出版社，2002.
[21] 李琪. 电子商务概论. 北京：高等教育出版社，2004.
[22] 卞保武. 电子商务导论. 北京：中国书籍出版社，2012.
[23] 凡客诚品 www.vancl.com.
[24] 一呼百应网 www.youboy.com.
[25] 百度文库 www.baidu.com.
[26] 艾瑞网.www.iresearch.cn.
[27] 易购 365. www.ego365.com.
[28] 网易 www.163.com.
[29] 豆丁网http://www.docin.com.
[30] 搜狐网http://www.sohu.com.
[31] 易趣网 http://www.ebay.com.cn .
[32] MBA 智库百科 http://wiki.mbalib.com.
[33] 派代网 http://www.paidai.com.